U0940246

主编简介

**郑大俊**　1950年3月生，湖北荆门人。河海大学教授，博士生导师。曾任河海大学党委副书记，现任河海大学水文化研究所所长。学术领域涉及思想政治教育、高等教育、大学德育、水文化研究等方向。主持完成了江苏省社会科学基金项目《思想政治工作理论及其在江苏的实践研究》和水利部重大研究项目《传承、发展和弘扬水文化的对策研究》。先后发表了《现代思想政治教育研究社会责任分析》《水文化研究与教育须双轮驱动》等近四十篇论文，主编出版了《河海大学校风教育教程》、河海校友系列丛书《群星璀璨》《春华秋实》和水文化教育丛书《100座城市与水》等十余部著作。2001年获国务院颁发的政府特殊津贴，2011年获江苏省人民政府高等教育教学成果特等奖。

**孙其昂**　河海大学教授、思想政治教育专业博士生导师、社会学专业博士生导师。河海大学社区研究中心主任、思想政治教育研究所所长；河海大学社科联副主席、马克思主义学院学术分委员会主任、马克思主义理论学科建设领导小组组长、思想政治教育学科主任。国务院政府特殊津贴专家、江苏省优秀“两课”教师、南京市精神文明建设先进个人。兼全国思想政治工作学科专业委员会常务理事、特约研究员、全国高校马克思主义理论研究会理事、江苏省马克思主义理论研究会常务理事、江苏省政治学会常务理事、江苏省社区发展研究会常务理事等。出版《思想政治教育学前沿研究》（人民出版社）、《思想政治教育现代转型研究》（学习出版社）等著作，公开发表学术论文150多篇。

谨献给河海大学建校一百周年

高校德育成果文库·教育部思想政治工作司组编

# 德育现代化探索

## ——以河海大学为例

郑大俊　孙其昂◎主编

中国书籍出版社
China Book Press

图书在版编目（CIP）数据

德育现代化探索：以河海大学为例/郑大俊，孙其昂主编．
—北京：中国书籍出版社，2015.6
ISBN 978-7-5068-4954-8

Ⅰ.①德…　Ⅱ.①郑…②孙…　Ⅲ.①高等学校—德
育—研究—江苏省　Ⅳ.①G641

中国版本图书馆 CIP 数据核字（2015）第 119084 号

德育现代化探索：以河海大学为例

郑大俊　孙其昂　主编

责任编辑　张媛媛
责任印制　孙马飞　马　芝
封面设计　中联华文
出版发行　中国书籍出版社
地　　址　北京市丰台区三路居路 97 号（邮编：100073）
电　　话　（010）52257143（总编室）　（010）52257153（发行部）
电子邮箱　chinabp@ vip. sina. com
经　　销　全国新华书店
印　　刷　北京彩虹伟业印刷有限公司
开　　本　710 毫米×1000 毫米　1/16
字　　数　261 千字
印　　张　15
版　　次　2015 年 8 月第 1 版　2015 年 8 月第 1 次印刷
书　　号　ISBN 978-7-5068-4954-8
定　　价　68.00 元

# 总 序

中发〔2004〕16号文件颁发以来，各地各高校充分认识高校德育工作的极端重要性，坚持育人为本，德育为先，坚持贴近实际、贴近生活、贴近学生，不断推进理论、内容、机制和方式方法的创新，在传承中发展、在改进中加强、在创新中深化，大学生思想政治教育的吸引力、感染力、针对性、实效性不断增强，科学化水平不断提高，基本形成全员育人、全方位育人、全过程育人的生动局面。

今年是中发〔2004〕16号文件颁发十周年，为深入研究总结和集中展示近年来各地各高校落实立德树人根本任务、推动高校德育创新发展的理论和实践成果，教育部思想政治工作司决定组织出版《高校德育成果文库》，旨在引导和鼓励思想政治教育工作者聚焦高校德育工作的重大理论和现实问题，系统总结梳理近年来各地各高校加强高校德育工作所取得的可喜成绩和宝贵经验，并对下一步工作进行系统设计和统筹谋划，切实提高高校德育工作的水平和质量。

《高校德育成果文库》坚持正确的政治方向和学术导向，围绕立德树人根本任务，收录了一系列事迹案例鲜活、育人效果显著的研究专著、工作案例集、研究报告等成果。入选《高校德育成果文库》的这些著作都是各地各高校在长期研究和探索过程中心血和智慧的结晶，他们着眼于高校德育领域的重要理论和现实问题，研究规律，总结经验，探索路径。这些作品从不同的角度反映了高校德育理论研究与实践探索的丰硕成果，是推动高校德育创新发展的宝贵财富。

希望在《高校德育成果文库》的引领和示范下，各地各高校继续坚持理论联系实际，以高度负责的态度、科学严谨的精神开展理论研究和实践创新，不断丰富路径载体、健全长效机制，坚持以社会主义核心价值观引领学校德育工作，为培养德智体美全面发展的中国特色社会主义事业合格建设者和可靠接班人做出新的更大贡献！

《高校德育成果文库》编委会

## 本书编委会

# 序

教育是立国之本,人才是强国之基。培养高素质创新型强国人才,是现代中国高校人才培养的根本任务。坚持教育为本、德育为先的育人宗旨,是现代中国高校人才培养的基本原则。河海大学是一所以水利特色著名的全国重点大学,在水利人才培养过程中,学校始终紧跟德育工作的新要求和学生工作的新特点,始终坚持以社会主义核心价值观引领人才培养,始终坚持以思想政治教育学科建设推动德育工作开展,始终坚持以中央"16 号文件"精神指导德育工作创新实践。学校在不断探究高校德育现代化建设的目标、内容、方法和途径等方面,取得了一批丰富的实践经验和理论研究成果,为高校立德树人做出了积极贡献。

河海大学德育具有光荣的传统。早在 1915 年建校之初,创始人张謇先生就高度重视学生思想道德品质的培养,提出了"首重道德,次重技术"的人才培养理念。为了落实"德为本、才为末"的校章思想,学校还专门设立进德部,确立三条教育方针:"(一)注重学生道德思想,以养成高尚之人格;(二)注重学生身体之健康,以养成勤勉耐劳之习惯;(三)教授河海工程必需之学理技术,注重自学辅导、实地练习,以养成切实应用之知识。"由于学校具有兴水治国的办学特征和众多进步师生的涌入,使新中国成立之前的河海大学被称为红帽子大学。1916 年进校的学生沈泽民学习期间,积极参加五四运动,是少年中国同学会南京分会最早的会员之一。1921 年 1 月由日本回国抵达上海,参加上海共产主义小组,对党的成立做出了重要贡献。1917 年进校的学生张闻天,在校两年,积极学习宣传马克思主义,翻译发表《共产党宣言》十大纲领,为南京宣传马克思主义第一人,后成长为伟大的无产阶级革命家。由此形成的河海大学光荣传统,成为后继者重视德育的基因。

河海大学德育具有鲜明的特色。河海大学的历史经历了三个发展时期,即 1915 年至 1952 年的"老河海"时期,1952 年至 1985 年的"华水"时期和 1985 年至今的“新河海”时期。这三个时期,学校不仅在人才培养、科学研究、学科建设、社会服务等方面获取了卓越成效,而且在德育事业的发展和文化传承方面,也是不断地发展创新,颇具特色。如“老河海”时期确立的三条教育方针,即“注重学生道德思想,以养成高尚之人格;注重学生身体之健康,以养成勤勉耐劳之习惯;教授河海工程必需之学理技术,注重自学辅导、实地练习,以养成切实应用之知识”;“华水”时期提出的十六字校训,即“艰苦朴素、实事求是、严格要求、勇于探索”;以及“新河海”时期倡导的三致育人理念,即“致高、致用、致远”和学校始终坚持的“德育为先”“以生为本”的育人原则。这些以德育文化为核心元素形成的且具有河海特色的教育方针、校训、理念和原则,前后衔接、一脉相承、一以贯之。正是由于具有河海特色的德育思想引领,学校为国家和社会培养出的数以十万计的水利事业的建设者和接班人,受到社会广泛赞誉:“哪里有水,哪里就有河海人奋斗的身影;哪里有水,哪里就有河海人的贡献。”从而彰显出河海学人的高尚品质和精神风貌。正是由于河海特色的德育体系在发展中不断地完善、传承和创新,才形成了智育的“河海模式”,向德育现代化迈进。也正是由于河海特色的德育实践成果的不断涌现,才使其成为水利高校德育的“排头兵”,省属高校德育的“领头羊”。

河海大学德育具有自觉的精神。长期以来,学校自觉地贯彻党的教育方针,自觉地履行德育工作的职能,自觉地进行思想政治教育学科建设,自觉地跟进时代步伐创新德育工作思路。综观思想政治教育学科设立30年,特别是中央“16号文件”下发10年来,学校认真贯彻落实中央文件精神,梳理整合全校德育资源,调配加强全校德育工作力量,主动关心支持德育实践活动,形成了党委统一领导、党政齐抓共管、相关部门各负其责、行业参与和社会支持的德育工作新格局。河海大学德育现代化之所以能取得如此令人瞩目的成绩,集中起来主要具有以下几个特点:

探索高校德育现代化是河海大学德育的显著特点。面对改革开放的大好形势和社会主义现代化、高等教育现代化的快速发展,积极探索河海大学德育现代化已成为河海人的自觉追求,将高校德育现代化融入社会主义现代化、高等教育现代化,已成为河海大学培养优秀水利特色人才的德育主线。河海大学上承党中央、国务院对人才培养的德育要求,横接水利事业和社会对人才培养的德育需要,尊重师生的创新精神和实践成果,从理论研究、德育过程、学科建设等多个维度积极开拓现代德育新思路,初步建构起河海大学德育现代化体系,为实现立德树人的核心任务提供了保障。

创建水文化为中心的德育是河海大学德育的突出特点。河海大学对水、水利、水文化历来就有明确的自觉意识。在长期的办学实践中,学校逐步形成了以水文化为内核的德育文化。为彰显学校人才培养的德育特色,学校将水文化教育与德育要求融为一体,体现于德育体系与过程之中。一是把爱国爱水教育融入办学理念纳入德育全过程,从开学第一课到毕业文明离校,始终坚持以水文化教育为主线开展德育;二是加大校园文化品牌建设,打造一批爱国爱水教育的校园文化精品,引领学校德育发展方向;三是通过第二课堂和第三课堂(网络思想政治教育空间)的德育实践,开展丰富多彩的特色鲜明的德育文化活动,让学生在校、内外德育活动中体验水文化精神,塑造水利人的品格。学校德育的结果表明,"我饮河海一滴水,我献祖国一生情",已成为全体河海人的共同心声。

构建德育新模式是河海大学德育的鲜明特点。日常思想政治教育工作不仅是引导学生全面发展的思想基础,也是维护校园秩序、教学秩序乃至社会稳定发展的基本保证。一方面,学校通过不断完善的德育内容、德育管理、德育环境、德育途径等系统和建设的一支领导有力、结构合理、素质较高、战斗力强、值得信赖的德育队伍,全力推动德育现代化发展;另一方面,学校始终坚持"以生为本"的德育理念大胆开展德育现代化实践,做到整体规划、分步推进,总结经验、示范引领,形成特色、持之以恒,打造品牌、扩大声音。如本科学生教育的"五大体系",研究生人才培养的"四大平台",社会实践的"333 模式",学生就业的"六大工程",学生骨干培养的"1442 工程",民族学生的"特色教育模式"和文化素质教育的"四校合作"模式等,给人以深刻的印象。这些德育成果的涌现,不仅体现了河海大学人才培养的特色和亮点,同时也彰显出在水利高校德育现代化的示范意义。

重视课程建设和学科支撑是河海大学德育的重要特点。思想政治理论课是社会主义大学的本质特征,是以德育人的主要渠道。开展学生政治理论教育和形势政策教育,培养学生的爱水意识、社会责任和水利精神,是学校的传统。早在1962 年,河海大学(原华东水利学院)就举办了政治理论师资班,为水利高等教育培养政治理论课教师。改革开放以来,学校积极支持马克思主义理论学科,特别是思想政治教育学科的建设。到目前为止,学校在思想政治教育专业的本科生、硕士生、博士生和博士后教育教学方面,已经形成了完整的人才培养体系。在学科建设方面取得了重要进展,为全国思想政治教育学科发展做出积极贡献,且具有较大的社会影响力。学校重视哲学社会科学的发展,既为水利特色学科的发展提供了社会科学支撑，也为学生素质教育和全面发展提供了广泛的学科支持，更为学校培养高素质创新型人才奠定了坚实的基础。

总之，河海大学德育实践与研究取得的重要进展，具有水利特色高校德育的独特风采，为培养中国特色社会主义水利事业的建设者和接班人做出了重要贡献。在迎接河海大学建校百年(1915—2015)的时刻，河海大学德育工作者立志总结百年办学经验，总结贯彻落实中央“16号文件”精神的经验，旨在大力推进高校德育现代化迈上新台阶，做出新贡献。

编者

2014年9月24日

# 目　录
# CONTENTS

上篇 01

# 理论篇

理论篇分为两章，着重论述了水利特色高校德育现代化和河海大学德育现代化目标。本篇在厘清水利特色高校的历史发展和德育实践的基础上，解读了水利特色高校德育现代化体系的基本内涵，阐述了水利特色高校德育在水利人才培养中的重要作用以及制定河海大学德育现代化目标的前提和依据。本篇还基于河海大学德育现代化目标，较为系统地介绍了河海大学的德育现代化体系、德育现代化规划和德育现代化举措，是实施河海大学德育现代化的制度保障和提升德育实效性的基础。

# 第一章

# 水利特色高校德育现代化

水利特色高校德育现代化是水利现代化的重要组成部分,是水利高等教育人才培养质量的有力保证,是进一步加强与改进水利高校大学生思想政治教育的必然要求。水利特色高校德育现代化系指运用现代教育理论、现代德育理念和现代科学技术,搭建与现代社会发展相适应的、有利于人的全面发展需要的且具有特色鲜明的德育体系。其内涵主要体现在德育理念的现代化、德育目标的现代化、德育内容的现代化、德育实践的现代化和德育制度的现代化等方面。深入考察水利特色高校的德育实践,深刻认识水利特色高校的德育作用和科学搭建水利特色高校德育现代化体系,对大力推进水利特色高校德育现代化进程,培养中国特色社会主义水利事业所需要的建设者和接班人,具有极其重要的实践意义和示范价值。

## 第一节　水利特色高校的发展与德育考察

水利在中国有着特殊的历史传统和文化,影响着水利教育事业的发展。早在晚清时期,我国就在开创水利高等教育事业。新中国成立后,我国的水利高等教育事业获得了长足发展。目前,我国水利高等教育大体上分为三种类型:即具有研究型特征的水利高校以河海大学为代表,综合性大学的水利学科有武汉大学、清华大学、四川大学、天津大学、中国农业大学、西北农林科技大学、大连理工大学等为代表,应用性水利高校主要包括浙江水利水电学院、山东水利职业学院、广东水利电力职业学院、辽宁水利职业学院、江西水利职业学院、黄河水利职业学院等为代表。这三种类型的水利特色高校共同见证着新中国成立以来水利高等教育的发展历史。新中国成立60多年来,水利特色高校德育的历史发展几经曲折,经受了国内外现实社会和教育现实的考验,在磨炼中不断积累经验,最终创造出了"水利人"的教育辉煌。从建国初期的改旧立新,到十年社会主义建设时期的卓有成效;从"文革"时期的基本瘫痪,到改革开放时期以来的大胆创新,经过党的几代领导人、教育家和广大德育工作者的不懈探索与艰辛努力,使我国水利特色高校的德育发展逐步走向成熟与完善。河海大学在这一过程中是最有力的见证者和生动的实践者。

## 一、我国近代水利高等教育的起源和德育探索

我国近代水利高等教育的起源和德育的出现,最早可追溯到晚清时期。在晚清新式教育中,水利高等教育的相关内容和分科,水利研究机构的设置等,构成了我国水利高等教育的萌芽。1900年,京师大学堂在开设的工学中设置了土木学和专门的水利研究机构,使水利高等教育学科经历了由主要依附在农学、工学、电学和力学等学科分工中到独立设置的过程。进入民国时期后,我国的水利高等教育得到进一步发展。1915年在南京建立了河海工程专门学校(河海大学前身),标志着我国水利高等教育的专门机构正式诞生,从而拉开了中国现代水利高等教育的大幕。之后,1929年,河南省建设厅水利工程学校正式建立;1932年,李仪祉在陕西西安建立陕西省水利专科学校;1926年清华大学在成立土木工程系中设水利组;1928年武汉大学工学院土木系设水利组;1943年教育部门要求20余所高等院校的土木系一律设置水利组;1944年四川大学理工学院土木水利系建立。至1949年,我国水利高等教育逐渐发展成综合性大学水利学科和应用型水利专门学校等两大类水利人才的培养模式。

从晚清水利高等教育的分科,到民国水利高等教育的发展,不仅可以看到我国近代水利高等教育发展的基本脉络,同时还可以看到德育在水利高校人才培养中的发展轨迹。在旧中国的水利高等教育中,德育也是教育的一个组成部分。在这期间,水利高等教育的德育内容,既有儒家的传统伦理道德教育,也有19世纪下半叶开始从西方传入的西学伦理道德思想和政治观念。这种将传统伦理道德教育和西学伦理道德思想引入水利高等教育之中,不仅是对现代水利高校德育工作的一种有益探索和尝试,也是现代水利人才培养所必须具有的重要理念、思想方法和工作要求。1915年,清末状元、我国近代著名实业家、教育家张謇先生奉行"实业救国""教育救国"的宗旨,在南京创办了中国第一所水利高等学校——河

海工程专门学校。学校强调水利人才的培养要“首重道德,次重技术”。为此,学校还设立了专门的进德部,明确了三条教育方针:即“(一)注重学生道德思想,以养成高尚之人格;(二)注重学生身体之健康,以养成勤勉耐劳之习惯;(三)教授河海工程必需之学理技术,注重自学辅导、实地练习,以养成切实应用之知识。”由于学校高度重视学生的思想道德品行培养,使“老河海”在风起云涌的革命战争年代,孕育出强烈的爱国忧民意识,发挥着巨大的先锋带头作用,冠称为“红帽子”大学。

值得一提的是,在“河海”的历史上,沈泽民同志和张闻天同志是我国水利高等教育德育成就的杰出代表。沈泽民同志 1916 年进入河海,在学习期间,积极参加五四运动,是少年中国同学会南京分会最早的会员之一。1921 年 1 月由日回国抵达上海,参加上海共产主义小组,对党的成立做出了重要贡献。张闻天同志 1917 年进入河海学习,在校两年,积极学习宣传马克思主义,翻译发表《共产党宣言》十大纲领,为南京宣传马克思主义第一人,后成长为伟大的无产阶级革命家。他们所表现出来的水利高校的德育品质和革命精神,铸就了河海大学的光荣传统和精神力量,成为河海后继者将重视德育的基因传承光大。

与此同时,著名的武汉大学、清华大学、四川大学等高校的水利学科,在水利特色高校的德育发展中,也进行了卓有成效的探索。在特殊的历史情境中,他们都以民族的责任作为出发点和归宿点,都以人民的期盼作为水利实践的价值追求,注重培养学生的吃苦耐劳和勤勉刻苦的精神,以及对国家、对人民和对水利事业的深厚情感。教育的内容,也都是以中华优秀传统文化、爱国爱水的精神为德育内核展开的。

**二、现代水利高等教育的发展壮大和德育经验积累**

新中国成立后的头 17 年,水利高等教育得到长足发展。全国“院系调整”之后,我国有华东水利学院、武汉水利学院、华北水利水电学院、西北农学院农田水利系(今西北农林科技大学水利学科前身)、北京农业机械化学院农田水利化系(后发展为中国农业大学水利学科)、江西水利电力学院、河北水利学院等一大批水利高等教育机构成立,水利高等教育迎来了重要的发展时期。改革开放后水利高等教育快速发展,办学规模不断扩大,办学层次不断提升。如 1952 年全国高校院系调整时,清华大学在水利学科的基础上成立了水利工程系和土木工程系,至 2000 年,清华大学在土木工程系和水利水电工程系的基础上成立了土木水利学院;大连理工大学水利学科在1949年该校建校初期创立,后逐渐发展壮大;1952年成立武汉大学水利学院,1954年武汉水利学院成立,至2000年,武汉水利电力大学与武汉大学合并;1958年原北京农业机械化学院创办了农田水利化系,至1995年随着北京农业工程大学与北京农业大学合并为中国农业大学;1951年北京水利水电学院正式建立,1978年更名为华北水利水电学院,2013年更名为华北水利水电大学。不仅如此,还涌现出大量的独立设置的应用型水利高校成立,综合性大学水利学科的增加,最终形成了由研究型特征的水利高校、综合性大学水利学科和应用性水利高校组成的完备的水利高等教育体系。50年代末开始一直到80年代,全国还组建了一大批水利中专学校和若干水利职工学校,这些学校从90年代末开始,一部分升格为高等职业教育层次的水利院校,一部分被合并,成为水利高等教育的重要组成部分。

随着水利高等教育的不断发展和成熟,我国的水利高校德育现代化也在实践中不断的创新发展和日趋完善。归纳起来,水利特色高校的德育大致分为三个阶段。第一个阶段,即1949年至"文革"前。从1949年新中国成立到1956年基本完成社会主义改造,我国高等教育实现了由新民主主义教育到社会主义教育的转变,全国上下完成了改造旧教育、建立新教育的历史任务。其中德育在水利高校的人才培养中发挥了重要作用。为了进一步明确社会主义的办学性质和确立高校德育的主体地位,毛泽东在1957年2月强调指出,"我们的教育方针,应该使受教育者在德育、智育、体育几方面都得到发展,成为有社会主义觉悟有文化的劳动者"。1958年9月,中央在发布的《关于教育工作的指示》中指出,要在一切高等学校中实行学校党委领导下的校务委员会负责制,使高校党委成为高校德育工作的领导核心。1961年9月,教育部在《高教六十条》中又进一步强调,高校实行党委领导下的以校长为首的校务委员会负责制,中央的指示要求分明是要高校党委在学校德育中发挥主体作用。华东水利学院党委遵照中央关于高校政治思想教育和德育要求,在学生中普遍开设了《新民主主义论》《辩证唯物论与历史唯物主义》《政治经济学》等作为大学生公共必修课,同时结合国家"土地改革""三大改造""抗美援朝"等重大社会运动对大学生进行爱国主义教育。1962年,学校为了适应国家对政治思想教育和德育工作的新要求,独立举办了政治理论课师资班,为国家、部队和水利系统培养了一批政治理论教育师资。这为我国水利特色高校的德育工作做出了积极的贡献。

第二个阶段,即1966年至1976年。十年的"文化大革命",给我国的高等教育乃至于水利高等教育带来了极大的破坏,给高等学校的德育工作造成了严重危害。使高校的党组织被冲垮,系统的德育课教学被取消,思想政治工作机构和队伍陷入瘫痪。"文革"时期,高校实行的是革命委员会领导,1972至1976年开始招收工农兵学员,一切围绕"文化大革命"开展高校德育。

第三个阶段,即1976年"文革"结束以来。1977年10月恢复高考后,华东水利学院于1978年再次举办政治理论课师资班,这是当时为全国重点大学培养政治理论师资的首批高校之一。1978年12月,党的十一届三中全会胜利召开,标志着国家进入了改革开放新时代。随着改革开放的不断深化和人们面对经济市场化、教育国际化、文化多元化的生存环境,中央再次强调要高度重视高校德育工作。先后颁发的《中共中央关于改进和加强高等学校思想政治工作的决定》(1987年)、《中共中央关于进一步加强和改进学校德育工作的若干意见》(1994年)、《中共中央国务院关于进一步加强和改进大学生德育的意见》(2004年)等,为推进高校德育现代化奠定了坚实的基础。而后启动的马克思主义理论研究和建设工程,采取政策措施支持高校成立马克思主义学院,高度重视德育专业和马克思主义学科建设等。这些举措有力地推进了高校德育现代化的探索和进程。

如今,在全国高校德育现代化探索的背景下,水利高校积极跟进和大胆探索水利特色高校的德育现代化。从改革开放初期到2000年全国高等学校管理体制改革,水利特色高校在水利部指导下,不断加强水利特色高校横向联系和交流,定期或不定期举办高校德育研讨会、经验交流会,促进素质教育与水利德育特色有机结合,从而探索水利高校的德育特色和构建水利特色高校德育现代化体系。河海大学在贯彻党的教育方针,落实立德树人根本任务,搭建学校德育现代化体系,实现德育首位目标等方面,进行了大胆的试验,积累了一定的经验,初步形成了河海大学的德育特色和德育现代化体系。

### 三、河海大学是水利特色高等教育及其德育现代化的代表

河海大学是我国现代水利高等教育的发源地和人才培养基地。她在百年办学实践中,不仅为国家培养了数以十万计的现代水利高级专门人才,同时在人才培养过程中,还逐步探索出一套先进的办学理念和德育工作经验。这些先进的理念和德育经验,既是河海大学长期办学的成果彰显,又是引领水利特色高等教育及其德育现代化进程的杰出代表。

河海大学的历史概括起来,可以分为三个发展时期,即"老河海"时期(1915

年—1952年)、"华水"时期(1952—1985)和"新河海"时期(1985年至今),这三个发展时期,共同见证了"河海"从风雨砥砺的艰苦创业到不断壮大和蓬勃发展的辉煌历程。

"老河海"(1915年—1952年)时期。在旧中国,河海大学作为全国水利特色高校的代表,承载了民族的期望,彰显出救国救民的爱国情怀。1915年春,在近代著名实业家、教育家,时任全国水利局总裁张謇先生的倡议下,我国历史上第一所水利高等专门学校"河海工程专门学校"在南京诞生。留美学者许肇南为首任校长,同时吸引了李仪祉、沈祖伟、刘梦锡等80多位旅欧美学子和教授前来任教,他们不少人当时是蜚声我国教育界、科技界、水利界的名流。

"华水"(1952—1985)时期。新中国成立后,华东水利学院作为全国水利特色高校的唯一代表,承载着党和国家的厚望和新中国的水利梦想。1952年全国高校院系调整时,由上海交通大学、南京大学、同济大学、浙江大学四所大学的相关专业与华东水利专科学校合并成立华东水利学院。有严恺、徐芝纶、刘光文、梁永康、钱家欢等上海、杭州和南京的一批著名水利界专家教授齐聚"华水",时任水电部副部长的钱正英担任首任院长,严恺教授为第一副院长。整合后的"华水"名家荟萃,实力雄厚。

"新河海"(1985年至今)时期。在我国大学发展时期,恢复传统校名的河海大学作为水利特色高校的杰出代表,承载着现代水利高等教育和高素质创新型人才培养的光荣使命。这一时期,学校已建成以水利为特色,工科为主,经、管、文、理、法多学科协调发展的大学。尤其是从1995年以来,在水利部、教育部和地方政府的支持下,特别是通过国家"211工程重点建设"、国家优势学科平台建设和"高等学校创新能力提升计划"等工程,学校的综合实力得到了进一步提高。学校目前拥有1个一级学科国家重点学科,7个二级学科国家重点学科,2个二级学科国家重点学科培育点;6个国家级以及省部级重点实验室,10个国家级以及省部级工程研究中心;12个博士后流动站;12个一级学科博士点,66个二级学科博士点;35个一级学科硕士点,198个二级学科硕士点;51个本科专业。水利工程、土木工程学科综合实力处于全国领先位置,水利工程学科总体实力最强,支撑及相关学科门类众多的大学。

河海大学在人才培养中始终坚持德育首位,逐步形成了颇具独特的德育风格,成为水利特色高校的德育代表。"老河海"在办学之初,确立的"注重学生道德思想,以养成高尚之人格;注重学生身体之健康,以养成勤勉耐劳之习惯;教授河海工程必需之学理技术,注重自学辅导、实地练习,以养成切实应用之知识”等三条教育方针,培养成长了一批忧国忧民、励精图治的革命家和共产党的主要领导人,如张闻天、沈泽民等。“华水”成立之初,各方才俊风云际会,有上海、杭州和南京等地的著名水利界专家教授齐聚“华水”,在校园内形成了学术交融、思想激荡、传统融合的校园氛围;办学之中,在原华东水利学院院长严恺院士的倡导下,总结提出的“艰苦朴素、实事求是、严格要求、勇于探索”十六字校训,培养成长了一大批忠实于水利事业的建设者和接班人,如陆佑楣、张基尧、朱熹能等杰出的治水精英。进入“新河海”时期,学校又提出“致高、致用、致远”的育人理念和“德育为先”“以生为本”的育人原则,培养成长了一大批新时代的治水精英和创新创业人才。正如温家宝总理在视察本校时说:“这是一所有着悠久历史的学校,曾经培养了许多杰出的人才。张闻天是河海的校友,钱正英做过校长,这里还走出了一批批分布在全国各地水利战线和水电战线的技术骨干,很多都是河海大学学生。新中国的水利和水电事业的发展,是同学校输送的大批人才分不开的。这是你们的光荣!”社会和用人单位给河海大学的评价是,“哪里有水,哪里就有河海人;哪里有水,哪里就有河海大学的贡献!”

河海大学在人才培养方面之所以能够取得如此骄人的成绩,除了河海学人前赴后继的艰辛努力外,还有党和国家对水利特色高校的高度重视和关心。党的十一届三中全会后,时任副总理李鹏为学校亲笔题写了“江河湖海,大有作为”八个字;政协原副主席钱正英题写了“祖国在召唤你们”;建校70周年,邓小平同志为“河海大学“恢复传统校名题写校名;建校80周年,江泽民同志为学校题词:“面向未来,开拓进取,进一步发展水利教育事业”。建校90周年,温家宝总理视察学校作重要讲话并号召全校师生发扬“献身、求实、负责”的水利精神。这些亲笔题词和殷切期盼,与河海的德育文化相融一体,形成河海的德育风格并一以贯之,使爱国爱水的坚定信念、上善若水的优秀品质、海纳百川的博大胸襟、奔腾不息的坚强意志、笃学敦行的务实态度和不断进取的开拓精神在河海人身上得到充分体现,成为水利特色高校德育现代化的重要标识。

## 第二节 水利特色高校的德育现代化体系

水利特色高校的德育现代化是水利高等教育现代化的重要内容。构建水利特色高校德育现代化体系,有利于在我国水利现代化建设中发挥正能量。在经济全球化、教育国际化和文化多元化的新时代,坚持以培养"现代人"的要求为根本目标,以促进受教育者思想道德现代化为中心内容,通过对德育理念、德育目标、德育内容、德育实践、德育制度和德育体制的实践与创新,构建出具有现代化特征和个性特点的高校德育现代化体系,是现代社会赋予水利特色高校的光荣使命。

## 一、德育理念现代化

德育理念的现代化是现代社会对人才培养的本质要求。传承、创新和发展先进的德育理念,是实现德育理念现代化的基础。水利特色高校的德育理念的现代化,主要是运用国际化视野和遵循现代水利人才培养规律,坚持立德树人,德育先行的首位意识,通过互动性、平等性和开放性的德育实践,总结形成的现代社会所追求的德育理念。其理念内容主要体现在以下几个方面:

德育首位理念。确立德育首位理念,是我国高等教育的本质要求,是社会主义现代化人才培养的经验总结。在建设有中国特色社会主义的市场经济环境中,坚持德育首位理念以成为我国人才培养的重要基石不可动摇。就水利特色高校而言,大学生的思想多元也是水利特色高校德育对象的重要特征之一,他们的思想来源、思想内容结构、思想输出和影响都日益复杂化,都需要充分发挥现代德育的功能。因此,德育首位理念是高校德育社会价值和个人价值能力的共同结果,需要进一步发扬光大。

以生为本理念。以生为本是科学发展观在高等教育领域的重要体现,是人才培养的根本出发点和落脚点。关爱学生,作为教育之爱,是高校德育的内在要求。这就对教育者来说,在教育理念上要不断认识学生,在教育实践中要处处从学生实际出发,想学生所想、急学生所难、帮学生所需。坚持以生为本的理念,是水利高校德育理念的核心内容。河海创始人张謇先生"首重道德,次重技术"的教育理念以及在校章中提出的"德为本,才为末"的精神,就是河海大学以生为本理念真实关照。

特色文化育人理念。特色文化育人是高校践行社会主义核心价值体系的本质要求,是特色高校文化育人的重要举措。水利特色高校将水文化与学校德育有机融合,是河海大学德育工作的一大创举。学校将水文化纳入到大学生专业教育之中,将水文化元素渗透到学校的环境建设、校园文化、科技活动、社会实践等方方面面,以此增强了广大师生爱国爱水、亲水节水的意识,培养了数以万计的"我饮河海一滴水、我献祖国一生情”的河海学人,实现了“润物细无声”的特色文化育人的德育价值。

德育系统工程理念。德育系统工程类似于一个水利工程的概念,指的是一个独特开放的组织系统工程。这一系统工程是由若干德育要素按照一定方式组合而成的有机整体。在现代社会,以德育系统工程的理念指导水利高校德育实践,首先要充分认识高校德育目标、德育内容、德育管理、德育制度、德育评估之间的内在逻辑关系和功能定位,充分发挥德育教师和思想政治工作者的德育主体作用,充分调动德育对象在德育实践中的积极性和主动性,有效整合学校教育教学部门、学生管理部门、后勤服务部门以及校园环境文化等德育资源,形成党委统一领导,党、政、工、团齐抓共管的德育局面。在学校内部形成一个牢固的德育工作系统,是推进水利高校德育工作取得实效的前提和基础。

德育队伍专业化理念。德育队伍专业化是我国高校德育工作取得实效的根本保障。在现代社会环境中,水利特色高校的德育同样面临着发展机遇和严峻挑战。为了适应水利特色高校的人才培养,建设一支高水平的专业化德育教师队伍是历史的必然。建设水利特色高校专业化德育教师队伍,必须加强马克思主义理论学科建设,以理论学科建设促进德育队伍专业化建设。通过专业深造、理论提升、业务培训、学习交流等途径,把德育队伍培育成真正的学习型组织,使德育工作者真正成为名副其实的专业化、职业化的德育专家。

## 二、德育目标现代化

德育目标的现代化是国家现代化的必然要求。在现代化进程中,人的思维行为方式至关重要。只有实现了人的现代化,才能真正实现经济社会的现代化。德育目标的现代化就在于促进人的思维方式、思想观念和行为方式向现代社会的转变,使其成为现代的人。水利特色高校德育目标的现代化,就是依据国家水利现代化建设目标,为水利现代化事业培养高素质创新型治水人才;就是根据现代水利人应具备的素质,将传统的德育目标转变成现代的德育目标。

### 1. 水利特色高校德育目标现代化的主要依据

改革开放以来,中央高度重视高校德育工作。先后下发了《中国普通高等学校德育大纲》《进一步加强和改进大学生思想政治教育的意见》等若干重要文件。这些重要文件为水利特色高校德育目标的转变指明了前进方向。

1993 年 2 月,《中国教育改革和发展纲要》中指出:“要进一步加强和改进德育工作，在实践中不断创造改革开放条件下学校德育工作的新经验，把德育工作提高到一个新水平。”

1995 年 11 月《中国普通高等学校德育大纲(试行)》中指出：“德育目标是德育工作的出发点和落脚点。”

1996 年 6 月，《中共中央国务院关于深化教育改革全面推进素质教育的决定》中指出：“各级各类学校必须更加重视德育工作，以马克思列宁主义、毛泽东思想和邓小平理论为指导，按照德育总体目标和学生成长规律，确定不同学龄阶段的德育内容和要求，在培养学生的思想品德和行为规范方面，要形成一定的目标递进层次。”

2001 年 10 月《公民道德建设实施纲要》中指出：“积极探索新形势下道德建设的特点和规律，在内容、形式、方法、手段、机制等方面努力改进和创新，把公民道德建设提高到一个新的水平。”

2004 年 2 月《关于进一步加强和改进未成年人思想道德建设的若干意见》中指出：“针对未成年人身心成长的特点，积极探索新世纪新阶段未成年人思想道德建设的规律”。

2004 年 6 月《中共中央国务院关于进一步加强和改进大学生思想政治教育的意见》中指出：“以理想信念教育为核心，以爱国主义教育为重点，以思想道德建设为基础，以大学生全面发展为目标，解放思想、实事求是、与时俱进，坚持以人为本，贴近实际、贴近生活、贴近学生，努力提高思想政治教育的针对性、实效性和吸引力、感染力，培养德智体美全面发展的社会主义合格建设者和可靠接班人。”

2010 年 7 月，《国家中长期教育改革和发展规划纲要(2010－2020 年)》中指出：“坚持德育为先。立德树人，把社会主义核心价值体系融入国民教育全过程。加强马克思主义中国化最新成果教育，引导学生形成正确的世界观、人生观、价值观；加强理想信念教育和道德教育，坚定学生对中国共产党领导、社会主义制度的信念和信心；加强以爱国主义为核心的民族精神和以改革创新为核心的时代精神教育；加强社会主义荣辱观教育，培养学生团结互助、诚实守信、遵纪守法、艰苦奋斗的良好品质。加强公民意识教育，树立社会主义民主法治、自由平等、公平正义理念，培养社会主义合格公民。加强中华民族优秀文化传统教育和革命传统教育。把德育渗透于教育教学的各个环节，贯穿于学校教育、家庭教育和社会教育的各个方面。切实加强和改进未成年人思想道德建设和大学生思想政治教育工作。构建大中小学有效衔接的德育体系，创新德育形式，丰富德育内容，不断提高德育工作的吸引力和感染力，增强德育工作的针对性和实效性。加强辅导员、班主任队伍建设。”

正确理解和准确把握我国现行的德育目标和要求，是水利特色高校制定现代化德育目标的前提和基础。

2. 水利特色高校德育目标现代化的基本特征

水利特色高校德育目标现代化的出发点和落脚点，在于有效地促进国家水利现代化和人的现代化无缝对接。只有实现了水利特色高校德育目标的现代化，才能促进水利人的现代化进而促进国家水利现代化。如果没有水利人的现代化就不可能有国家水利现代化。

在国际国内政治、经济、文化不断发展的今天，特别是现代科学技术的迅速发展，使社会发展呈现出明显的指向和特征。尤其是在思想多元、生活多样、利益多头的现代社会背景下，水利高校学生的主体意识和身心特点同样发生了不少变化，这些变化决定和影响着水利高校的德育目标必须向现代化的德育目标转变。也就是说，水利高校德育目标的现代化，应该把现代社会发展所呈现出来的基本特征和要求，如政治方向、道德素养、智力情商、国际视野、国家利益、法纪观念、创新精神、团队合作、吃苦耐劳、责任担当，终身学习、以人为本等，作为德育目标现代化的主要内容，纳入到水利特色高校制定现代德育目标之中一以贯之。

3. 水利特色高校德育目标现代化的具体要求

水利特色高校德育目标的现代化，主要是指高校的德育目标在充分认知社会现代化和水利现代化情境的基础上，表现出来的水利特色高校人才思想道德素质的总要求。水利人才的思想道德素质，主要是通过人的现代化和水利现代化相结合形成的德育目标实现的。这一德育目标的实现，需要遵循现代高等教育的规律和现代大学生身心发展的规律，需要不断提升水利人的思想道德修养和文明素质。现代化的德育目标应突出以下几个方面的具体要求：

①水利特色高校现代化德育目标，应充分贯彻党的教育方针和国家高等教育目的，充分反映和传承我国民族的优秀文化、科学精神和道德传统；

②水利特色高校现代化德育目标，应紧跟国际化发展趋势与国家现代化建设需要，尤其要突出我国水利现代化对高校现代水利人才培养的要求；

③水利特色高校现代化德育目标，应遵循现代高等教育的规律和现代大学生身心发展的规律，使其设计出来的德育内容、德育过程、德育路径、德育评价等更具针对性、实践性和可操作性；

④水利特色高校现代化德育目标，应强化社会主义核心价值体系的引领，加强理想信念和思想政治教育，引导学生形成正确的世界观、人生观、价值观；

⑤水利特色高校现代化德育目标，应突出水利历史、水利国情和“水文化”的教育，着力提升兴水利除水灾的治理能力，将水利精神发扬光大；

⑥水利特色高校现代化德育目标，应突出以人为本的思想和尊重人的主体性发展，着力提升道德身心素质、现代文明素养和生活审美情趣，促进人的主体德行现代化；

⑦水利特色高校现代化德育目标，应突出社会主义法制教育和水利法律法规的教育内容，强化民主意识与法制观念，提升依法办事的品质和应用法律治水管水的能力；

⑧水利特色高校现代化德育目标，应突出终身学习的要求和职业观念教育的内容，包括团队合作意识、社会责任担当、勤勉耐劳习惯、开拓创新精神以及助人为乐、公平竞争等都应成为现代德育追求的目标。

## 三、德育内容现代化

德育内容现代化是为德育目标现代化服务的。它是依据社会主义的办学性质、高等教育的德育任务、时代发展的社会经济形势和高校学生思想道德水平确定的。在我国现代化进程中，高校德育内容集中体现在贯彻落实社会主义核心价值体系，即以理想信念教育为核心，以爱国主义教育为重点，以思想道德建设为基础，共同促进大学生全面发展。而水利特色高校的德育内容，是将社会主义核心价值体系的内容嵌入国家水利现代化的目标和要求之中，形成的水利特色高校的现代化德育内容，它的最大特点在于其“特色性”。

水利是一个特殊的行业，是全国人民所关心的事业。水利对中华民族的政治、经济、文化和教育的历史都产生过重大影响。我国虽然国土面积大，但实际可生存可耕种的土地有限。我国不同地方区降雨量不均，各个地区、各个季节和各个年份之间的变化差异很大。土地和人口之间的关系紧张。治理江河，与水旱灾害斗争，开发利用水土资源是中华儿女几千年来的永恒事业，“大禹治水”的精神影响了一代又一代治水人。水利不仅要不断满足经济社会发展的需求，同时还要首先保证环境自身对于水的要求。由于水利与社会发展之间的关系密切，水利观念的转变过程就是德育的过程。

水利观念的转变本身就是一种价值观念的转变和新的价值观念的形成。水利工程建设的教育过程，本身就是一种独特的价值观念教育过程。水利作为一种工程学的研究领域具有自身的独特性，它具有很强的公共性，其次才是其商业性。人多水少，水资源时空分布不均是我国的重要水利国情。水利事业在国民经济中的重要作用是激发师生热爱水利专业献身水利事业的重要基础。

水利国情教育是水利特色高校德育的基本内容。第一，从我国自然气候、水资源特征和水利特点看，中国社会的发展就是一部中国人民与水旱灾害斗争的历史，呈现出来的是中华民族的勤劳与智慧；第二，从我国的水利历史看，无论是古代水利建设、近代水利建设，还是近一百年来江河湖海的整治与新中国成立以来的兴修水利，都饱含着中国人民的智慧与力量；第三，从我国的水利建设现状看，如黄河、长江、淮海等大江大河的治理与开发，内陆河流的开发及跨流域的调水，以及展开的水利政策、水利法律和水利资本等人文社科领域都需要先进的治水理念和现代的治水方略。由此可见，治理水旱灾害和开发应用水资源，仅靠技术是不够的，还需要发挥人的主观能动性。只有将水利国情教育纳入现代德育内容，才能激发出治水人的文化智慧和精神力量，才能培养出水利现代化建设的治水英才。

河海大学作为水利特色高校的代表，在长期的德育过程中，将水利历史、水利国情和校史教育三位一体，纳入学校德育内容取得了实质性效果，为我国水利现代化建设培养了一大批高素质创新型技术高管。正如原水利部长汪恕诚先生在河海九十华诞庆典大会上所说，河海大学培养的人才，"在水利部机关河海毕业生占干部总数的20%；水利部各司局的干部在河海学习或工作过的占25%；全国水利系统厅局级领导干部有30%毕业于河海；全国水利系统总工程师有35%毕业于河海；在河海学习和工作过的两院院士有12位、省部级领导有20位。"可见，德育内容对提升人才质量至关重要。

## 四、德育实践现代化

实践是检验德育现代化效果的最好形式。在现代社会生活情境中，人与社会发生着深刻的变化，伴随而至的是德育活动的价值期待、德育工作的目标内容也在转型之中。在这一转型过程中，德育活动的人文价值取向亦在日益增强，德育活动的方式更加生活化，德育活动的载体日益多样化与信息化。学校内部德育领域的分化与并存，由动员为主转向动员与主体自主并重，学校外部德育活动的社会化程度增强，加强与改进德育工作的社会逻辑，以及德育活动深入性的持续追求与活动创新和坚持平衡等，构成了德育活动方式现代转型的重要表现。这些转型对于水利特色高校的德育实践现代化产生了极为重要的影响。

现代大学生所呈现的思想状况和现代网络新媒体的环境变化，对高校德育的实践形式不断提出新的要求。长期以来，水利特色高校关注的重点是大学生的成长规律和德育规律；坚持的是知识传授、能力培养与价值观培育相结合，课内教育与课外教育相结合，解决思想问题与解决实际问题相结合，专职教师队伍与兼职教师队伍相结合，主动服务学生与学生自我服务相结合，学校教育与家庭教育相结合，传统方法与现代手段相结合，即时应对与建立长效机制相结合。这都为推进德育实践现代化奠定了基础。

在德育实践现代化过程中，德育方法的创新是德育者主动德育的具体表现，包括对德育载体的选择、德育管理的手段、德育评价的设定等进行不断革新，都是提升高校现代德育实效性和针对性的基本路径。河海大学在德育实践中，紧密结合时代要求和大学生思想实际，既重视说理、灌输等教育，又注重人文关怀和心理疏导，同时还不断改进方法、丰富载体、拓展途径，将德育融入网络并通过信息技术夯实"三观"教育平台，切实增强了学校德育工作的针对性和实效性。目前，学校的德育工作已呈现出多元化、多渠道、开放性的生动局面，形成了时代特征鲜明、内容丰富多彩、学生喜闻乐见、效果十分显著的河海德育现代化育人模式。

### 五、德育制度现代化

高校德育是世界范围内不可或缺的一项教育活动，它基于不同国家的基本制度而呈现出不同的样态。维护国家长治久安，离不开高校稳定的德育制度保障，即通过现代德育制度规范德育主体和过程中的责任与权利。我国高校的现代德育制度是中国特色社会主义现代化事业的重要保障。水利特色高校的现代德育制度是为我国水利现代化建设服务的。这些制度包括保障制度现代化、队伍建设制度现代化，以及高校德育目标、原则的现代化等。德育目标是德育制度得以生成的前提，德育原则是德育制度内部结构和谐的保障。水利特色高校现代德育制度体系的核心是德育领导制度、队伍建设制度和条件保障制度。

德育领导制度。立德树人是现代高校人才培养的根本任务，加强德育领导是立德树人的本质要求。完善德育领导体制并形成制度，是扎实有效推进现代德育工作的核心内容。作为水利特色高校，其德育领导制度的建设，主要体现在党委负责领导德育，校长负责统筹德育，组宣工团负责实施德育等方面。在此基础上，还要搭建稳定的德育领导体制，建立完善的德育工作体系，树立以生为本的德育理念、确立有效德育的协调机制等。负责学校德育工作的“当家人”还应具有洞察高校德育发展的前瞻思想，按照“社会主义政治家、教育家”的要求，不断创新高校德育现代化的新局面。

河海大学历来重视德育工作的领导，实时关注世界各国高校现代德育发展的新趋势，及时跟进中央对高校现代德育工作的新要求，随时研判水利高校学生思想的新特点，不断创新德育工作的新思路。建立了党委领导，统筹规划；校长负责，行政协调；党政工团组织实施；学院党委一线主抓；离退休关工委，民主党派等主动参与的德育领导体制和工作机制。通过这一领导体制和工作机制的形成和固化，进一步丰富和完善了学校德育领导制度。在这一德育领导制度的框架下，又通过教育教学“同台唱戏”，形成了学生德育工作与日常教学工作一起规划、一起布置、一起研讨、一起总结的工作制度；形成了德育目标动态化管理与德育考评制度；形成了德育队伍定期培训制度和德育经费有效投入制度等等。这些制度的形成，强化了学校德育领导制度的刚性约束，进而促进了学校现代德育的发展进程。

队伍建设制度。德育队伍是高校德育制度的重要内容。高校现有的德育队伍包括：专职的思想政治理论课教师队伍，专任的学生政治辅导员队伍，兼职的学生、班导师队伍，热心的离退休关工委队伍，以及德育研究、心理咨询和与学生有关的服务管理部门等，共同组成高校现代德育工作的“集团军”，成为高校教书育人、服务育人、管理育人的生力军。建设一支综合素质高、战斗能力强的德育队伍，是现代社会和高等教育赋予的历史使命。建好一支德育队伍，需要有统筹协调的组织机构、不断完善的政策体系，进出有序的流动机制，升转有力的激励措施，以及提升德育工作水平的学科支撑。将其形成制度，成为现代德育工作的新常态。

近些年来，河海大学在德育队伍制度建设方面积极探索有效推进。尤其是在强化思想政治理论课教师队伍建设方面，采取强有力的措施支持德育队伍开展思想政治理论课教育教学改革，创新思想政治理论课实践教学形式，形成了若干德育精品课程，出现了令人备受鼓舞的“河海现象”；创新德育文化科技活动项目并形成品牌和制度，深受广大学生欢迎和外界好评；大力开展德育科研活动，使人文社科类的国家基金项目稳步增长，尤其是实现了国家级重点项目的零突破。由此可见，水利特色高校只有在现代德育制度框架下形成合力，才有保障德育工作取得实效;只有充分发挥德育队伍的各自优势,才能为履行现代德育职能增加正能量。

条件保障制度。现代化的条件保障是高校德育制度现代化的重要组成部分,是做好学校德育工作的基础和前提。有了好的德育制度保障体系,计划才能落实,人员才能到位,措施才能执行。条件保障主要体现在五个“到位”,即认识到位、经费到位、组织到位、空间到位和人员到位。认识到位,就是要充分认识新形势下高校开展德育的重要性和紧迫性,不断强化高校德育工作中的政治意识、责任意识、阵地意识和底线意识,不断提高现代意识形态工作的“防守”能力和增强高校德育工作的“进攻”能力。经费到位,就是要根据德育工作实际需要,保证经费投入,不断改善德育条件。组织到位,就是要建立协调配套的德育机制,制定出相应的规章制度和措施办法,保证德育持续、有效、规范化地运作。空间到位,就是要进一步拓展德育工作的渠道,要高度重视德育网络空间的建设和充分发挥新媒体的作用,要壮大主流舆论和加强阵地建设与管理,使德育工作不留空白点和盲区。人员到位,就是要坚持德才兼备,建强工作队伍,要建设一支政治强、业务精、纪律严、作风正的德育工作队伍,坚持把师德建设放在首位,引导广大教师真正成为学生成长成才的引路人。

## 第三节 水利特色高校德育对水利事业的贡献

水利特色高校的根本职能在于为国家水利事业做贡献,在于为国家水利建设培养德智体全面发展的水利科技人才和工程技术人才,为民生兴水利、为国家除水害。长期以来,水利特色高校充分发挥自身的育人优势,紧紧围绕人才培养质量和水利建设需要,通过水利高校德育与水利事业需要双向互动、相互联系和相互促进,共同推进了水利人才培养和水利事业发展。在共同推进的过程中,尤其在德育实践和文化传承方面,积累了具有水利特色高校自身特点的德育经验,形成了适应水利特色高校实践的德育理论。这些经验与理论对于指导水利特色高校的办学实践和推动我国水利事业的发展做出了积极的贡献。

### 一、人才贡献

我国是一个水利大国,兴水利除水害是水利高等教育的本质要求。水利特色高校在水利高等教育中发挥了巨大作用。近百年来,水利特色高校以培养水利专门人才为使命,以服务国家水利建设和社会经济发展为己任,培养了无数的优秀水利人才,他们毕业后奔赴全国各地生根、发芽、茁壮成长,在水利现代化建设第一线建功立业。尤其是培养成长的一大批两院院士和国家重大工程项目的负责人,在参与国家水利建设和推动水利事业发展中,其贡献是功不可没。

1. 水利高校的人才贡献

①清华大学的人才贡献。清华大学水利学科,在80多年的办学实践中,为国家和水利事业做出了重大的人才贡献。迄今为止,培养成长的高层次杰出人才有:党和国家领导人胡锦涛,水利部部长汪恕诚;有中国科学院院士张涵信、张楚汉等5人,中国工程院院士罗绍基、周丰峻等11人;国家级设计大师5人。

②武汉大学的人才贡献。武汉大学水利学科,在80多年的办学实践中,为我国水利事业做出了杰出的人才贡献。其中有谢鉴衡、张蔚榛等多名院士和一批知名专家学者在该校为水利人才培养做贡献,且培养成长了中国科学院院士王光谦、中国工程院院士康绍忠、胡春宏等若干名两院院士。

③中国农业大学的人才贡献。中国农业大学水利土木类学科,在50多年的办学实践中,为国家培养了一大批水利土木类杰出人才,其中包括水利部部长钮茂生、西藏昌都水电事业的开拓者孙英杰、北京奥运会珠峰火炬手黄春贵等一批知名人才。

④四川大学的人才贡献。四川大学水利学科,在长期的办学实践中,为国家尤其是为我国的西部地区水利水电事业培育了大批的杰出人才。其中包括原国务院三峡办水库管理司副司长黄真理、四川省水利厅厅长孙砚方等。

⑤西北农林科技大学的人才贡献。西北农林科技大学水利学科,在80多年的办学实践中,为国家和水利水电事业培养的杰出人才有工程院院士王光远、水利部水土保持监测中心主任郭索彦等,以及一大批水利水电建设的专业技术人才,在三门峡、龙羊峡、拉西瓦等国家重点建设项目上做出了重要贡献。

⑥华北水利水电大学的人才贡献。华北水利水电大学在60多年办学实践中,为我国水利电力事业做出了重要的人才贡献,培养了陈雷、鄂竟平、矫勇、李国英等一批省部级领导和一大批国家水利电力建设的专业技术人才,在三门峡、葛洲坝、小浪底、长江三峡、南水北调等重大工程中做出重要贡献。

2. 河海大学的人才贡献

河海大学是一所历史悠久、特色鲜明的水利高等学府,是全球规模最大、涉水学科最全的国家教育部直属全国重点大学。河海在百年的办学历程中,为国家水利事业做出了巨大的人才贡献。首先有张謇、黄炎培、李仪祉、许肇南、茅以升等一批致力于办教育兴水利的河海先人。在他们培育成长的233名水利土木工程类毕业生中,有党和国家领导人张闻天、革命家沈泽民;有须恺、汪胡桢、宋希尚等一批知名的水利专家、学者和水利界的领导人物;有14名毕业生在当时中央水利机关任职,29名担任各省正副水利厅长或总工程师,25名曾在各大流域机构任职。这些杰出的"河海人",为中国的水利事业做出了重大贡献。

新中国成立后的河海大学(华东水利学院前身),又有严恺、钱正英、徐芝纶、刘光文、黄文熙等一批高职级的水利专家、教授和学者齐聚河海,为国家培养水利水电水运人才呕心沥血、辛勤耕耘。迄今为止,已为国家水利建设和社会经济发展培养了10万余名毕业生。这些毕业生奔赴国家水利水电建设第一线后,不畏艰难、默默奉献、茁壮成长。在他们中间,有吴中如、陆佑楣、茆智、郑守仁、张建元、王超、钮新强等一批中国工程院院士;有张基尧、翟浩辉、索丽生、胡四一、曹广晶、吴存荣、朱熹能、周大兵、朱尔明、黎安田等一批部省级领导、部队将军和水利部总工;有王惠民、赵振兴、武清玺等多名国家教学名师。迄今为止,河海历届培养成长了两院院士、省部级领导近40人和一批长江学者、杰出青年以及一大批治水大师、技术精英、企业高管和知名作家等。他们在长江三峡、黄河小浪底、南水北调、跨江大桥、南京地铁、沪宁高速和大亚湾核电站、太湖蓝藻治理以及人文社等多个领域为国家建设做出了重大贡献。还有,近些年来河海涌现出一大批80年后的优秀毕业生,他们在工作中做人上善若水,做事务实重行。有的受到习近平总书记亲切接见,如全国优秀大学生村官2007届毕业生任杰,南沙守礁部队首位女军官2012届毕业生刘洁纯,参与我国首艘航母建设与管理的2007届女国防生赵霜,参与亚丁湾护航的2007届国防生廖遒建等6名同学。上述这些成效和案例,不仅充分彰显了河海大学立德树人的育才理念,同时也展示了河海大学为国家水利事业培养合格的建设者和接班人所做出的巨大贡献。

## 二、德育贡献

水利高校的德育贡献,集中体现在对水利高等教育的贡献上,直接彰显在水利人才的培养质量上。河海大学作为水利特色高校的杰出代表,早在办学之初就提出了"德为本,才为末"的育人原则。这一原则在近百年的办学实践得到丰富和发展,并经过不断地探索和创新,形成了自己颇具特色的德育理论和实践成果。

这一成果对于引领水利特色高校的德育实践，推动水利特色高校德育现代化的发展进程具有重要的现实意义。

1. 探索总结水利人思想道德素质的基本标准

水利人的思想道德素质好与坏，直接关系到国家水利现代化建设的兴与衰。实践表明，开展水利人的思想道德素质教育，提升水利人的思想道德素质水平，不仅是水利高等教育的本质要求，也是水利特色高校德育的根本职责。河海大学创始人张謇先生，在办学之初提出的“首重道德，次重技术”“德为本，才为末”的育人思想不仅行之有效，而且在长期的办学实践中得到进一步丰富和发展，逐步形成了适合水利现代化人才素质要求的核心内容，即道德素质、政治素质、法律素质和心理素质等。为了将水利现代化人才素质的培养要求落到实处，将其细划成《河海大学学生德育考评体系》和量化成考核标准。通过推广应用使全校学生思想道德素质普遍提升。

为了进一步拓展水利大学生的思想道德素质内涵，不断增强水利高校德育的针对性和实效性，学校强调以“三爱”（爱国、爱水、爱校）教育为主线，以新生入学教育为重点，引导学生学习校史、学唱校歌、学习校训，以此培养河海人的河海品质、河海精神，将河海的优良传统发扬光大。以水文化教育为特色，通过开展水文化教育、水文化知识普及和水文化实践活动，帮助学生了解水、亲近水、热爱水，进而献身水利事业。通过爱水教育培养热爱专业学习，通过校史教育增强爱校观念，通过对爱水爱校的认同来巩固爱国观念，这种价值观的塑造是水利人未来为水利事业建功立业的思想保障。

同时还必须清醒地看到，在我国水利现代化进程和水生态文明建设中，保障国家的水安全、治理复杂多变的水问题，科学合理开发利用水资源，推进生态水利和民生水利可持续发展，还需要不断提升水利人的治理能力和思想道德素质，还需要不断地为开创水利特色高校德育现代化新局面做出新贡献。

2. 探索总结水利人思想道德素质的培养方法

中央 16 号文件指出，“培养什么人，如何培养人，是我国社会主义教育事业发展中必须解决好的根本问题。”河海大学紧扣“培养什么样的水利人，如何培养新时代的水利人”这一时代命题，科学把握“教育为本、德育为先”的精神实质，紧密结合现代水利事业发展需要，在人才培养实践中逐步探索出思想道德素质与专业技术素质齐头并进，是培养现代水利人才的有效方法。这种经验的总结对水利事业贡献和在水利特色高校中推广都具有重要意义。

第一,通过德育要求与专业教学有机融合提升水利人的思想道德素质。河海大学将德育要求纳入教学计划加以保证。最具典型意义的是,学校利用第二课堂组织学生去大型水利工程开展暑期社会实践活动,使大学生在水利第一线了解水利、认识水情、体恤民生,增强了未来水利人的自豪感和事业心。通过与一些杰出的老校友面对面的交流,深入了解其工作、创业的经历和工作经验,强化了弘扬和发展"献身、求实、奉献"的水利精神。"我饮河海一滴水、我献祖国一生情"的豪言壮语,就是河海学人献身现代水利事业的真实写照。

第二,通过创新人才培养的示范群体引领提升水利人的思想道德素质。河海大学在办学过程中,适时跟踪毕业生的使用情况和现实表现,不时收集听取水利部门和用人单位对河海学生的素质要求,提出培养水利人才的应对措施。1997 年以来,学校根据水利事业的需要,结合水利大学生的素质要求,遵循缺什么补什么的原则,先后创办了"1442 工程""青马工程"两个学生骨干示范群体。这两个示范工程对本校学生最具凝聚力和对社会最具影响力。这两个示范工程不仅在引领学生思想道德素质有效提升和促进德智体全面发展方面取得实质性成果,而且在促进学校人才培养模式的改革和学生知识结构的改善方面也产生了极度的张力效应。

第三,通过培养学生的创新创业精神提升水利人的思想道德素质。创新是现代社会发展的本质体现,是现代水利人才必备的素质要求。从某种意义上讲,创新也是一种思想素质。河海大学在人才培养过程中,抓创新这一时代强音,将学生创新创业教育纳入教学计划,围绕创新创业精神的培养制定训练方案,积极地开展创新创业教育和加强课外科技创新活动的指导,自觉为学生创新创业活动设计项目和选配指导教师,主动为学生创新创业活动提供场所和保障学生创新创业活动经费。让学生在创新教育中训练创新思维,在创新活动中增强创业能力,在创新创业环境中提升综合素质,为学生未来发展夯实思想基础。

3. 探索总结水利人思想道德素质的培养路径

选择一条适合现代水利人才的培养路径,对有效地提升水利人的思想道德素质至关重要。河海大学在大学生素质教育过程中,始终坚持以社会需求为导向,以水利特色为主线,以校园文化为载体,以活动项目为抓手,多渠道、全方位地探索水利人才思想道德素质的培养路径。在学校与学院互动、校内与校外共建、理论与实践融合的基础上,通过集思广益协同创新,形成了本科学生教育的"五大体系";研究生培养的"四大平台";暑期社会实践的"333"模式;学生就业工作的"六大工程”;学生骨干培养的“示范工程”以及携手共建的文化素质教育“四校基地”等思想道德素质教育成果。

为了增强水利人思想道德素质培养的实践性,一方面,学校开放人文社科研究基地、实验室供学生使用;另一方面,加强与行业和地方政府紧密合作,迄今为止,学校在全国范围内建成了200多个实践体验基地,供学生全面提升素质实践训练;学校每年都邀请全国水利行业的知名专家和创业成功的杰出校友30余人,来校给学生做报告和现身说法,鼓舞学生士气,提升学生素质,激发学生爱国爱水爱校爱专业热情。学校还通过举办的全国大学生“挑战杯”创业计划大赛、江苏省大学生水文化创意设计大赛和“机器人大赛”“水工创新杯”大赛以及校园科技、文体、体育节等活动,不断拓展和丰富学生的思想道德素质培养的内容,有效地提升了现代水利大学生思想道德素质的水平,为水利高等教育做出了积极的德育贡献。

**三、文化贡献**

水利精神是水文化发展的科学结晶,传承水利精神就是对水文化的弘扬和发扬,就是对水事业的文化贡献。在水利高校德育发展与文化建设中,以河海大学为代表的水利特色高校,始终坚持以水育人,以水化人的德育理念,勇于探索、大胆创新,在实践中不断探究和凝练属于本校特色的大学精神和水利人追求的核心价值观念,积极地为我国水利事业的发展做出独特的文化贡献。

1. 以上善若水的优秀品质锤炼水利人

《道德经》第八章曰:“上善若水,水善利万物而不争”。水与河海大学有不解之缘,河海因水而生,缘水而为,顺水而长。在近百年的办学历程中,学校始终坚持以德为先,以水为镜锤炼河海人的“若水”品质。早在1915年确立的“注重学生道德思想,以养成高尚之人格;注重学生身体之健康,以养成勤勉耐劳之习惯;教授河海工程必需之学理技术,注重自学辅导、实地练习,以养成切实应用之知识”三条教育方针,明确地指出了立德树人、实践励人、教书育人的办学方向和发展原则,为河海德育文化的发展奠定了坚实的基础。在此基础上,逐步发展形成了“爱国爱水,务实重行”的校风;“艰苦朴素,实事求是,严格要求,勇于探索”的校训;“致高、致用、致远”的育人理念;“上善若水,笃学敦行”的精神实质。这些文化发轫渊源所蕴含的精神元素和文化表征形式,已成为河海人做人做事的行为准则,成为河海人核心价值观追求的目标和勇往直前的精神动力。正如温家宝总理在诠释“献身,求实,负责”的水利精神时赞誉的那样:从河海大学走出去的学生,翻山越岭,风餐露宿,工作在祖国各地,都具备着献身精神。在工作中,他们讲求实际,尊重科学,他们所做的每一项工程都经得住当代、也经得住后代的考验,这就是一种求实精神。而负责精神和献身精神、求实精神是分不开的,献身精神和求实精神本身所体现的就是一种负责精神。这种精神彰显出巨大的文化贡献。清华大学水利学科倡导“智者乐水、仁者乐山”的人才培养理念,彰显出清华大学水利人的文化精神和价值情怀;四川大学水利学科强调“蜀水文化建设”,以及武汉大学水利学科、华北水利水电大学等水利特色学校,都在积极地探索水文化的真谛,以便挖掘适合本校人才培养特色的优秀品质锤炼水利人成长,为现代水利事业做贡献。

2. 以海纳百川的博大胸怀塑造水利人

“海纳百川、有容乃大”是林则徐题于苏轼的一副自勉联的上联。海纳百川的“海”与河海大学的“海”可以说有异曲同工之妙。在国难当头水患无穷的年代,以张謇先生为代表的仁人志士奉行“实业救国、教育救国”的思想,抱着“横流浩劫永断绝,拯救数兆黎”的使命和“天下有溺犹己溺,此志毋稍弛”的责任担当,在南京创办了河海工程专门学校。学校自创立伊始就广纳名贤,明确提出“聘请富有工程经验热心教学者为师”。后几经变迁,又使得各方才俊风云际会,学科不断交叉、拓展,使得校园内形成了学术交融、思想激荡、文化融合的氛围,形成了“河孕育文明,海凝聚智慧”的河海风范。这种氛围和风范塑造出包容大气、知行合一、敢为人先、勇攀高峰的河海风格和河海气派;她犹如无形的磁石,不断地吸引着无数的优秀学者和莘莘学子投奔河海;她促进了学科多样化的发展,培养了河海人的远大理想和广阔胸襟;她让河海始终充满着激情和自信,充满着生机和活力,走向“大海”;她永远激励并影响着河海人,使一代又一代的河海学子满怀“我饮河海一滴水,我献祖国一生情”的水利深情和“河润万物,海纳百川”的河海气度,奔赴祖国的各条战线,像水一样融入国家的现代化建设事业的滚滚洪流之中,在各自不同的岗位上为水利现代化事业持久地奉献着自己的才华和热血。

3. 以践行核心价值观服务生态水利梦

在我国水利现代化进程中,水利人承担的是独特的社会责任,肩负的是水生态文明建设的历史使命。实现这一历史使命,以践行核心价值观服务生态水利梦,是水利特色高校义不容辞的责任。党的十八大倡导的“富强、民主、文明、和谐、自由、平等、公正、法治、爱国、敬业、诚信、友善”24 字社会主义核心价值观,为我国大学德育发展和校园文化建设指明了前进方向。当代大学的四大功能之一就是传承发展文化。水利特色高校的一项重要职能,就是传承传播水文化、创新发展水文化、积极培育具有水利人的独特价值观念,以服务于国家现代水利事业和水生态文明建设。这其中,河海大学作为水利特色高校的代表,在百年水利德育文化的探索中,在社会主义核心价值观的引领下,积淀了深厚的文化底蕴,积累了丰富的德育经验,铸就了鲜明的文化特质,形成了"爱国爱水、务实重行""上善若水、笃学敦行""河润万物、海纳百川""精研求真、开拓创新"等颇具个性特点的精神品质和价值追求。这种精神品质和价值追求固化于形、根植于心、外化于行的价值认同,是河海人的核心价值观念。这种核心价值观念的形成是河海大学自身发展的必然选择,是社会主义核心价值观在水利高校的具体表象,是激励河海人永葆青春活力为水利现代化做贡献的动力源泉。然而,在建设生态文明国家,实现中国梦的进程中,主动献身水利现代化和水生态文明建设,是每个水利人的根本职责,践行社会主义核心价值观服务生态水利梦是水利特色高校的基本任务。作为水利特色高校的河海代表,将永远牢记河海老校歌歌词一句话,"大哉河海奔前程,毋负邦人期"的理想追求,不负责任和使命,奋勉笃实、砥砺前行,以务实重行的态度践行河海人的核心价值观念,以"上善若水、笃学敦行"的精神品质彰显社会主义核心价值观在水利事业中的独特贡献。

# 第二章

# 河海大学德育现代化目标

德育现代化是高等教育现代化的重要组成部分,是制定德育现代化目标的前提和基础,是实现现代高校德育任务的根本保障。在经济全球化背景下,只有大力推进高校德育现代化才能实现整个高等教育的现代化,进而实现国家建设的现代化。河海大学在长期的办学实践活动中,尤其是在近几十年的人才德育活动中,积极探索德育现代化建设内涵,在不断完善德育体系、德育规划和德育举措等方面取得了一些积极的成果,形成了学校的德育特色。

## 第一节 河海大学德育体系

河海大学在近百年的德育实践活动中,高度重视传承发展我国德育工作的优良传统和不断开创学校德育工作的新局面。尤其是《中共中央国务院关于进一步加强和改进大学生思想政治教育的意见》(中央 16 号文件)下发后,河海大学全面贯彻落实中央 16 号文件精神,全面系统地总结了加强和改进大学生思想政治工作的经验和做法,形成了具有河海特色的五大体系,即德育育人体系、文化活动体系、过程管理体系、德育评估体系、德育制度体系,进而促进了水利高校德育现代化的发展进程,被同行点赞为德育发展的“河海模式”。

### 一、育人体系

河海大学的育人体系,系指河海大学的德育育人体系。为了培养现代化的高素质水利人才,学校始终把“德育为先”的理念放在首位,坚持教学与教育并举、管理与服务同行,全校上下形成合力、齐抓共管、体系化推进。为保障德育工作的实效性,学校建立了完善的教育、教学工作联席会议制度;分管教学领导和分管学生工作领导协同德育的工作制度;学生日常教育管理、德育文化特色教育、德育问题专题研究等多层次多层面的工作体系,进一步促进了教学和教育的相互融合,使德育功能的内在动力机制在德育实践层面得到充分发挥。

1. 充分发挥思想政治理论课在德育中的主渠道作用

思想政治理论课是高校德育建设的主渠道,不容忽视、不可替代。多年来,河海大学为了有效推进水利高校德育现代化建设,采取多种措施重点加强和改进思想政治理论课教学。一是优配资源,积极为思想政治理论课建设提供条件;二是加强培训,大力提高思想政治理论课教师队伍素质;三是承前启后,努力推进思想政治理论课管理与教学的改革;四是以生为本,创新思想政治理论课实践教学形式;五是加强交流,拓展合作,广泛参与各级各类学术活动。为了充分发挥"思政课"的优势和作用,学校始终坚持用马克思列宁主义、毛泽东思想、邓小平理论、"三个代表"重要思想和科学发展观武装学生,全力推进"三个代表"重要思想和科学发展观,在"进课堂、进教材、进学生头脑"即"三进"工作基础上,结合形势需要,推进"进公寓、进社团、进网络"的新"三进"工程。始终坚持用德育文化引领学生学习和践行社会主义核心价值观。为了有效提升"思政课"教学质量,积极推进教育教学方法创新。学校从综合考核学生对所学知识的理解和实际运用,全面、客观反映大学生的马克思主义理论素养和思想道德品质和法律意识的要求出发,将课堂考察与期末考试结合起来,将理论知识考核与读书报告、实践活动调查报告和课程论文写作结合起来,将闭卷考试与开卷考试结合起来,注重教学全过程的综合、动态考核,注重对学生在教学时段的实际表现的综合考查,基本上已经形成了一套符合思想政治理论课特点的科学合理的考核模式。为了提升思想政治教育理论研究水平,学校鼓励思想政治教育研究会人员走出去,开展社会考察、学习和调研,参加国内外学术交流、合作与研讨。2009 年,学校主办了第三届全国马克思主义与当代中国论坛,协办了江苏省思想政治工作现场经验交流会等均收到显著成效。

2. 充分发挥形势政策等相关课程在德育中的重要作用

学校坚持建立大学生形势政策报告会制度,定期编写形势政策教育宣讲提纲,建立形势政策教育资源库。经常邀请国家机关和省、市党政负责人、学校党政领导为大学生作形势报告;紧密结合国内外形势变化和学生关注的热点、难点问题,制订形势教育教学计划,并认真组织实施。还紧密结合现代社会发展趋势和学校自身特点，积极开展爱国、爱水、爱校教育，校风校纪教育、法律法规教育、文明礼仪教育、诚信教育、心理健康教育、感恩教育、安全教育、就业创业教育等，不断增强思想政治理论课的实效性。还强调教师都有育人职责，要求教师把思想政治教育的要求融入学生专业学习的各个环节，渗透到教学、科研和社会服务各个方面，使学生在学习科学文化知识的过程当中自觉加强思想道德修养，以便确立正确的世界观、人生观、价值观和热爱祖国、热爱人民、热爱党、热爱社会主义的观念，为自觉地为投身社会主义现代化建设做好思想文化和知识能力的准备。

3. 充分发挥哲学社会科学课程在德育中的重要职责作用

哲学社会科学中的绝大部分学科都具有鲜明的意识形态属性，对于帮助大学生坚定正确的政治方向，正确认识和分析复杂的社会现象，提高思想道德修养和精神境界具有十分重要的作用。长期以来，学校始终坚持马克思主义在意识形态领域的指导地位，始终坚持在哲学社会科学教学中充分体现马克思主义中国化的最新理论成果，用科学理论武装大学生，用优秀文化培育大学生。始终坚持理论联系实际的优良学风，紧密围绕大学生普遍关心的社会重大问题，释疑解惑和教育引导。高度重视思想政治理论课的学科建设、课程建设、教材建设和教师队伍建设。在学科建设中，将思想政治理论学科化、科学化，充分体现了当代马克思主义的最新成果。高度重视马克思主义理论硕士点、博士点建设，尤其是思想政治教育学科不断上层次，在全国产生一定影响。切实改革教学内容，改进教学方法，改善教学手段，加快多媒体教学软件的制作，开展多种形式的评建活动，促进教学水平的提高，使学校思想政治理论课教学再上新的台阶。

## 二、校园文化活动体系

校园文化活动是高校德育工作的一个重要系统，是现代大学德育文化得以深动表现的有效载体。校园文化活动是一种特殊的群体文化活动，主要有以下一些要素构成：在活动对象上以青年学生为主，在活动时间上以课余生活为主，在活动空间上以大学校园为主，在活动内容上以精神文化、行为文化为主等，由这些要素共同编织成一个有利于大学生健康成长的文化网络和活动体系。

中央16号文件颁布后，河海大学进一步加强和改进大学生思想政治教育和不断完善大学生德育文化活动体系。在实践和创新的基础上，形成了具有河海德育文化特色的校园文化活动体系，即以精神文化为主体的大学生文化艺术节、研究生“金水节”等系列校园文化活动体系，以科技文化为主体的“校园科技节”、

“挑战杯”竞赛、“机器人”比赛、“水文化”创意大赛等系列校园文化活动体系，以体育文化为主体的河海体育节、“足球杯”竞赛、健美操比赛等系列校园健身文化活动体系，以修身养性为主体的老年书画社、大学生文学社以及宿舍文化活动、廉政文化活动、公益文化活动、社团文化活动等系列校园文化活动体系。这些校园文化活动体系相互交织、互相渗透，共同促进了大学生德、智、体、美全面发展，增强了素质、提升了品质。

河海大学的大学生社会实践活动更是独树一帜。长期以来，河海大学的大学生社会实践活动已经积淀为一种河海育人文化。这其中，策划的活动项目具有河海风格，设计的活动内容具有水文化特色，选派的指导教师具有丰富的实践经验，取得的成果具有国家级的点赞。不仅如此，学校还进一步结合现代社会环境和水利现代化人才培养需要，进一步加大校园文化建设力度，进一步强化网上虚拟学生社区和虚拟学生组织的管理，进一步净化校园网络文化环境，不断提高学生网络道德能力和文明水平，努力为河海学生提供一个健康成长的高品位的河海精神家园。

## 三、过程管理体系

在现代高校中，实施过程管理是人才培养目标得以实现的根本保证。将大学的德育目标与高校的人才培养目标有机地结合起来，将“德育为先”的理念融入到学校的教育、教学、管理、服务等各项工作环节中去，形成人才培养的过程管理系统，是现代大学制度所必需的内在要求。河海大学在长期的办学育人过程中，将水利特色高校的德育理念融入到招生、培养、管理、服务、就业等各项工作环节之中，并实施精细化过程管理，有力地保障了水利人才的培养质量。

近30年来，河海大学在人才培养的过程中，不断探索和完善有效的学生管理制度，逐步形成了具有河海特点和符合学生成长规律的过程管理体系。诸如：以招收优质生源为主线的新生质量保障过程管理体系，以维护学校秩序为主线的学生日常教育过程管理体系，以提升学生思想政治道德素养为主线的德育过程管理体系，以培养学生创新能力和创业精神为主线的科普活动过程管理体系，以丰富学生生活为主线的校园文化活动过程管理体系，以促进学生身心健康为主线的教育指导过程管理体系，以保障学生社团活动正常有效开展的过程管理体系，以学生社区为主线的学生宿舍生活过程管理体系，以毕业生就业为主线的文明离校过程管理体系，以行为规范为主线的学生奖励、惩处过程管理体系，以解决学生困难为主线的经济资助和学习帮扶过程管理体系，以德育队伍建设为主线的选拔、使用、培养、提高过程管理体系，以社会实践为主线的学生社会实践活动过程管理体系，等等。这些体系构成了学校有序管理、高效运行的管理网络，并不断完善成一种常态化的管理制度，固化成一种特色鲜明的河海文化。从而保障了学校各项工作和活动的有效开展，提高了学校的管理水平和工作效率；进而增强了学生的制度观念和程序意识，实现了河海现代水利人才的培养目标。

## 四、德育评估体系

德育评估体系是我国高校德育现代化的重要组成部分，是检验高校人才培养质量的重要环节，是科学评价高校德育工作和大学生素质教育的量化标尺。教育部于2012年公布了《普通高等学校大学生思想政治教育工作测评体系》。测评体系包括组织领导、队伍建设、思想政治理论课、课堂外思想政治教育、条件保障、育人环境等6个一级指标，工作定位与思路、领导体制与工作机制、党政干部及共青团干部队伍等20个二级指标体系。这一测评体系具有现代性特点，是建立在科学化、人性化和客观性、合理性、有效性基础上的现代德育评价体系。这一新型的德育评价体系，涵盖了高校大学生思想政治教育工作的方方面面，是引领高校德育现代化、科学化、精准化发展的重要指南。

河海大学历来重视德育工作和大学生思想政治教育实效性研究。早在2001年，郑大俊、张海军等领衔一支科研团队，组织开展了《智能型大学生综合素质测评系统》研究，后续研究改为《大学生综合素质智能评估及管理网络信息系统研究》升级版。这一研究成果经本校运行检验后，在南京电力工程学院等水电类高校推广运用，并得到同行专家的高度评价和用户的级度好评。中央16号文件下发后，河海大学及时进行对照检查，拾遗补漏。在运用《普通高等学校大学生思想政治教育工作测评体系》的基础上，对河海大学的德育评估体系进行了进一步的充实完善，形成了《河海大学大学生综合素质测评系统》《河海大学辅导员队伍建设考评体系》《河海大学大学生心理素质诊断测试评价体系》《河海大学大学生身体素质测试评价体系》《河海大学大学生文化素质教育成果评价体系》《河海大学大学生诚信教育过程考评体系》《河海大学大学生社会活动合格考评体系》等等，这一系列的评估体系，为水利现代化人才培养发挥了重要作用。

## 五、德育制度体系

德育制度体系是德育工作和思想政治教育得以有效展开的前提和基础。河海大学在水利人才培养过程中，不断健全和完善与法律法规相协调、与高等教育相衔接、与人才成长相适应的德育制度体系。遵照中央 16 号文件精神，学校进一步健全和完善了党委统一领导、党政齐抓共管、专兼职队伍结合、全校紧密配合、学生自我教育的领导体制和工作机制，并采取有力措施保障、加强和改进学生德育工作落到实处。首先，确立了学校党政主要领导对德育工作负总责的领导制度。要求将德育工作和思想政治教育与教学、科研、后勤服务工作紧密结合同步推进，将德育工作和思想政治教育纳入行政工作一同部署、一同检查、一同考核。其次，确立了以思想政治理论课专任教师、学生专职辅导员和学生兼职班主任为主体的德育工作制度。学生德育工作队伍主体由从事学生教育、管理、服务等部门和共青团干部；思想政治理论课教师和哲学社会科学的研究人员；学生专职辅导员和兼职班主任、班导师等三支队伍组成，这三支队伍共同担负起对大学生进行思想政治道德素质教育的主要职责。第三，确立了对学生工作队伍加强指导、监督和考评的制度，按照"政治强、业务精、纪律严、作风正"的要求，建好一支以专为主、专兼职结合的高素质学生工作队伍，并明确了学生辅导员、班主任的岗位职责及其考评要求。第四，确立了学校、家庭和社会"三位一体"的大学生德育工作制度。做到学校、家庭和社会责任明确、定位准确，形成合力，共同促进大学生健康成长。实践表明，只有完善的德育工作制度，才能切实保障德育工作取得实效。

同时还必须清醒地看到，河海大学的德育工作尽管在上述五大体系的支撑下，做了不少工作，取得了不少成绩，受到教育主管部门的肯定。然而，在经济全球化、教育国际化、文化多元化、生活多样化的今天，要搭建一个新的、科学的、富有成效的高校德育工作体系还不能一蹴而就，还应紧密社会发展需求、人才成长规律和学校自身优势，不断探索高校德育现代化发展方向，走出一条具有本校德育特色的人才培养道路。

## 第二节　河海大学德育规划

邓小平同志指出："要加强各级学校的政治教育、形势教育、思想教育，包括人生观教育、道德教育。"德育可以说是政治教育、思想教育、道德教育、心理健康教育的总称，是全面贯彻党的教育方针，保证社会主义办学方向的重点工程，是学校高素质人才培养的重要内容和立德树人的基础性工作。加强德育工作，对学校全面贯彻教育方针，具有重要的战略意义。把德育放在首位，将德育与智育、体育、美育等方面有机结合、相互促进，对学校全面教育及学生全面发展和价值塑造具有引领性作用。做好德育规划尤其是德育整体规划，对发挥思想政治教育、精神文明建设等德育系统的育人职能，共同实现学校德育总目标具有重要的实践价值。河海大学为全面贯彻《中国教育改革和发展纲要》《关于进一步加强和改进学校德育建设工作的若干意见》《关于进一步加强和改进大学生思想政治教育的意见》精神，积极探索现代化人才培养的德育方向和德育现代化建设的规划目标，形成了具有独立特点的现代德育整体规划即德育工作体系，为水利特色高校的人才培养探索了新的德育之路。

## 一、德育规划的指导思想

学校德育规划的指导思想是以马列主义、毛泽东思想、邓小平理论和“三个代表”重要思想和科学发展观为指导，全面贯彻党的教育方针，保证社会主义办学方向；以《加强和改进学校德育建设工作的若干意见》和《加强和改进大学生思想政治教育的意见》为准绳，健全和完善德育整体规划系统，使整体规划系统内的各相关育人系统相互衔接、相互促进，协同创新学校德育现代化建设和发展；以立德树人为根本任务，把以人为本、善待学生的育人理念融入到学校各项工作中去，形成全员参与、人人育人的浓厚氛围；以社会主义核心价值体系为主要内容，按照不同层次不同年级的大学生确定德育和思想政治教育内容，创新德育工作思路、增强德育工作实效，提升大学生思想政治道德素质；以队伍建设为抓手，打造一支政治强、作风正、能吃苦、善创新、受欢迎的学生工作队伍，推动学校德育工作再上新台阶，再创新业绩。

## 二、德育规划的目标原则

学校德育规划的目标是遵循我国高等教育规律和德育现代化要求，围绕德育系统工程建设需要，构建以马克思主义理论学科、思想道德修养课、形势政策法律课、日常思想政治教育、精神文明建设、校园文化建设、德育队伍建设、育人环境建设等若干德育子系统为一体的德育整体系统和育人体系，形成德育整体规划的系列规划。在这个基础上，实现德育资源的有效整合、系列规划的科学分工、不同系列的德育重点，促进德育系统内部各子系统之间的相互衔接、相互促进、分工合作、整体推进德育现代化发展。遵循大学生成长成才规律和现代大学生思想特征和身心特点，围绕国家现代化人才培养需要，构建以培养有理想、有道德、有文化、有纪律的“四有”公民为根本目标，以树立正确的世界观、人生观、价值观为根本任务，以社会主义核心价值体系和中国优秀传统文化为主要内容的育人体系，科学设置德育课程，积极开展德育活动，努力拓展德育途径，有针对性地进行教育和引导，使学校德育更具科学性，更加有效地促进大学生全面健康成长。遵循我国社会主义现代化建设“五位一体”总布局的总要求，围绕国家水生态文明建设的需求和水利现代化建设的要求，制定培养水利科学技术知识掌握牢，兴水利除水患治理能力强、思想政治道德心理素质好的现代水利事业的建设者和接班人的德育规划。

学校德育规划的原则即大学生德育目标是学校教育目标的重要组成部分，是大学生德育工作与思想政治教育工作的出发点和落脚点。因此，学校德育整体规划的制定应着重把握以下原则：①整体性原则。坚持德育系统工程理念，做好顶层设计、统筹规划、突出重点、分项实施、整体推进。面向全校学生，兼顾不同年级不同层次学生思想实际，构建具有针对性、指导性和操作性的德育工作体系。②方向性原则。坚持党的教育方针，紧扣时代发展脉搏，充分体现《加强和改进学校德育建设工作的若干意见》《加强和改进大学生思想政治教育的意见》的德育要求，向德育现代化目标推进。③导向性原则。坚持“以人为本、德育为先”的理念，把立德树人作为学校德育工作的根本要求，遵循师生教学相长规律，充分发挥德育教师的主导作用，充分调动学生主体的参与活力，共同创新德育。④实效性原则。坚持贴近学生、贴近生活、贴近实际，针对大学生思想实际和思想品德形成的规律性与差异性，规范德育管理、丰富德育载体、营造德育氛围。一切从实际出发，注重知行统一，提升德育实效。⑤发展性原则。坚持德育工作与时俱进。既要体现学校优良传统，又要反映时代发展特征。在学校德育文化的传承和积淀的基础上，研究新情况、迎接新挑战、促进新发展，推动学校德育工作有效开展。

### 三、德育规划的重点内容

德育规划是实现德育目标的重要基础，是开展德育工作的重要依据，是推动德育现代化进程的有力保障。河海大学的整体德育规划，是在长期德育实践的基础上，不断完善和形成的、以“四大教育四大建设”为主要内容的德育系统工程体系。“四大教育四大建设”系统内的各个子系统相对独立、自成体系、各有重点，且相互联系、相互渗透、相互补充，共同推动学校德育目标的实现。

1. 政治理论教育

思想政治教育作为一门学科,更多的是带有政治理论学科的特点,运用的是马克思主义基本理论和方法,着重研究的是政治教育。思想政治教育是学校教育工作的重要内容,是培养中国特色社会主义事业的建设者和接班人的根本保证。加强和改进大学生思想政治教育,须以理想信念教育为核心,以大学生全面发展为目标,通过马克思主义基本原理、毛泽东思想、邓小平理念和"三个代表"重要思想概论、中国近现代史纲要等基本理论的教育,引导大学生树立中国特色社会主义理想信念,帮助大学生提升政治理论修养,自觉地为我国水利现代化事业做贡献。

河海大学思想政治教育的基本思路,着重围绕理论教学、学科建设、实践育人、科学研究和队伍建设等多个方面。①在思想政治理论课教学方面,思想政治理论课是提升大学生思想政治素质的主渠道、主阵地,其教学内容须以社会主义核心价值观为引领,以培养"四有"新人为目标,以开展思想政治教育为根本任务,以马克思主义基本原理、毛泽东思想、邓小平理念和"三个代表"重要思想概论、中国近现代史纲要等为理论基础构成思想政治教育理论课教学体系。要不断优化课程设置和理论教学创新,强力推进毛泽东思想、邓小平理念和"三个代表"重要思想进教材、进课堂、进大学生头脑,帮助大学生掌握马克思主义的立场、观点、方法和确立正确的世界观、人生观、价值观。把理想信念教育的内容和大学生全面发展为目标要求,融入到大学生思想政治教育教学的各个环节,帮助学生打牢政治理论基础,让大学生在受教育的过程中,提高思想政治素质和理论修养。②在思想政治教育学科建设方面,重点加强思想政治理论课学科体系建设、课程建设、教材建设和教师队伍建设。在学科建设中要充分体现当代马克思主义最新成果,将政治理论学科化、科学化。不断提升马克思主义理论与思想政治教育硕士点、博士点的建设水平,多出优秀成果,不断提升学校思想政治教育学科层次,增强学科的竞争性和影响力,不断改革教学内容、改进教学方法、改善教学手段,加快多媒体教学课件制作。开展多种形式的评建活动,促进教学水平的进一步提高,使学校思想政治理论学科建设再上新台阶。③在思想政治教育实践教育方面,加大社会实践力度,引导大学生在实践中"受教育、长才干、做贡献"。进一步探索和建立社会实践与专业相结合、与服务社会相结合、与勤工助学相结合、与创新创业相结合的人才培养新机制。建设和巩固已有的学生"实习基地",继续加强与地方政府、企业事业单位共建大学生"实习基地",继续组织开展科技文化卫生"三下乡"

"三个代表"重要思想宣传、精神文明建设宣传、与专业学习相结合的水利建设考察活动，培养大学生为人民服务的思想。④在哲学社会科学应用方面，哲学社会科学中的绝大部分学科具有鲜明的意识形态属性，坚持和巩固马克思主义在意识形态领域的指导地位是最基本的学科立场。在哲学社会科学教学中充分体现马克思主义中国化的最新理论成果，用科学理论武装大学生，用优秀文化培育大学生。要发扬理论联系实际的优良学风，发挥哲学社会科学的优势，紧密围绕大学生普遍关心的、改革开放和现代化建设中的重大问题，做好释疑解惑和教育引导工作。⑤在思想政治教育理论研究方面，重点围绕马克思主义基本原理、马克思主义理论体系、马克思主义中国化等方面开展研究，围绕思想政治教育基本理论、比较思想政治教育、大学生思想政治教育与事务管理、思想政治教育社会学、传统文化与思想政治教育等方面开展研究，围绕思想政治理论课教学内容、教学方法、教学效果以及大学生关注的社会生活、政治思想领域的热点难点问题开展研究，围绕打造河海特色的思想政治理论课精品课程开展研究。将研究的最新成果及时纳入教学体系，推动思想政治理论课教学内容的改革和提升其教学的实效性。⑥在思想政治教育科学队伍建设方面，按照专兼结合的原则，不断优化和充实思想政治理论课教师队伍。专任思想政治理论课教师要通过兼任班导师、辅导员等工作，承担思想政治教育工作的任务。专任思想政治工作干部和辅导员有条件的可承担一定的思想政治理论课教学任务。吸引和鼓励相关专业课的教师承担一定的思想政治理论课教学任务，促进专业课教师与思想政治理论课教师之间的交流。聘请理论研究单位和实际工作部门的专家学者和领导干部开设专题讲座。发挥离退休的哲学社会科学著名专家学者在思想政治理论课教育教学中的作用。

2. 思想道德教育

德育作为一门学科，更多地体现在教育学自身的特点上。运用的是教育学的理论与方法，集中研究的是道德教育的规律。思想道德教育是大学德育的重要内容，是人才培养的基础工作。加强和改进大学生思想道德教育，须以立德树人为目标，以基本道德规范为基础，以爱国、爱水、爱校教育为重点，通过思想道德修养课、法律基础理论课、形势政策课等基本理论的教育，引导大学生提升思想道德素质和文明行为素养，进而增强大学生的使命感和社会责任感。

河海大学道德教育的基本思路，主要是围绕提升大学生道德文明素质，夯实大学生道德文明基础展开：①在道德教育理论教学方面，道德教育是现代社会大学教育中不可缺少的重点教学内容，是帮助大学生提升道德理论修养的基础环节。开展道德教育,要以爱国主义教育为重点的民族精神教育和以基本道德规范为基础的公民道德教育为统领,科学设置思想道德修养课、法律基础课、形势与政策课等教学内容,要更加贴近学生、贴近生活、贴近实际,使必修的基础理论课更具针对性和实效性。要不断改进教学方法和教学手段,以"道德小品"德育模式等授课方推进教教育教学改革。要把倡导"八荣八耻"为主要内容的社会主义荣辱观,"三爱"教育的内容和大学生道德规范的基本要求,融入道德教育的教学内容,丰富课堂教学的生动性,让学生在丰富多彩的教学活动中,增强道德认识能力和思想品德修炼的底气。②在道德教育实践育人方面,道德教育实践教育是德育教学的重要内容,要把道德教育实践教育纳入教学计划予以保障。要大力开展爱国、爱水、爱校教育实践活动,如组织大学生参加社会实践、公益活动、社会调查、志愿者服务、勤工助学等社会实践活动,或到德育基地、爱国主义教育基地,革命圣地和遗址,革命先烈墓地,重大水利示范工程,水生态文明示范单位、现代样板企业等参观、学习、考察,让大学生亲临社会环境体验生活,在德育实践活动中了解国情、认识社情、熟知水情、增长才干、完善自我、全面发展。③在德育学科建设方面,德育学科是道德教育的基础。加强德育学科建设,一是强化德育学科意识,将德育学科建设纳入学校学科建设总体规划,做好德育学科建设的实施方案,推动学科建设发展;二是加快"大学德育与学生事务硕士点"建设速度,为国家教育事业培养高质量高水平的德育工作人才;三是注重德育问题研究。围绕高校德育现代化的内涵、目标、任务、内容、路径等开展研究,围绕形势、政策方面的基本理论、基本观点和学生关注的热点、难点问题开展研究,围绕如何弘扬"礼、义、廉、耻、信、孝"等优秀传统道德文化观念开展研究,围绕大学生思想品德测评和德育评价等实效性开展研究,围绕社会公德、职业道德、学术道德等方面的突出问题开展专题研究,争取出一流的德育成果指导德育实践。

3. 日常生活教育

日常生活教育对于大学生熟习新生活、认识新环境、了解新要求,产生新印象、形成新观念、养成新品行具有重要的现实意义。学生的日常生活教育重点应突出体现以下几方面:①加强优良传统教育。把校史教育、校风传统教育、优良学风教育作为大学生道德品质修炼的重要内容,贯穿于大学生学习、生活的全部过程,从一年级新生入学抓起,直至毕业离校常抓不懈。通过校史教育,让学生更加深刻了解学校创建的历史、学校的建设发展成就和学校的未来发展规划,了解学校的办学特色、专业设置、学科优势,增强学生热爱学校、热爱专业、刻苦学习、不断进取的自觉性和责任心。加强“艰苦朴素、实事求是、严格要求、勇于探索”的校训教育和对河海精神实质的探索，引导师生更深刻地理解校训和对河海精神把握，更好地去弘扬和传承河海精神，矢志不渝地去攀登水利科学高峰。②加强校风校纪教育。③加强管理制度教育，管理制度教育是学校德育工作和思想政治教育工作的有益补充，是培养学生养成良好品行的重要保证。管理制度教育要以法制教育为抓手，在国家普法教育的基础上，广泛开展校风校纪校规教育，让广大师生加深对规章制度的理解和自觉执行。重点开展政策法规教育、诚实守信教育、职业道德教育、学风考纪教育、学术规范教育，让师生更好地把握做人做事做学问的原则；在教育学习的基础上，强化学风、作风建设管理，规范引导师生的行为方式，尤其是帮助学生端正学习态度、浓厚学习空气、严肃考风考纪，保证学校教育教学质量。④加强国情社情水情教育。形势政策教育是思想政治教育的重要内容，是大学生认识国情社情水情的有效途径。要建立大学生形势政策报告会制度，定期编写形势政策教育宣讲提纲，建立形势政策教育资源库。要经常邀请国家机关和省市党政负责人，水利专家和对水利建设有杰出贡献的校友，以及学校党政领导为大学生作形势报告，要紧密结合国际、国内形势变化，水利现代化的建设发展状况和学生关注的热点、难点问题，制定形势教育教学计划，并认真组织实施。⑤加强学生心理健康教育。心理问题在现代社会具有一定代表性。在大学生中开展心理健康教育，要根据不同年级、不同层次的学生的身心发展特点，有针对性地设置心理健康教育活动的具体内容；重点帮助学生提高心理保健意识，指导学生处理好学习成才、择业交友、健康生活等方面的具体问题。重视心理健康教育的课程建设和开发心理测评体系。加强心理健康教育研究，探索学生心理健康成长的新载体和新形式。对学生存在的心理问题及时进行防范、干预、监督和跟踪，有效地干预高危人群的突发事件。不断扩大学生心理健康教育的覆盖面并及时给予心理问题的辅导、咨询和援助。帮助大学生提高心理素质和心理健康水平，培养大学生自我成长的意识和自我规划、自我控制的能力，引导大学生健康成长。

4. 学生骨干教育

学生骨干是学校开展大学生思想政治教育活动的有生力量，是学校德育工作取得实效的重要基础。加强对学生骨干的教育培养，重视发挥学生骨干的示范作用，是学校德育工作极其重视的内容。①加强学生党员的教育培养。学生党员具有崇高的理想和信念，是学生中间的优秀分子。他们的思想表现和言行举止决定广大学生的示范效应。在学校德育工作中，要高度重视学生党员发展工作，通过校、院两级党校对入党积极分子进行理想信念教育，端正入党动机、做到成熟一个发展一个；切实加强学生党支部建设与管理，做到本科生“一年级有党员、二年级有党小组，高年级有党支部”。严格组织生活、创新活动方式、严肃党的纪律；进一步完善党校培训机制，定期组织党员开展再教育、再培训、再提高活动，强化党员意识。加强学生宿舍党员活动室建设，完善“学生党员示范岗”制度，充分发挥学生党员在学校生活中的先锋模范作用和党支部的战斗堡垒作用。②加强学生社团的教育指导。学校共青团组织和各类学生社团组织的骨干成员，在学校生活中担任重要角色。他们是最有热情、最有活力、最有号召力和最具创新潜力的学生群体组织。他们是学校和学生之间加强和改进思想政治教育工作的桥梁和纽带。要充分发挥他们在学校德育工作中的骨干作用。要按照“有理想、有道德、有文化、有纪律”的培养目标，加强对青年团和各类学生社团成员的思想教育和理论培训。尤其加强中国特色社会主义理想信念教育、革命传统教育、爱国爱水教育、民主法制教育、思想品德教育，培养他们具有高尚的道德情操和追求中国梦的政治抱负。要加强共青团组织管理、坚持组织生活制度和完善青年团员的教育培训制度。要充分发挥共青团组织教育、团结和联系学生的优势。要加强对各类学生社团指导，优选精备指导教师，加强理论学习和业务培训，不断完善社团的活动管理制度。指导共青团组织和各类学生社团组织按照各自章程自主开展活动，达到自我教育、自我管理、自我服务的目的。扩大和巩固学校德育工作的基础。③重视发挥学生示范群体的作用。学生示范群体的教育培养在学校历行数年，具有扎实的基础和丰富的经验。要进一步巩固和认真总结宣传“1442 工程”“青马工程”“国防生”等学生示范群体教育培养的成功经验。进一步挖掘其示范群体骨干培养的德育文化内涵，形成在更大范围内可操作、可借鉴、可推广的理论与应用成果，引领现代人才培养模式的改革。要在以我校为主体举办的国家大学生文化素质教育基地所取得成果的基础上，继续培育科技文化创新、水文化创意典型、思想道德典范等方面的示范群体，发挥学生示范群体的扩展效应，带动学校德育工作的深入开展，为造就一批未来的学术精英、工程精英、管理精英打下坚实的基础。

5. 德育队伍建设

德育队伍建设的重点在于建设好辅导员队伍。辅导员队伍是德育工作的“陆战队、尖刀班”，是指导学生成长成才的引路人。加强辅导员队伍建设要着力把握队伍建设原则、配足队伍人数、明确培养措施、发挥队伍作用。①着力把握辅导员队伍建设的原则。在队伍结构上坚持“一队多元”的原则,即在性别搭配上合理科学、在年龄层次上以中青年为主、在学历层次上以研究生为主体、在学缘结构上逐步扩大外校比例;在管理体制上坚持“一进四出”的原则,即按照辅导员选拔程序严把进入口关,任期满后通过提拔、留用、转岗和深造寻找出口;在能力素质上坚持“一专多能”的原则,即以一门专业为主,同时要具备教育学、心理学等学生发展相关的专业知识、能力和水平;在建设目标上坚持“一队三化”的原则,即建设一支专业化、专家化、职业化的德育和思想政治教育工作队伍。②着力把握辅导员队伍配备的要求。本科生专职辅导员总体上按照 1∶200 的比例配备,保证每个院(系)的每一个年级有专职辅导员;研究生专职辅导员根据实际情况按一定比例配备;要保证海军国防生、基地强化班、社区管理等专职辅导员的数量。专职辅导员可兼任学生党支部书记、院系团委(团总支)书记等相关职务。辅导员配备坚持专职为主,专兼结合的原则;辅导员队伍的来源主要是面向社会公开招聘思想政治教育、管理学等专业硕士及以上学历人员。兼职辅导员可从专业教师、党政管理人员或研究生中选聘。从专业教师中选聘的对象主要是新聘用具有博士学位的人员,发挥“双肩挑”优势。从党政管理人员中选聘对象主要考虑资深主任科员及科长以上人员。③着力把握辅导员素质培养的措施。辅导员的培养纳入学校师资培训计划和人才培养计划,享受专任教师培养同等待遇。设立辅导员队伍建设专项经费;将辅导员培养作为辅导员队伍建设的重要环节,纳入学生工作的整体安排,加强辅导员的专业化培养。新聘辅导员推行“先培训、后上岗”的准入制度。鼓励、支持辅导员开展德育和思想政治教育研究和承担大学生思想道德修养与法律基础、形势政策教育、心理健康教育、就业指导等相关课程的教学工作。专职辅导员按助教、讲师、副教授、教授评聘思想政治教育学科或其他相关学科的专业技术职务。按学校统一的教师职务岗位结构比例合理设置专职辅导员的相应教师职务岗位。④着力发挥辅导员编制、管理与考核的作用。辅导员编制实行单独核定。由学校人事管理部门、学生管理部门组成辅导员编制管理小组,提出辅导员编制计划和及时补充调整用人方案。辅导员实行学校和院(系)双重领导。辅导员的队伍建设与学校教学、科研队伍建设同等对待。学生工作部门是学校管理辅导员队伍的职能部门,与院(系)共同管理辅导员队伍建设。院(系)对辅导员进行直接领导和管理。建立健全辅导员工作考核办法和队伍建设的考评体系。对辅导员的考核由组织人事部门、学生工作部门、院系和学生共同参与。考核结果与辅导员的职务聘任、奖惩、晋级等挂钩。对于考核优秀的辅导员给予表彰奖励,充分发挥辅导员队伍在学校德育和思想政治教育中整体育人的作用。

6. 校园文化建设

校园文化是社会主义先进文化的重要组成部分，是学校教育工作的重要内容，是学生德育和思想政治教育的重要载体，是全面实施素质教育的有效途径。加强校园文化建设，要以“富强、民主、文明、和谐，自由、平等、公正、法治，爱国、敬业、诚信、友善”的社会主义核心价值观为统领，营造校园文化氛围；要将理想信念教育，爱国主义、集体主义、社会主义教育和民族精神的培育的德育目标，融入到校园文化环境建设之中，夯实校园文化育人平台；要大力弘扬河海传统文化和探索凝练河海精神实质，建设优良校风、教风、学风和工作作风，发展和打造河海特色文化环境，为河海人立大志、做大事、养大气、创大业，达到智道双馨、德才兼优奠定坚实的文化基础。①坚持以德为先的校园文化导向。校园文化对大学生的健康成长和思想观念的形成具有决定性意义。加强和改进校园文化建设，必须坚持中国特色社会主义办学方向，必须坚持以社会主义核心价值观引领校园文化建设，将思想道德教育、政治理论教育、形势政策教育、遵纪守法教育、爱国爱水教育，创新创业教育、团结合作教育、心理健康教育、诚信感恩教育等重要内容，融入到校园文化建设的各个环节，渗透到学校文化活动的各个方面。充分发挥校报、校刊、校内广播电视、校园网络等学校主流媒体德育文化的作用，让广大学生在科学理论的武装下，在正确舆论的引导下，通过校园文化潜移默化的熏陶和自我德育实践的体验，自觉地树立正确的世界观、人生观、价值观、道德观，自觉地为实现中国特色社会主义的崇高理想而奋斗。②创建以人为本的校园文化氛围。在校园文化建设中，要加强校园文化资源整合和充分发挥师生在校园文化建设中的主体作用。创建和谐友爱的校园人文环境。在教育管理层面，要充分彰显以人为本、善待学生的人文精神，大力营造“教无止境、学无止境”的浓郁学术气息，切实形成健康文明向上、竞争合作创新的人才成长环境。在学生教育层面，积极创设开展集教育、科技、文化、体育、娱乐、休闲、修身、养性为一体的校园大众文化活动环境，吸引广大同学自愿参加和在其中接受教育。在师生之间，形成师生教学相长、相得益彰、尊师爱生、互勉共进的和谐友善的人际关系环境，创建风清气正的校园育人环境。在校风建设方面，大力塑造“艰苦朴素、实事求是、严格要求、勇于探索”的时代特征和培育优良的校园风气。切实提升学校管理服务人员依法治校的能力和管理水平，形成管理育人、服务育人的深厚风气。在教风建设方面，继续完善教师职业道德规范和制度；开展师德师风教育和学术道德教育；开展名师培养和优秀主讲教师评选以及学生评教等活动;切实履行教书育人的职责,以教师良好的思想政治素质和治学严谨的道德风范教育影响学生。在学风建设方面,积极引导学生树立专业思想、改进学习方法、提高学习效率;严格学籍管理、严肃考试纪律;大力开展优良学风创建活动,促进优良学风的形成。③打造以水为魂的校园文化环境。水是河海大学立校之本、发展之基、文化之魂。打造河海校园文化环境要充分彰显水的元素,充分体现水文化特色。要把校园打造成水历史厚重和现代文明互补,水科学繁荣与水文化交融的景观校园、绿色校园。在自然景观改造方面,将水的元素与校园的绿色植被造景、园林小品建造和学校建筑设计有机结合,打造成四季常青、三季有花、恬静雅致、自然优美的水文化乐园和河海师生的精神家园,形成河海校园风格;在人文景观打造方面,与重大水利工程缩影、著名水利人物雕塑、治水名人名言灯箱以及学校环境亮化工程等紧密结合起来,形成河海校园的文化特色。在学校文化传承方面,大力弘扬河海传统文化和深入挖掘河海文化资源,重视学校校史研究和对外开放张闻天生平陈列馆和校史馆,深入挖掘学校传统文化内涵和构建河海文化建设体系,大胆探索校容校貌塑造和制定学校文物保护措施。引导师生员工牢记校训,咏唱校歌,佩戴校徽,使用校标。大力开展水文化研究和鼓励学院开展专业文化研究与应用。在学校具有标志性的场所悬挂学校名人、院士画像和大力宣传杰出校友事迹。结合各类办公室、实验室、休息室、学生社区、教室走廊、林荫大道等不同功能的场所,选择悬挂水蕴深厚、极其典型的人物、字、画、像、警句等,用特色鲜明、印象深刻、教育深远的校园文化环境影响学生,激励河海学人立志成才、报效祖国。培养河海学人"今日我饮河海一滴水,明日我献祖国一身情"的自豪感和使命感。④开展以水为师的校园文化活动。自古以来的文人墨客告诉人们,凡是对水的认识和感受越深刻,其水文化的内涵就越加丰富。河海大学以博大精深的水文化为特色打造校园环境,以水文化为载体开展校园文化活动,对广大同学教育启发极大,其成效显著、一花独秀。为进一步加强和改进德育工作,继续组织开展水为师的校园文化活动:在校园文化活动的宏观把握上,须进一步建立和完善以水文化为中心的活动教育体系。需统筹规划水文化建设和发展的顶层设计。要以学校水文化研究所为平台,扩大研究队伍和发掘水文化教育资源,包括专业、学科文化的教育资源。构建水文化建设发展智力库。鼓励支持开展水文化教育融于学科专业教育的研究,开展水与社会、水与哲学、水与经济、水与环境、水与历史、水与文化等知识融合的研究。研究的成果及时地与德育工作内容和校园文化活动有机地结合起来,促进大学生综合素质的全面提升。着力打造一批水为师的校园文化教育活动示范项目和文化活动团队。在校园文化活动的微观把握上,要以学校文化艺术节等大型活动引领全校文体活动开展;以校园科技节等大型活动引领全校大学生科技创新活动的开展;以金水节等大型活动引领研究生文体科技活动开展;以重大事件、重大活动、重要节庆日等为契机和以河海大学"博雅大讲堂"、学术报告厅为平台,广泛开展特色鲜明的主题教育活动;指导学生党、团组织,大学生艺术团,学生文学社,艺术特长生等学生骨干群体在校园文化中带头作用。让学生们在校园文化活动中活跃起来,在校园文化的熏陶下成长起来。认真总结"爱心超市"等公益性活动的理念和工作经验,彰显人文关怀,弘扬慈善文化;不断扩大学生志愿者总队规模,完善学生志愿者服务长效机制,打造河海志愿者文化,让雷锋精神永放光芒。不断巩固和提升校园文化精品的显示度,扩展河海文化的社会张力。⑤完善依法治校的校园文化管理。完善的管理制度和有益的工作经验,是学校在长期的办学活动中物化下来的文化成果,是推动学校事业健康有序发展的重要基础,是现代大学依法治校的根本保障。在校园文化建设中,要加强本部、江宁、常州三校区校园文化的规划建设和统筹管理,使学校形成一种特色多种风格。加强学生党、团组织生活管理和各类社团组织制度建设,发挥学生在校园文化的主体作用;加强校园文化活动场馆的管理和健全完善各类场馆的管理措施;加强校园各类文化活动的管理,包括哲学社会科学研讨会、学术报告会、各类讲座及课堂教学的管理,牢牢把握校园文化育人的正确方向;加强校园 BBS 信息交流平台的管理,完善校内主管部门审批制度,牢牢把握新媒体育人的主动权;加强校风、学风、作风建设和师生日常行为规范管理,严格教学管理、考试管理,净化学术道德风气,切实健全和完善学校教书育人、管理育人、服务育人的各项管理制度和措施。保证校园文化的一切活动都在学校规章制度的法律框架下有序运行。

7. 党建与精神文明建设

党的建设和精神文明建设是学校德育工作的重要内容,是培养现代化水利人才的可靠保证。为了进一步加强党建与精神文明建设,学校在认真分析现实状况与外部环境以及面临的机遇与挑战的基础上,进一步丰富和完善了《河海大学党的建设和精神文明建设专项规划》。规划的主要内容是"围绕两项任务,突出三大重点,构建四项机制"的工作思路展开。旨在提升学校党的建设科学化水平和精神文明建设的工作实效,形成河海大学思想政治教育工作的"河海模式"。

党建与精神文明建设的两项任务:即提升科学发展能力和推进河海文化建

设。在提升科学发展能力方面。主要是以学习型党组织建设为牵引，从源头上提升党员党性修养和干部的治理能力；不断拓展视野和深入研究，把握世界高等教育的发展规律和增强对我国高等教育发展趋势的预见性；加强对学校发展重大课题的研究，对制约学校发展的瓶颈问题提出解决方案。在推进河海文化建设方面。主要是打造河海特色文化育人精品。即广泛持久地宣传“献身、求实、负责”的水利精神；引导践行“艰苦朴素、实事求是、严格要求、勇于探索”的河海校训；全面贯彻“致高、致用、致远”的教育理念；准确把握“上善若水、笃学敦行”的精神实质，培养“河润万物、海纳百川”的河海情怀。以此统一师生思想、凝聚员工力量、激发河海人的自信心和自豪感，传承、发展和弘扬河海文化。

河海大学党建与精神文明建设的三大重点：即理论研究、制度创新和作风改进。在理论研究方面，切实加强党建和思想政治教育工作理论研究，着力提升学校党建和思想政治教育工作科学化水平，促进理论成果向工作实践的转化。在制度创新方面，用改革创新的精神加强制度建设，以制度建设与机制创新保证学校党建与精神文明建设真正落到实处取得实效。在作风改进方面，强化服务意识，坚持求真务实，全心全意为广大师生服务。做到尊重师生、理解师生、关心师生，真诚倾听师生员工的呼声，切实解决师生员工关心的热点、难点问题，多为师生员工办实事、办好事。

党建与精神文明建设的四项机制：即教育培养机制、科学决策机制、考核激励机制、执行监督机制。在教育培养机制方面，完善学习型党组织建设的考评体系，完善创先争优活动的常态工作方案，完善领导班子和干部队伍思想建设的长效机制。加大干部挂职、轮岗、交流、培训力度，提升领导干部的能力和水平。在科学决策机制方面，贯彻执行“三重一大”制度要求，完善和执行议事规则，加强党委常委会建设；健全常委会对全委会负责、向全委会定期报告工作并接受监督等制度，发挥全委会在学校重大事项集体决策中的作用；完善党内民主生活制度、党务公开制度，积极探索党代会闭会期间发挥党代表作用的途径，严格规范做好二级单位党组织和基层党支部的换届选举工作。在考核激励机制方面，以处级领导班子任期目标责任制为基础，坚持考核评价要求与学校整体发展规划相统一、年度考核与任期考核相统一、处级领导班子集体考核与班子成员考核相统一的原则，进一步深化和推进学校内部管理体制改革，健全符合科学发展要求的考核评价激励体系。在执行监督机制方面，加强督查督办制度，强化问责机制，保证学校各项决议落实到位。把反腐倡廉建设放在更加突出的位置，坚持标本兼治、综合治理、惩防并举、注重预防的方针，党风廉政建设做到教育有效，制度管用，监督到位，惩处有力。

为了保证规划思路的有效实施。规划要求大力推进学习型党组织建设，为学校改革发展奠定思想基础；健全完善各种规章制度，提升领导班子引领学校发展的能力；激发改革创新活力，提高干部队伍推动学校发展的能力；夯实党建组织基础，激发学校各级党组织的创新活力；加强统战、群团、离退休工作，促进学校和谐发展；加强河海文化建设，增强学校的凝聚力和吸引力；构建思想政治教育工作体系，提高大学生素质教育与思想政治教育工作水平；开展“党员先锋岗”和开展精神文明创建活动，推进党风校风建设；抓好党风廉政建设责任制落实，整体推进惩防体系；强化教育培训力度，加强党务和思想政治工作队伍建设。把学校党建与精神文明建设落到实处，见到实效。促进河海大学的建设事业快速发展。

8. 德育工作条件保障建设

加强和改进大学生思想政治教育工作，必需求真务实、真抓实才，狠抓落实，保证学校德育工作落到实处、见到实效。①强化统筹推进意识。在重视加强和改进学校大学生思想政治教育德育工作的基础上，进一步优化组织结构、制定加改措施、完善各项制度、落实人员编制、保障经费投入。进一步加强德育工作的统筹兼顾，要与党政工作一同部署、一同检查、一同考核、一同评优。德育工作人员在工资待遇、晋级晋职、学习培训、外出考察与同期教学、管理人员一视同仁。切实把德育工作落到实处取得实效。②强化教学育人意识。全校所有教师都负有育人责任，各门课程都具有育人功能。教师要牢固树立教书育人，为人师表的思想，在教学中言传身教，把学生德育的基本要求融入学生专业学习的各个环节，渗透到教学、科研各个方面。通过深入发掘各类课程的德育资源，强化专业传授的德育作用，让学生在学习科学文化知识的过程中，自觉地加强思想道德修养和世界观的改造，自觉地树立祖国的观念、人民的观念、党的观念、社会主义的观念。③强化人文关怀意识。高度关注学生的就业与困难。进一步完善学生就业服务体系、切实加强毕业生思想教育、职业素质教育和就业指导，帮助毕业生树立正确的职业观、就业观、创业观。以就业为导向，进一步调整学科、专业结构，深化教学改革。进一步加大庭贫困学生的资助力度，建立完善资助体系和政策措施，不让一位学生因家贫而失学。④完善合力育人机制。完善教育教学契合机制，即教务部门和学生部门的契合，辅导员与班导师的契合，分管教学院长和分管学生工作副书记的契合。完善任课教师、辅导员、班导师、教学秘书、学生家长的联动机制。

强化辅导员、班导师、任课教师和学生家长的联系制度。完善机关党团组织、职能部门和离退休老同志与学生班级或个人的联系帮扶机制。完善"我为人人、人人为我"的朋辈辅导制度。⑤完善德育保障体系。学校德育是一个系统工程，是学校的重点工作。这一工作涉及学校工作的方方面面，涉及德育系统内的若干子系统的教育、教学、管理、活动等若干方面。尽管工作要素和要求各有不同，但提升大学生综合素质、促进大学生全面发展是根本目标。因此，健全和完善德育工作的保障机制，是加强和改进德育与思想政治教育工作基础。进一步健全和完善领导体制、组织架构、工作机制、工作职责和工作制度，修订完善整体德育规划的指导思想、工作目标、工作内容、工作重点、工作要求，做好顶层设计。进一步健全和完善与教书育人、管理育人、服务育人相关的各项规章制度和措施要求，做到依法治校、规范管理、违纪处罚有据。进一步健全和完善德育工作的考核机制。要根据思想政治教育等不同子系统的德育内容和要求，分别制定和完善德育工作的考核体系和评价标准，形成考核制度，考核结果纳入学校年终考核同等对待。进一步建立和完善德育工作的监督机制，建立德育工作问题报告制度，不断改进和解决德育工作中的问题。切实应用好德育工作考评结果，对德育工作先进个人和集体给予表彰奖励，对师德考核不合格的个人，在职务晋升、岗位聘任、职称评定时行使一票否决权。总之，德育是学校立校之本，德育工作是培养学生"学会做人、学会学习、学会创新、学会生活"的根本保证。做好德育规划对推动德育现代化进程和培养高素质创新型现代水利人才至关重要。

## 第三节　河海大学德育举措

德育举措是实现德育现代化目标的根本保障，是推动德育现代化发展的内在动力。德育举措既包括宏观层面的理论指导，也包括实践层面的操作办法，是有效实施德育工作不可或缺的内容。河海大学在长期的德育实践中，充分发挥德育举措的职能作用，使德育工作不断取得新成效。尤其是在河海大学第十二次党代会报告中，学校提出要"高质量培养创新人才"和"进一步加强思想政治工作和精神文明建设"的要求之后，学校的德育举措更加完善，其理论措施指向更加明确，实践措施要求更加务实。这为河海大学德育工作和思想政治教育再上新台阶奠定了厚实的基础。

## 一、以促进大学生全面发展为根本目标

大学生全面发展的命题，是马克思主义关于“人的全面发展”的应有之意。促进大学生全面发展，是现代大学人才培养应有的教育理念和根本目标。党的十七大报告进一步指出：“要全面贯彻党的教育方针，坚持育人为本、德育为先，实施素质教育，提高教育现代化水平，培养德智体美全面发展的社会主义建设者和接班人，办好人民满意的教育”。“办好人民满意的教育”，对高校来说，首先就是坚持以德树人、全面发展的人才培养目标。

河海大学在长期的办学实践中首先认识到，大学生全面发展应具有群体的全面发展和个体的全面发展之分，其中大学生的个性发展是大学生全面发展的重要内容，应在这一基础上促进大学生整体、协调、全面的发展。其次认识到，大学生全面发展的内涵应着重体现在科学文化素质、思想道德素质、身体心理素质等三大方面，其中应以思想道德素质为抓手，以科学文化素质为动力，以身体心理素质作保证，促进大学生全面发展。同时还认识到，大学生全面发展目标的实现是一个分阶段、分层次的动态发展过程，要在动态过程中促进大学生全面发展。基于这些认识，河海大学在培养水利现代化人才和促进大学生全面发展方面，采取了如下多项举措：第一，强力推进以社会主义核心价值体系为主要内容的思想政治教育工作，帮助大学生树立正确的世界观、人生观、价值观，让学生自觉处理好个人与国家和社会三者之间的利益关系。第二，大力开展以提升大学生思想道德素质为基础的德育工作，引导学生自觉践行“艰苦朴素、实事求是、严格要求、勇于探索”十六字校训和“献身、负责、求实”的水利精神，培养“我饮河海一滴水，我献祖国一生情”的河海水利人。第三，大力营造教书育人、管理育人、服务育人、“全员育人、全过程育人、全方位育人”的校园氛围，共同促进大学生全面发展。第四，大力开展科技文化活动，培养学生的创新精神和创业能力，增强大学生的后续发展潜能。第五，积极引导学生学好科学文化知识，着力培养学生的国际视野和终身学习的习惯，引导学生加强身心素质训练，培养健全的人格，更好地为国家和社会做贡献。上述这些举措，是促进大学生全面发展的重要内容。落实好这些举措对推进我国水利现代化建设进程和水生态文明事业的发展具有重要的现实意义和深远的历史意义。

## 二、确立以人为本、关爱学生的育人理念

中央16号文件明确指出:"学校教育要坚持育人为本、德育为先,把人才培养作为根本任务,把思想政治教育摆在首要位置"。坚持育人为本、德育为先的育人原则,是现代高等教育人才培养的根本要求。坚持育人为本、德育为先就是要树立以人为本的德育观念,就是要把大学生的成长成才作为德育工作的出发点和归宿点。

河海大学在长期的人才培养过程中深刻地领悟到,当代大学生是未来社会发展的建设者和社会风尚的引领者。他们的思想道德水平的高低和科学文化素养的优劣对未来社会的发展至关重要。同时充分认识到,水利高校的大学生是水利现代化事业的建设者和国家生态文明建设的推动者。因此,他们的思想道德水平的高低和科学文化素养的优劣对于推进水利现代化进程意义重大。因此,培养高素质现代化的社会人,学校责任重大。于是,学校在2006年提出了"以人为本、善待学生"的育人理念,并把这一育人理念作为学生工作的基本要求落到实处。一是强化德育育人理念。在人才培养理念上,要坚定不移地贯彻"以人为本、德育为先"的要求;要将"以人为本、关爱学生"的理念融入到学校工作的方方面面,落实到学生日常的教育、管理、服务等各项工作之中。二是不断改进工作方法。在思想政治教育的方法上,要贴近学生、贴近实际、贴近生活,针对学生的思想实际,不断更新工作内容和改进工作方法,为学生释疑解惑、做学生的良师益友。三是尊重学生个性发展。在学生教育活动的指导上,一切从学生的兴趣和爱好出发,注重保护学生的个性特质和创新潜能,使学生在活动中受教育,在活动中增加知识提升能力。四是做好管理服务工作。在学生日常管理服务方面,要树立管理就是服务的思想。要想学生所想,急学生所需,办学生所盼。尤其要解决好学生在学习困难、生活困难、心理困难等方面的问题。只有长期坚持"以人为本、关爱学生"的人才培养理念,培养出来的学生才会对生活热情不断,对国家感情连绵,对学校一往情深。

## 三、把大学生德育作为系统工程来做

江泽民同志在2000年对有关教育的重大问题发表谈话时指出,教育是一个系统工程,要不断提高教育质量和教育水平,不仅要加强对学生的文化知识教育,而且要切实加强对学生的思想政治教育、品德教育、纪律教育、法制教育。高校德

育作为教育系统工程中的一个分支，同样具有系统性属性。把大学生德育作为系统工程来做，既是高等教育的内在要求，也是高校德育现代化发展的根本需要。

河海大学在水利人才培养过程中，不仅重视科学文化知识的传授，同时还十分注重德育系统性研究。在加强和改进大学生思想政治教育的同时，把大学生德育教育作为系统工程来做，以成为本校德育工作的新常态。①规划德育目标系统。在构建大学生德育系统工程时，围绕学校德育现代化发展目标，科学合理地谋划大学生德育子系统；从战略的高度制定现代德育工作和思想政治教育的总体规划和实施计划，按照教育制度化、内容科学化、管理精细化、服务人性化的要求实施德育，形成全方位、全过程、全员参与德育育人的新格局。②谋划德育内容系统。在大学生德育内容的设计上，以社会主义核心价值观为引领，科学谋划大学生德育内容。即开展德育理论教育、理想信念教育、爱国爱水教育、诚实守信教育、心理健康教育、法制宣传教育、廉政文化教育等。通过理论教学与实践教育，课堂教学与课外教育，规范教育与引导养成教育紧密结合，让大学生在深厚的德育文化的氛围中启迪心智、感悟人生、提升思想政治水平和道德文明素养。③搭建德育平台系统。德育平台是大学德育教育不可或缺的内容，是开展大学生德育活动的有效载体。搭建大学生德育平台，除了建设好思想品德课和思想政治教育课等课堂教学平台外，还必须结合学校的文化传统、人才培养的要求和不同层级学生的特点，搭建有利于学生健康成长的德育平台。河海大学搭建的德育平台有：党建引领学生成长的平台、文化引导学生成长的平台、典型激励学生成长的平台、合力帮扶学生成长的平台等。这些平台在助推学生德智体全面发展和学生综合素质全面提升方面发挥了有效作用。④制订德育保障系统。德育保障系统是德育工作和思想政治教育取得实效性成果的基础。河海大学的德育保障系统主要体现在强化“五种意识”，即教书育人、管理育人、服务育人、实践育人、党建育人的意识，保障德育育人全覆盖。做好“五个统筹”，即统筹党、政、宣、团、学组织，“思政课”教师、辅导员和班主任等专兼职教师在德育中发挥作用，统筹课堂理论教学与德育实践活动在德、智、体、美、劳及心理健康教育在德育中发挥作用，统筹本科生与研究生的德育和思想政治教育在互相影响、相互促进中发挥作用；统筹学校相关职能部门和学校二级单位的相关组织在大学生德育过程中发挥作用。完善德育保障措施，即进一步完善学生日常教育管理、行为规范管理、管理工作考核等精细化管理标准和指标体系。进一步完善德育体制运作、德育队伍建设、德育经费投入以及德育物质保障等方面的制度建设。

## 四、大力加强校园文化建设

校园文化是学校教育的重要组成部分，是开展德育实践活动的重要载体。校园文化是以校园活动为主体，以良好的校风和校园精神为标志，且充满时代气息和校园特点的人文氛围。这种氛围对学生成长成才起着潜移默化的价值影响。大力加强校园文化建设，积极打造校园自然环境和人文景观，对增强德育工作的针对性和实效性，助推学生树立和弘扬社会主义荣辱观具有十分重要的意义。

河海大学在百年的教育教学实践活动中，牢牢把握校园文化建设的教育性原则、科学性原则和学生主体性原则。始终坚持在校园文化积淀的基础上，传承、弘扬和发展校园文化建设。①打造校园文化特色。河海大学是培养水利人才的摇篮，水是河海大学校园文化的最大特色。在校园文化建设中，学校高度重视"水文化"研究，积极倡导文化兴校。在校园环境的部署、教育教学活动的安排、学校形象识别系统的设计等方面，无不打上"水"的烙印，处处彰显出"水文化"的特色。②强化校风文化建设。校风是校园精神的集中体现，是学校在长期办学过程中形成的文化氛围。在校风文化建设中，大力弘扬"爱国爱水，务实重行"的优秀文化传统，始终坚持"十六字"校训的做人做事准则，在机关中建设爱岗敬业、严于管理、勤于服务的优良作风；在教师中建设"学无止境，教无止境，教书育人无止境"的优良教风；在学生中建设勤于学习、奋发向上、诚实守信、敢于创新的优良学风。形成学校以育人为本，教师以敬业为乐，学生以成才为志的优良校风。③开展人文素质教育。人文素质教育和科学精神教育是时代的强音。在人文素质教育过程中，学校以"四校"大学生文化素质教育基地为依托，将人文素质和科学精神的教育融入学校人才培养的全过程，贯穿于学校教育教学工作的各个环节，基本形成了内容覆盖课堂教学、课外活动的大学生人文素质教育体系。④组织校园文化活动。学校以对大学生德育、智育、体育、美育的基本要求为核心元素，以重大节日及其活动为契机，精心设计和组织开展活动丰富、吸引力强且教育氛围浓、科技含量高、文娱体育新颖的文化活动，使大学生在文化活动中受到熏陶、精神生活得到充实、道德境界得到升华。⑤建设校园文化环境。校园文化环境对人才培养成长至关重要。学校历来重视校园的文化环境和人文环境建设。精心打造校园自然景观和塑造人文景观，切实办好校史陈列馆和规范学校文化识别系统，大力宣传校徽、校训和传唱校歌，积极探究河海精神，引导和激励学生继承和弘扬河海优良传统。⑥完善校园文化管理。校园文化具有极强的意识形态属性。加强校园文化管理是学校的根本职责。一是进一步完善各类文化场馆、报告场所的使用管理制度,占领主阵地发挥正能量;二是进一步发挥主管职能部门对教学内容、课堂纪律和各类研讨会、报告会、讲座及社团活动内容的审查监管作用;三是进一步完善校园 BBS 网络等新型媒体在校园文化建设中的导向作用,将其建成融思想性、知识性、趣味性、服务性于一体的校园网站。

### 五、为加强和改进大学生德育提供保障措施

在高校人才培养过程中,为大学生德育提供保障措施,是加强和改进大学生德育工作的基础条件,是德育工作自身的内在要求。大学生德育是一项系统工程,具有明确的目标指向和建设任务。完成这一目标指向和建设任务,仅靠"理论动员"还远远不够,还需要有相应的制度性措施作保障。德育实践表明,只有在领导体制、组织体系、运行机制、政策支持以及人财物等方面提供强有力的保障措施,就能大学生德育工作和思想政治教育取得更加圆满的实效。

河海大学在《中共中央国务院关于进一步加强和改进大学生思想政治教育的意见》颁布后,认真组织学习和深化认识、不断改进作风和狠抓落实。为了把中央 16 号文件要求落到实处,学校在全面梳理总结德育工作的基础上,进一步完善了德育工作的改进意见,进一步加强了思想政治教育工作的条件保障,尤其是在德育工作的一些关键节点上,采取了强有力的保障措施。①强化德育工作的责任主体。根据高校德育工作的性质、目标和任务,进一步完善学生德育和思想政治教育工作组织体系,确立了党委领导、校长负责、行政统筹协调的德育工作领导体制和工作制度;建立并完善相应的组织架构和运行管理机制;成立"河海大学精神文明指导委员会""河海大学加强和改进大学生思想政治教育工作领导小组""学生思想道德建设工作领导小组";调整"思想政治理论课建设指导委员会",定期召开学生工作通气会、专题研究会、业务学习会和实效评估会,确保德育工作健康有序运行。②建设一支高素质的德育工作队伍。做事关键在于人。进一步完善德育人员的选拔、使用、考核、培养措施和政策体系,按照学习型、专家型、职业化、专业化的要求,建设一支政治强、业务精、纪律严、作风正、爱学生、讲奉献、素质高的德育工作队伍,引领和指导学生健康成长。③建设一支高水平"思政课"教师队伍。为建设一支高水平的德育理论队伍,采取培养和引进相结合的办法,加强思想政治理论课教师队伍建设,积极推进思想政治理论课教学改革,确保马克思主义中国化的最新成果进教材、进课堂、进大学生头脑取得实效。④修订完善学生工作

的管理制度。管理制度是对学生德育教育的有力补充，是规范学生行为的有效办法。先后制订了《河海大学学生手册》《河海大学研究生手册》《河海大学违纪处分条例》《河大学申诉处理办法》《河海大学学生社区管理办法》《河海大学学生社团管理办法》《河海大学师德规范》《河海大学辅导员工作条例》《河海大学学生工作考核办法》等若干管理制度和办法，有力地促进了学校规范化管理和学生的健康成长。⑤出台德育工作的引导性文件。为了全面贯彻落实中央 16 号文件精神和要求，学校及时修订颁布了《河海大学关于学习贯彻落实〈中共中央、国务院关于进一步加强和改进大学生思想政治教育的意见〉的实施意见》《关于进一步加强和改进大学生思想政治理论课、形势与政策教育的实施意见》《关于进一步加强和改进校园文化建设的实施意见》《关于进一步加强和改进大学生心理健康教育工作的实施意见》《关于进一步加强和改进师德建设的实施意见》《关于进一步加强辅导员队伍工作的意见》等 11 个文件。确保加强和改进大学生思想政治教育工作落实到位。⑥支持开展德育工作研究。先后成立河海大学思想教育研究会，河海大学学生工作研究会。支持党委宣传部、党委组织部、校纪委、高教所每年自主设置德育工作研究课题，供全校德育工作者和思想政治教育工作者竞争申报研究。⑦加大德育经费投入力度。学校在德育和思政教育的经费投入上给予优先保障，每年除了将德育经费纳入年度正常拨款计划外，自 1995 年起设立精神文明建设专项基金和奖励基金，并要求各学院事业发展基金的 15% 用于精神文明建设；重视改善德育工作人员的办公条件和德育活动场馆。⑧坚持学生工作考核制度。不断完善德育工作和思想政治教育的考核内容和指标体系，将学生工作纳入到学校党政年度工作序列一同部署、一同检查、一同考核、一同评比，极大地促进了学校思想政治教育工作的有效性和德育现代化的进程。

# 中篇 02

# 实践篇

实践篇共为四章，着重展示了中国特色社会主义的德育理论在河海大学德育实践中的运用实效。本篇以德育理论为指导，以德育实践为基础，以立德树人为主线，以德育内容、德育途径、德育环境和德育管理为重点，系统地梳理和总结了30年来，河海大学在积极探索和发展大学德育和思想政治教育，创新德育文化特色等方面所取得的主要经验和基本做法。这些主要经验和基本做法，不仅全面提升了本校大学生的思想道德水平，而且亦为水利特色高校人才培养探索出一条有效的德育之路，是推进水利特色高校德育现代化发展的基础。

# 第三章

# 河海大学德育工作内容

长期以来,河海大学以提升学生思想政治素质为根本,将理想性与现实性、社会需求与个人发展紧密结合,积极构建具有时代性、科学性、现实性、针对性的高校德育内容体系,在德育理论教育、理想信念教育、爱国爱水教育、诚实守信教育、心理健康教育、民主法纪教育和廉政文化教育等方面取得了显著成效。

## 第一节　德育理论教育

理论教育是德育工作的重要内容,是学生世界观、人生观、价值观形成的思想基础。学校以营造良好的德育情境,培养突出的德育认知能力为目标,积极开展德育理论研究,优先建设马克思主义理论学科,积极推进"思政课""三进"工程。

### 一、重视德育理论研究

为了深入开展德育理论研究工作,学校在课题研究、学术交流、队伍建设等方面给予高度重视。在课题研究方面。一是大力支持校内开展思想政治教育课题研究工作,学校自 1995 年起,设立了精神文明建设专项资金和奖励基金,并规定各学院事业发展基金的 15% 用于精神文明建设,每年拨出专项经费用于思想政治教育研究工作;二是积极组织参加教育部以及省教育厅思想政治教育课题研究工作,自 2008 年起,学校设立了人文社科基金,对党建与思想政治教育研究进行专项课题资助,经申报评审,最终有 39 个课题获准立项,其中重点课题 12 个。经培育,两项课题获得江苏省社会科学基金重点项目。2009 年,在江苏省高校思想政治教育研究会研究课题中,河海大学获准 19 项,其中重点课题 6 项,一般课题 13

项，立项数和重点课题数在全省高校均名列第一。其中，两项课题获得教育部人文社会科学规划项目。在学术交流方面。学校鼓励德育研究者走出去，通过交流与合作，扩大影响。德育理论研究专家孙其昂教授当选江苏省马克思主义理论研究会常务理事，被聘任为《新世纪思想政治工作大典》副主编。孙其昂教授与其他教授一起，参加了“全国社会工程与马克思主义理论研究和建设工程高峰论坛”“科学社会主义理论研讨会”“首届全国高校思想政治理论课案例教学研讨会”“全国马克思主义中国化论坛——纪念中共十一届三中全会召开30周年理论研讨会”“社会主义核心价值观与高校思想政治教育研讨会”“全国马克思主义理论学科建设学术研讨会”“全国高校马克思主义理论研究会学科论坛”“全国思想政治教育学原理创新与发展学术研讨会”“全国思想政治教育前沿论坛”“思想政治教育前沿问题全国研讨会”“思想政治教育跨学科研究”“2013年全国思想政治教育学术研讨会”等各种会议。此外，2009年，河海大学与中国马克思恩格斯思想研究会联合主办了第三届全国马克思主义与当代中国论坛——新中国60年意识形态建设；河海大学马克思主义理论研究中心协办了江苏省思想政治工作现场经验交流会。在队伍建设方面。学校对德育理论研究人员在编制、学习进修、职称评定、评奖评优、工资待遇等方面进行政策倾斜，努力培养一支“钻得进、出得来、稳得住”的德育研究队伍。同时，充分发挥“思政课”教师、班导师、党员干部以及教工党支部的作用，搭建起德育理论研究工作的大平台。近几年来，学校德育研究队伍屡获佳绩，孙其昂教授领衔的“社会现代化视野中大学生思想政治教育系统整合研究”，获2013年度国家社会科学基金项目立项；戴锐教授领衔的“思想政治教育制度、理论与实践的百年变迁与未来发展研究”，获2013年度中央高校基本科研业务费项目立项。

此外，为了整体推进德育工作，学校成立了精神文明建设指导委员会、思想政治理论课建设指导委员会、大学生思想政治教育领导小组、大学生思想道德建设工作领导小组等领导机构，统领德育理论研究工作。建立了思想政治教育研究所，成立了思想政治教育研究会常务理事会，并由校党委书记亲任会长、副书记为副会长，各主要部处领导为常务理事，明确了思想政治教育研究会的任务和目标，建立了校、院、系三级思想政治教育研究工作的责任制网络，齐抓共管，形成合力。

### 二、推进“思政课”“三进”工程

学校充分发挥“思政课”在德育工作中的主阵地、主渠道作用，在“进教材、进课堂、进头脑”的基础上，学校结合形势需要提出了进公寓、进社团、进网络的“新三进”工程，努力搭建学生真心喜爱，终身受益的“思政课”教育体系。

一是认真落实中央16号文件要求。适时调整“思政课”新计划，实施“思政课”新方案，推进“思政课”新改革，取得显著成果。马克思主义基本原理教学案例获教育部“优秀教学案例”；马克思主义基本原理概论课程获“江苏省精品课程”称号；“重能力、重实践、重创新——‘马克思主义政治经济学原理’课程教学改革”获2007年度江苏省高等教育教学成果奖二等奖；“2005方案思想政治理论课课程群建设研究”获河海大学2004—2008年度高等教育优秀教学成果一等奖；“思想政治理论课学生实践课题项目创新与实施研究”获河海大学2004—2008年度高等教育优秀教学成果二等奖。不断加大“思政课”教师培训力度。借助国家和省市“思政课”教师培训班、教师骨干培育计划，选派教师参加培训、学习和提高，组织教师到社会一线实践考察学习等，以此拓宽“思政课”教师的视野、增强素质、提高水平。《马克思主义基本原理概论》第五章获教育部高校思想政治理论课“精彩多媒体课件”；马克思主义政治经济学原理课程组获江苏省“巾帼示范岗位”荣誉称号。

二是积极推动实践教学与科研活动的结合。学校把实践教学作为必修内容，提出“一个主体，两个结合”的德育教育理念，即以学生为主体，实践教学与科研活动相结合。以学生为主体，就是要发挥学生的主观能动性和创造力，让学生去想象，去实践；实践教学与科研活动相结合，就是通过学生申报课题项目、撰写读书报告等实践形式，全面培养学生的社会实践能力、学术研究能力、创新思维能力和论文写作能力，培养学生的人文情怀、团队精神和公共责任意识。系统化与个性化相结合，开展了形式多样、内容丰富的实践教学，如学生实践调查、演讲与辩论赛、道德小品表演、青年志愿者活动等，通过大量实践，实现学以致用、行胜于言的教育效果。

三是不断创新“思政课”教学模式。积极探索案例式、启发式、参与式、研究型等教学方式，组织辩论赛和演讲赛，开展学生实践课题研究等，指导学生编写了300多个道德小品剧本，通过自编、自写、自演、自评，达到了思想品德课的教学目的。同时，对学生的心理、人格、能力培养等起到了积极的教育作用。2003年，新华社专题调研了我校“思政课”教学，并在《内参选编》上进行介绍。2004年11月22日《中国教育报》在头版头条以“‘思政课’教学变得如此生动”作了专题报道，中国传媒大学、北京师范大学等20多所高校的思想政治理论课教师先后到我校学习考察。2011年,《中国教育报》又以《让理论课"活"起来——河海大学思想政治理论课实践教学模式探索之路》为题,介绍了学校"两课"教学改革的成果,形成了备受鼓舞的"河海现象"。

四是课题引导激发热情。学校改变以往老师教学生学的教育模式,树立学生主体意识,每年给"思政课"提供数十万的学生课题研究专项经费,引导学生积极参与"思政课"课题研究活动,学生以课题组为单位独立组织申报、调查分析,并独立完成调查报告或研究论文。在2008年由教育部社会科学司主办的首届全国高校思想政治理论课案例教学研讨会上,徐维凡副司长对河海大学学生实践课题研究项目改革给予了高度评价,他认为,这是创新性的思政课改革模式,能够让学生把在思政课上学到的马克思主义理论灵活运用起来,通过实践课题去了解社会,思考社会,锻炼才干,非常值得推广。

## 三、优先建设马克思主义理论学科

学校历来重视马克思主义理论的学科建设和科学研究,坚持在改革中不断创新,在创新中不断发展,努力推进学科建设。

一是成立河海大学马克思主义学院。在马克思主义学院成立之前,具体负责思想政治理论课和马克思主义理论学科的教学、研究和建设工作的,是公共管理学院思想政治理论课教育教学中心和马克思主义理论研究中心。2011年5月12日,正式成立了独立建制的马克思主义学院,为马克思主义理论的研究和建设工作提供了有力的组织保障。学院设有思想政治教育本科专业,马克思主义基本原理等5个硕士学位授权点,以及马克思主义基本原理、思想政治教育2个博士学位授权点。

二是重视马克思主义理论学科建设。经过多年的建设与发展,在仅拥有一个思想政治教育硕士点的基础上,发展到现在拥有马克思主义基本原理和思想政治教育两个二级学科博士点、马克思主义理论一级学科硕士点和其他哲学、政治学学科,马克思主义理论学科也成为校级重点学科。同时,学院还积极参加国家"马工程"项目,其中,马克思主义学院余达淮教授参加了"经典作家关于意识形态、先进文化和道德的基本观点研究"项目,陈继红教授参加了"思想道德修养和法律基础"课程的编写工作。

三是打造马克思主义理论教育第二课堂。在抓好思想政治理论教学的同时,还注重打造马克思主义理论教育第二课堂。自2009年开始,大力实施"青年马克思主义工程”，培养青年马克思主义者。马克思主义学院教师通过开设讲座、指导社会实践等形式积极参与该工程建设，深入开展校园文化建设，传播先进思想理念。目前由马克思主义学院教授组成的学术讲座组合，在校园文化建设和学生思想政治教育方面发挥着积极作用。

四是建设教学骨干队伍和开展马克思主义理论研究。马克思主义学院现有专职教师39人，其中教授19人，副教授8人，讲师12人，具有博士学位教师的比例为49%（45岁以下青年教师均具有研究生学历）；国务院政府特殊津贴享有者3人，全国高校优秀中青年思想政治理论课教师择优资助计划1人，江苏省“333高层次人才培养工程”培养对象3人，江苏省高校思想政治理论课教学指导委员会委员2人。经过长期建设，马克思主义理论学科研究取得了丰硕成果。在马克思主义理论研究方面，坚持基础理论研究，重视重大现实问题研究，取得了较为突出的研究成果。2006年至2011年期间，马克思主义学院教师在省级以上期刊发表学术论文600多篇，其中CSSCI检索源期刊188篇，《哲学研究》《马克思主义研究》等一流期刊10多篇，被新华文摘转载、人大报刊复印资料全文复印30多篇；承担马克思主义理论研究和建设工程重大项目子课题2项，国家社会科学基金11项，教育部人文社会科学基金、江苏省社科基金等其他省部级以上项目41项，经费达300多万；出版学术专著、教材近20部；获省级以上科研奖励28项。

## 第二节　理想信念教育

理想信念教育是我国高等教育的根本要求。河海大学在水利人才培养过程中，始终坚持以邓小平同志提出的“四有”新人为目标，以理想信念教育首要任务，通过课堂教学、社会实践、校园文化、素质教育等多种途径，把理想信念教育参透到学校工作的方方面面和学生学习生活的全部过程。为国家培育一批理想信念坚定，自觉践行社会主义核心价值观的优秀大学生。

### 一、课堂教学

为了充分发挥“思政课”对大学生理想信念教育的基础作用，学校专门成立了“思想政治理论课程建设领导小组”，设立了“思想政治理论课教育中心”，成立了“思想政治理论课建设指导小组”。历届校党委书记亲自主持思想政治理论课程建设会议，参加专题研讨会，积极推动思想政治理论课程改革，确定思想政治理论课程建设的方针原则；校长亲自协调有关部门，落实思想政治理论课人财物等资源配置。校党委宣传部自觉当好主管、做好协调工作；校教务处在历年教学方案的修订过程中都把思想政治理论课程作为重点课程进行建设，人事处落实师资培训和进修工作；科技处提供科研支撑，各项活动给予经费保证。

## 二、社会实践

社会实践是学校开展大学生理想信念教育的重要环节，为了抓好大学生社会实践工作，学校成立了大学生社会实践课程教研室，把社会实践列入教学计划，作为学生的必修课程之一；推行了《大学生社会实践合格证书》制度，出版了《大学生社会实践理论与实务》一书，帮助学生掌握社会实践的相关理论和知识。

学校在暑期社会实践活动的安排上采取逐年递进、系统培养的方式，即一年级学生以"认识实践"为主，通过社会实践认识国情、民情、水情，开展爱国、爱水、爱校教育，培养"我饮河海一滴水，我献祖国一生情"的学子情怀，重点解决对理想信念认识和态度问题；二年级学生以"工作实践"为主，组织学生深入企业、机关、事业单位调研考察、挂职锻炼，置身工作现场，体验工作过程，重点解决工作能力问题，提升素质；三年级学生和研究生以"生产实践"为主，结合所学专业到相关单位开展生产实习、科学研究、社会服务，强化专业综合素质，积极寻找并培养自己的就业竞争力，重点解决动手和应用问题，学会创新，把理想信念落实在日常工作和具体行动上。

学校每年暑期组织百支校级社会实践志愿服务小分队分赴农村、工厂、水利建设第一线开展科技推广、实用技术培训、环保宣传、法律咨询、师资培训等科技文化活动，受到地方政府和广大群众的好评。通过深入到群众中，实现了教育与生产劳动的结合，让学生在现实中学习，了解国情，了解校情，进一步增强了学生的社会责任感和历史使命感，形成正确的世界观、人生观和价值观，培养了学生的吃苦耐劳、艰苦奋斗的生活作风和创业精神。学校曾先后多次获得"全国大中专学生志愿者暑期'三下乡'社会实践活动先进单位"荣誉称号。

学校在校外建立社会实践基地，利用现场的工程技术人员和工人指导学生开展实践创新，让学生全方位地了解一线工作者的生活、学习和工作情况，学习他们严谨的科学态度和可贵的敬业精神。同时邀请基地的校友和同学们座谈，就工作中如何成才、如何处理人际关系、如何发挥自己的特长等各种话题展开讨论，激发了学习热情，增强了学生献身祖国建设事业的自豪感和使命感。

### 三、校园文化

学校把营造良好的校园文化作为加强大学生理想信念教育的重要途径和手段，注重陶冶式教育，有效利用各种载体与媒体，大力建设各具特色、内涵丰富的校园文化。学生社团纷纷涌现，文化节、艺术节、科技节分别以各种主题开展文化活动，各种党团活动生动开展以及综合性校园网络社区快速建设，都为校园文化建设添砖加瓦。

学校不断完善形象识别系统，加大校园文化景观建设力度，开展水文化研究工作，建设高品位的特色校园文化。学校以校训、校风、学风及名人名言激励学生，培养学生志存高远、报效祖国的民族精神；充分利用橱窗、灯箱、报栏、校报、校园网络、广播站、校史陈列室、张闻天铜像和生平图片展、若水广场、小浪底音乐台等倡导校园主流文化，引导全校师生团结一致，积极进取，学习先进，赶超先进，培养优秀河海人；举办高质量的文化艺术活动，增加校园文化的艺术性和高雅性，坚持把思想政治教育工作寓于校园科技文化建设之中，以每年举办的校园文化艺术节和校园科技节为载体，积极开展丰富多彩的校园科技文化活动，学校还积极组团参加“挑战杯”、全国大学生科技创新大赛、各级各类体育竞赛，在学生中开设了大学生科技学术报告厅、博雅讲堂以及青年教师科技活动展等。融思想教育、高雅艺术、学术科技为一体，进一步提高了大学生的思想素质、人文素养和科学精神。

学校近百年的办学历史，积淀了深厚的文化底蕴和具有河海特色的校园文化，对河海学子陶冶情操、砥砺德行、磨炼意志、塑造自我起到了重要作用。河海创办人张謇先生办教育创建实业的兴国之举、茅以升求真知报效祖国的赤子之心、张闻天索真理献身革命的救国之情等可歌可泣的事迹，都是河海人终身受用的宝贵财富。

### 四、文化素质教育

学校一直重视大学生文化素质教育，始终坚持以大学生创新思维培养为重点，以科技文化活动为载体，以组织机构建设为保障，以提高教师素质为关键，全面推进了学生的素质教育。一是建立了文化素质教育课程体系。学校科学合理地开设了文化素质教育的必修课和选修课，如《大学生健康教育》《中国水文化概论》等人文社会科学课程和自然科学课程;通过专题讲座、名著导读、名曲名画欣赏、文艺汇演、体育活动等丰富多彩的文化活动,丰富学生的课余文化生活,陶冶学生情操。在理工科专业教学计划中,人文社科类课程学分占总学分的12%。在全校公共选修课中开设了100多门文化素质教育课程,规定每个学生至少修读3个学分。二是建立了文化素质教育基地。作为牵头单位,与南京航空航天大学、南京师范大学、南京医科大学共建了国家大学生文化素质教育基地,起到了资源共享、优势互补作用,推动了大学生文化素质教育。三是进行了文化素质教育方式方法探索。长期以来,学校先后开展了各类创新素质大赛,比如机器人足球比赛、校园素质大赛等。四是设计制作了大学生文化素质教育证书——《我的大学时代》。证书科学、系统、规范地记录了大学生在思想道德、专业学习、技能培训、科技创新、社会实践、社会工作、志愿服务、社团活动、文化艺术、体育锻炼等方面的详细情况,全面反映了大学生自觉参与素质教育活动的成果。

## 第三节　爱国爱水教育

河海大学是一所以水利为特色的高校。长期以来,学校把爱国爱水教育作为开展德育工作的主要内容,结合水利特色,把德育教育与爱国爱水教育紧密结合,让学生在接受爱国主义教育的同时,也萌生爱水之情,把"我饮河海一滴水,我献祖国一生情"的"爱国爱水"精神融入每一个河海人的血液中。

### 一、"爱国爱水"融入办学理念

在长期的办学过程中,针对不断变化的形势,学校及时调整、更新、丰富教育教学理念。建校之初,"老河海"的教育方针:注重学生道德思想,以养成高尚之人格;注重学生身体之健康,以养成勤勉耐劳之习惯;教授河海工程必需之学理技术,注重自学辅导、实地练习,以养成切实应用之知识。对于学生,则强调两点:必自问志愿,实有从事河海工程事业之决心然后来学;必自审体格,足胜从事河海工程事业之劳苦然后来学。

1952年成立"华水"后,以严恺院士为代表的"华水人"在总结数十年办学经验的基础上,提出了"艰苦朴素,实事求是,严格要求,勇于探索"的校训,"十六字"已成为河海水利人才培养的重要指导思想,成为河海学人做人做事做学问的准则。20 世纪 90 年代,学校拓宽专业口径,在加强专业基础、加强爱国爱水教育、培养奉献精神和吃苦精神上下功夫,提出了“创一流校风,育一流人才,出一流成果,建一流大学”的办学方向,取得了明显的成效。

世纪之交,“新河海”秉承传统并进一步发展,凝练出“致高、致用、致远”的教育理念。“致高”是指培养学生具有高尚的道德品格和人文精神,既包括历来倡导的“勤勉耐劳”“艰苦朴素”的好传统,也包括现代社会所需要的正直感、责任心以及重信誉、守信用的良好风尚;“致用”是指培育过程中既要重视基础又要重视创新能力,既要有坚实的理论功底又要有很强的实践能力,毕业后能够综合运用所学知识和技能以及所形成的科学思想与科学精神,服务于国家和人民;“致远”就是要使学生获得长远可持续发展的条件,既包含“勇于探索”“强身健体”的传统,也包括现代社会所要求的学会学习、学会创新、学会适应和健康心理的全面素质。

## 二、爱国爱水教育的主要途径

爱国爱水教育对水利人才的培养和服务国家水利现代化建设至关重要。为了帮助水利高校的大学生增强爱国爱水的意识,培养爱国爱水的精神,学校不断拓展教育新内容,探索教育新途径,运用教育新手段。

一是把爱国爱水教育纳入教学计划。发挥课堂教学主渠道作用,将爱国爱水教育贯穿于学生教育全过程,把爱国爱水教育与思想政治理论课教学和形势、与政策宣讲有机融合,在相关课程中深入发掘爱国爱水的教育资源,以增强学生践行爱国爱水的自觉性和坚定性。如在中国革命史教学中,教师实行集体备课,在备课中着重强调:要通过介绍中华民族的悠久历史和她对人类文明做出的卓越贡献,进行中华民族优秀传统文化教育,以激发大学生的民族自豪感,增强他们的民族自尊心和自信心;在讲述鸦片战争以来近代中国所遭受的民族耻辱和灾难时,对学生进行不忘国耻的教育,激发他们为祖国繁荣昌盛而发奋努力的献身精神;介绍中华民族优秀儿女探索救国救民道路,为民族解放、国家独立富强而英勇奋斗的英雄事迹时,对学生进行革命英雄主义的教育;讲授中国共产党领导全国人民为建立新中国和建设社会主义而英勇奋斗的光辉业绩时,把对学生进行爱党、爱国、爱社会主义的教育结合起来。

二是积极建设一大批“爱国爱水”教育文化品牌。每年学校都要拨出 50 多万元,用于学生的爱国主义教育。学校教育资源划分为校内与校外两种,校内资源主要有张闻天生平陈列馆、张闻天铜像、侵华日军南京大屠杀纪念碑、校史陈列馆和主干道两旁竖起的 34 块名人名言灯箱。校外资源共有 26 个基地，主要有三类：第一类是社会上传统的爱国主义教育基地，如雨花台烈士陵园等；第二类是展示国内建设成就的教育基地，如小浪底、三峡水利工程等。通过共建水利教育实习基地，举办“院士系列报告会”“水利厅局长系列报告会”“水利高层论坛”，使广大学生进一步了解水情、国情，培养广大学生的“爱水”情结，树立为祖国建设事业贡献青春和智慧的远大理想；第三类是通过学校与社会共建的教育基地，如梅园新村、淮安周恩来纪念馆等，开展生动的爱国主义教育活动。在爱校方面，其中具有代表性的是学校每年的团体操表演，河海大学每年的团体操表演，有 90% 的参演者是大一新生，这作为大一新生的入学必修课已经开展了 13 年，是开展新生入学爱校教育的重要环节，也是对他们进行意志品质训练的第一课，参演大型团体操的经历已成为河海学生大学 4 年间难忘的记忆。

三是积极开辟第二课堂，提高教育效果。组织学生到历史名胜、重点水利工程参观考察，激发爱国爱水热情；邀请英模来校作报告，给同学们树立学习榜样；组织学生参加公益劳动，培养学生的社会责任感和历史使命感。组织学生开展暑假社会实践活动，并列入学生的必修课。组织学生到革命老区、贫困地区、边远地区、国家水利水电建设重点工程进行调查、考察和实习劳动。结合特点，围绕“水多、水少、水脏”这三个与国民经济休戚相关的重大问题引导学生思考，如何使自己躬身践行于水利事业，更好地服务于建设小康社会。学生参加了暑期社会实践活动，使他们进一步了解了国情、民情、水情，使他们增长了才干，促进了学生树立正确的世界观、人生观和价值观。

四是开展丰富多彩的活动，寓教于乐。学校开展丰富多彩的主题班会、主题党团日、升国旗仪式、运动会、艺术节、读书读报、征文演讲等活动，通过精心设计宣传海报、公益广告、动漫作品、主题标语、宣传橱窗、黑板报、文化墙等形式，让爱国爱水教育随处能见，随时可学。学校把开学作为开展教育活动的重要时间节点，把爱国爱水教育内容融入开学典礼、“开学第一课”、新生军训、新党员教育、校规校纪教育、校史教育等各项活动中，大力宣传学习是广大学生成长、进步以及将来做好工作、报效祖国的基础，只有劳动才能创造美好的生活和美好的未来，祖国是创造幸福生活和实现个人理想的依靠。河海工程专门学校校歌由著名文学家柳诒徵作词，本校教师刘文海作曲，因歌词词义深奥，学生不易理解，故在学习水利史时，首先将校歌及意义告知学生，以进行爱校、爱水利专业的教育。每年校庆期间，都要举行爱国爱水爱校报告会。学校每逢重大节日都要举办“爱国、爱水、求知、奉献”主题教育活动,活动分爱国、爱水、爱校三个章节,精选播放歌颂祖国、歌颂水利和歌颂劳动者的歌曲,以及优秀水利校友的事迹视频材料,对学生进行党史、国情、水情教育,深切缅怀了革命前辈为新中国建立的丰功伟绩,明确了新形势下水利的战略地位和水利人身上担负的重大责任,大力弘扬献身、负责、求实的行业精神,立足岗位,苦练技能,敬业奉献,为民生水利新发展和实现“中国梦”而努力奋斗。还通过报刊、广播、电视、网络及移动新媒体等平台,大力宣传学校推进教育活动的好经验、好做法,努力营造良好的舆论氛围。河海人扎实有效地开展爱国爱水教育所取得的丰硕成果,受到教育部本科评估专家组组长、中山大学原党委书记李延保教授的高度评价,他说,专家们不仅看到河海人对中国水利事业发展的贡献,感受到河海人对“水”的情结,更加体验到孕育这种情结的河海大学的人文精神,文化氛围。

### 三、“爱国爱水”结成丰硕成果

河海大学十分重视对师生进行爱国爱水教育,积极培育“我饮河海一滴水,我献祖国一生情”的爱国爱水情怀。2005 年 10 月,正值河海大学建校 90 周年之际,时任国务院总理的温家宝视察了河海大学,高度赞扬了河海人为服务水利、献身水利的崇高精神。他说,“这所有着悠久历史的学校,曾经培养出了许多杰出的人才。你们这里,张闻天是河海的校友,钱正英做过校长,分布在全国各地水利战线和水电战线的技术骨干,很多都是河海大学学生。新中国的水利和水电事业的发展是同我们这里输送的大批的人才分不开的。”并勉励河海人发扬“献身、求实、负责”的水利精神,极大地鼓舞了河海人的斗志。从此,学校将“献身、求实、负责”的水利精神纳入爱国爱水教育的重要内容,引导学生热爱水利、服务水利,为我国现代化水利建设贡献力量。

新中国成立以来,数万名河海人以水的禀赋、水的灵动,长期奋斗在大江南北,成为我国水利建设事业的中坚力量。长江三峡、南水北调、小浪底、龙滩、小湾等世纪大工程的负责人,均是毕业生的杰出代表。据不完全统计,全国水利系统厅局级领导干部中,毕业生约占 30%,在总工程师中约占 35%。改革开放以来,社会对毕业生给予很高的评价。培养的毕业生“基础宽、重实践、学风好、品德优”,得到了社会的普遍认可和广泛欢迎。

河海大学一直是中国水利科技研究的基础力量,长期以来一直参与中国水利重大建设项目的论证、规划工作,先后完成数百项水利重大建设项目中关键科学技术问题的攻关和研究。1978 年以来,学校在水利方面已有 400 余项科技成果获奖,其中国家科技进步奖 48 项。

河孕育文明,海凝聚智慧。在正确的办学思想以及先进的教育理念指导下,已经形成了培养高质量人才的体系,经过多年的实践,在人才培养方面取得了丰硕的成果。河海校友中不仅有张闻天、沈泽民等革命家,也有陆佑楣、张基尧等治水良才,还有大批默默无闻的基层水利工作者。可以说,哪里有水,哪里就有河海人;哪里有水,哪里就有河海大学的贡献。

## 第四节　诚实守信教育

诚实守信是大学生做人做事的基本准则。诚实守信教育是现代大学的重要职责。长期以来,河海大学把诚实守信教育作为大学生德育的一项重要内容,将诚信教育纳入课堂教学,着重从生活诚信、信贷诚信、考试诚信、就业诚信、学术诚信等方面开展诚实守信教育,培养大学生诚实守信的优良品德。

### 一、诚信教育进课堂

学校十分重视培养学生诚实做人,诚信做事的品质。首先,将诚信教育写进书本。编写了《大学生诚信教育读本》,提出了理念上注重人本化,认识上重视规范化、内容上体现现代化、管理上实现制度化、方式上体现生活化、运作上实行契约化、载体上建立网络化、时效上突出长效化、舆论上强调正向化、体制上实现匹配化、评价上强调科学化,对学生诚信教育进行系统规划;其次,把诚信教育带进课堂,在教学中善于抓住时机,结合教学内容,将诚信教育有机渗透到教育教学活动之中,培养学生诚实守信的品质。充分利用"思政课"主渠道和党课、报告会、专题讲座等开展诚信教育;再次,树立诚信教育树榜样。学校把诚信作为教师课堂教学考核的指标,要求老师以身作则,时时讲诚信,事事做榜样。

### 二、诚信教育立规范

学校以学风教育为抓手推进诚信守信教育,营造教师乐教、学生爱学,学术诚信的良好学习风气。开展的"弘扬中华传统美德,推进师生道德建设"为主题的教育活动,营造了重德养德、遵守学术道德的浓厚氛围;通过开设讲座和《职业道德概论》课程，要求老师以身作则维护科学道德、抵制学术不端等行为。制定的《河海大学学生管理规定》《河海大学考试纪律及违纪处分规定》等规章制度，对学生的学风、考风、行为等方面作了明确具体的规定，极大地增强了大学生诚信守信的意识。

在规范学术行为方面，制定了《河海大学教师学术道德规范》《河海大学各层级教师岗位和实验及工程岗位初次聘用基本任职条件》《河海大学科技成果署名规范》等，规范了教师的学术行为；在科研管理方面，结合学校工作实际，制定了《河海大学科技项目经费管理办法》《河海大学二类科技项目认定及经费管理办法》《河海大学科研经费管理自查自纠工作实施方案》《河海大学科研工作监督管理暂行办法》《河海大学科技奖励办法》等，保障科技工作有序开展，促进科研事业健康发展；在学生学术规范教育方面，制定了《河海大学研究生学术失范行为处理办法》《关于进一步加强大学生学风建设的意见》以及《河海大学学生考试纪律及违纪处理办法》等文件，将教育与惩处相结合，进一步引导学生遵守学术规范，坚守学术诚信。

为预防学术不端行为的发生，学校进一步完善了学术不端的监督检查机制。分别从学风监察、科研项目管理、期刊学术论文审核、年度考核、职称评审、网络公布、学生不端行为等多个方面进行监督检查。纪委、信访办公室、法规处、科技处、社科处、人事处、期刊部、学生处、教务处、研究生院和宣传部从各部门职责入手，责权明晰，形成了制度规范与自我约束有机结合的学术监督与核查制约机制。完善的监督检查机制能够及时纠正和处理学术不端行为，保障了良好学风的形成。

### 三、诚信教育有主题

学校开展以生活诚信、信贷诚信、考试诚信、就业诚信、学术诚信等为主题的教育活动，营造了良好的诚信氛围，提高大学生的信用水平，让学生清楚诚信的含义及诚信对每个人从事社会、经济活动的重要性，使“诚信立人”的道德观念内化为学生自身的行为准则，把诚信作为做人的标准，在待人接物中信守承诺。

学校将诚信教育融入学生日常管理中，每年在新生入学时专门请专家为学生进行诚信教育，与学生签订《大学生诚信考核评价表》。从学习诚信、经济诚信、生活诚信和择业诚信四方面约束学生，并将其考核结果作为学生评优评奖和推荐就业的有效依据之一。在班级中，形成班级诚信公约，召开诚信教育主题班会和团日活动。学院每学期期中考试、期末考试之前，各学院均召开“考前教育大会”强调考试纪律,倡导诚实守信应试,与学生签订《考试诚信承诺书》。

学校采取了多项措施加强国家助学贷款毕业生诚信教育:一是组织每位贷款毕业生认真学习《致国家助学贷款毕业生的一封信》和《河海大学国家助学贷款毕业生须知》《国家助学贷款合同》《国家助学贷款政策及相关知识答疑》;二是组织每一位贷款毕业生认真填写《国家助学贷款还款计划确认书》和《河海大学国家助学贷款毕业生诚信承诺书》;三是组织各学院在毕业生文明离校活动中开展"诚信还贷"主题活动;四是组织"诚信宣誓"活动。比如,2013 年就开展了形式多样的资助诚信教育活动 30 余场。

学校做好毕业生签约诚信教育工作,教育广大毕业生从大局出发,从维护学校及毕业生的声誉出发,从维护用人单位的合法权益出发,引导毕业生树立"抢抓机遇、理智抉择、审慎签约、诚信为本"的意识。学校还通过宣传展板、宣传报道覆盖校园网络,开展班级诚信教育论坛等活动,积极做到人人讲诚信、事事讲诚信。

## 第五节　心理健康教育

河海大学高度重视心理健康教育,学校本着学以"致远"的理念和"让健康者更健康,使完善者更完善"的宗旨,采取一系列积极有效的措施,有效整合学生心理健康教育中心、心理研究所、学工队伍等力量,构建了课内与课外互动、教育与服务并举的多渠道、全方位、立体式学生心理健康教育工作模式。

### 一、明确心理健康教育的理念思路及目标

河海大学学生心理健康教育秉承"以人为本,助人自助"的基本理念,坚持以预防学生心理问题为基础,以一般心理问题援助和干预为重点,重视突发事件危机干预,立足促进学生全面发展的工作主线;坚持多渠道、立体式、全覆盖、有重点的工作思路;追求的目标在于:通过课程教学、课外活动、咨询服务等,帮助大学生提高心理健康水平和学习生活效能;改善心理健康状况,提高心理适应能力;做到早发现、早干预、早治疗,减少校园心理危机事件,为维护校园安全稳定做出应有的贡献。

## 二、建立心理健康教育的机制及工作网络

为了促进大学生心理健康教育扎实有效的开展，学校成立了心理健康教育工作领导小组，重大问题召开专题工作会议并进行研究部署。形成了以心理健康教育活动为主轴，心理咨询和心理测评为基础，突发事件处理为保证，学生工作研究为支持，集干预、咨询、教育和研究功能四位一体的工作运行机制。为了普及心理健康教育，服务同学和扩大影响，学校创办了心理健康教育刊物《心翼》杂志，开通了心理健康教育"心湖网"网站，成立了社区"小水滴"心理服务工作站。

为了使大学生心理健康教育全覆盖，学校搭建了心理健康教育三级保健网络。成立了一级心理健康教育网络，即大学生心理发展研究中心，这一中心是学校心理健康教育的专门机构(设在学生处)。其主要职责是，统筹安排学校的心理健康教育工作；对二级、三级网络的心理健康教育给予业务指导；宣传、普及心理健康知识；开展心理普查和信息分析，建立心理档案；提供心理咨询和心理辅导服务；管理和维护心理健康教育信息管理系统和网站；进行科学研究等。目前，学校共有4名专职心理健康教育教师，全部具有心理学相关学科硕士以上学历，其中3人为中国心理学会注册心理师、国家二级心理咨询师。学校还成立了二级心理健康教育网络，即以学院为单位的大学生心理健康教育辅导站。其主要职责是，及时掌握学生心理健康状态，对学生进行初步心理支持；宣传心理健康知识；组织心理健康教育活动；对心理问题学生开展跟踪干预等。为了不断提升学院心理辅导站成员的工作业务水平，适时选派辅导员老师参加国家心理咨询师培训及考试(已有30余名辅导员获得国家心理咨询师资格证书)，定期举办辅导员心理健康教育工作坊，邀请校内外专家讲授有关心理健康教育工作技能。此外，学校还成立了三级心理健康教育网络，即大学生朋辈互助组织辅导中心。这一中心由大学生朋辈辅导中心、大学生心理健康协会、班级心理委员组成，共同开展学生朋辈心理辅导工作。大学生朋辈辅导中心和大学生心理健康协会分校园两级，由学生班级心理负责人组成。每个班级设两名心理负责人，其中一名为心理委员，另一名为性别与心理委员相对的班委。学校每年对班级心理负责人开展培训，指导学生开展朋辈心理互助工作。完善的心理健康教育三级保健网络，基本实现了面向全校，覆盖全体学生，"纵向到底，横向到边"的工作体系。

## 三、建设心理健康教育的途径

为实现心理健康教育的全覆盖，学校内外并举，开拓了课内与课外互动、教育与服务并举的心理健康教育工作体系。在充分发挥学生自我教育主动性，提高学生生活效能，发挥个人潜能；在实现个人全面发展的基础上，积极地为有一定心理困难的学生提供专业心理援助，为校园安全稳定做出应有的贡献。在心理健康教育的途径上建立了五大平台、四项制度、三种渠道。

心理健康教育的五大平台，即依托心理课堂、心理活动、心理网络、心理刊物、心理橱窗等五大心理教育平台。进而保障了心理健康教育覆盖到每一位学生；保障了心理健康教育形式的丰富性和可接受性；保障了学生获取心理健康教育的便捷性，起到了良好的心理育人效果。

心理健康教育的四项制度，即心理健康教育网络制度，心理健康信息报告制度，心理普查制度，心理危机干预制度等。出台了《河海大学大学生心理危机干预实施办法》，通过危机干预网络的发效，极大地保障了突发事件的及时处理和干预。

心理健康教育的三种渠道。即通过个体心理咨询、团体心理辅导、朋辈辅导三种渠道，为学生提供多层次的咨询服务。个体咨询采用一对一的方式，团体辅导则由团体辅导师带领，多名参与者互动，运用团体之间的动力关系开展辅导活动。同时还在三个校区设立了个体咨询室和团体辅导室，安排专业人员开展个体咨询和团体辅导。为了弥补专业人员不足和一些学生不愿意寻求专业帮助的情况，学校还培养学生骨干开展朋辈辅导，通过朋辈互助热线、朋辈伴读、朋辈咨询等方式，开展非专业朋辈心理帮扶。

经过多年实践应用，学校心理健康教育工作在不断完善中取得了较好的效果，在提升大学生心理素质、促进大学生健康成长、维护校园和谐稳定等方面发挥了不可替代的重要作用，主要体现在四个方面：

一是心理健康观念深入人心。通过课堂教学、杂志读物、网站、第二课堂活动等多渠道、多角度的心理健康教育工作，做到了全员覆盖。广泛深入的心理健康宣传教育使心理健康观念逐渐深入学生的心田，同学们对心理健康越来越关注，心理健康教育活动的参与率不断提高，对基本的心理保健知识也越来越了解。学校每年的心理健康活动月均有数千名学生积极参加，越来越多的学生开始愿意接受并主动寻求专业心理援助。

二是心理辅导功能有效发挥。在全面覆盖开展普及性心理健康宣传教育的同时,通过个体心理咨询和团体心理辅导,及时为有需求的学生提供心理健康服务,做到了点面结合。学校心理咨询室每年接待来访学生400—500人次,组织团体辅导3—4期,每期3—4次,受益学生数百人。个体咨询和团体辅导为学生提供了切实有效的服务,在帮助学生及时解除成长障碍,提高学生心理自我调适能力,促进学生全面发展方面发挥了重要作用,受到来访学生的认同和支持。

三是心理应急干预切实推进。学校建立了新生心理普查、心理健康信息报告制度和心理问题跟踪干预制度的制定和实施,畅通了信息渠道,加强了心理健康信息管理,有效帮助学校全面了解学生的心理健康动态,促进了心理问题突发事件的及早发现和及时干预,从而促进了校园的稳定和安全。几年来,学校及时发现并成功干预多起突发心理危机事件,有效化解了心理危机,减少了危机事件的发生。

四是心理工作成效得到肯定。多年来,学校学生心理健康教育模式获得了社会的关注。《光明日报》、《科学时报》、教育部门户网站、江苏教育电视台等媒体多次报道我校心理健康教育工作的有关做法和成效;以学生朋辈互助为主题的《互助互励,和谐共进——河海大学大力推进大学生朋辈辅导工作》获2008年江苏省高等学校学生教育管理"创新奖"二等奖;论文《在校大学生心理健康服务需求调查》在江苏省心理学会2012年年会优秀论文评选活动中获三等奖等。

## 第六节　法制宣传教育

河海大学认真制定落实"六五"普法规划和年度普法计划。在不断加大普法力度、服务力度和创新力度的基础上,坚持把法制教育与德育工作相结合,法制教育与制度建设相结合,法制教育与法制实践相结合。通过普法教育,广大师生员工的法制意识得到明显提升,学校依法治校的水平和能力得到明显增强,各项工作更加规范有序,为学校依法治校奠定了法制基础。

### 一、制定普法工作长效机制

校党委高度重视普法工作,将普法工作纳入学校重要议事日程加以落实。

一是建立完善普法教育工作制度。成立了以校领导为组长,有关部门负责人为成员的"六五"普法宣传教育领导小组,形成了比较完善的依法治校组织管理体系;设立了普法法制宣传工作办公室,挂靠在宣传部精神文明建设办公室。制定了《河海大学法制宣传教育第六个五年规划》,把普法教育纳入目标管理考核;每年制定年度法制学习计划;定期研究依法治校情况,指导承办法律学术会议。

二是建立完善普法工作保障机制。建立健全法制讲座、中心组学法、领导干部、教师学法用法的考试考核制度以及普法中期考核验收等制度;推行法制宣传教育工作评价考核制度;将法制学习与教职工培训联系起来,与教师年度考试考核、评优获奖挂钩;将各单位法制宣传教育情况与单位年终评估等联系起来;加大法制宣传教育经费的投入并做到专款专用;依法健全工会和职工代表大会;出台了校务公开实施办法,校党委、校行政坚持信息通报制度;坚持每周一次的校领导接待日制度;在校内设立意见箱;建立了师生申诉制度、学生安全和伤害事故的应急处理程序和报告制度等。使各民主党派和群众组织民主管理、民主决策、民主监督的意识进一步增强。

三是加强队伍建设、开展普法宣传。充分利用校内资源,专门成立了由法学院教师为主的普法宣讲队伍,各学院设立了法制教育宣传员和学生志愿者队伍。在全校进行普法讲座,加强对普法人员的业务培训,提供普法教育活动场所等。保障了"六五"普法工作的有效开展。每年结合"6·26"国际禁毒日、"11·9"消防日、"12·4"全国法制宣传日等系列活动日开展主题宣传活动,通过开展法制讲座、知识竞赛、模拟法庭、法律援助等丰富多彩的法治实践活动,不断凝练法制宣传教育的特色和亮点。充分发挥校园网、校报、广播、橱窗等校内宣传阵地作用,广泛宣传学校普法依法治理工作的先进经验和先进典型,努力营造依法治校、民主办学的良好氛围。

## 二、开展普法宣传教育活动

学法、懂法、用法、守法是现代社会发展的本质要求。学习宣传法律法规是学校工作的重要任务。河海大学在办学过程中,一直重视普法宣传教育活动。一是领导带头学法。学校把学法用法作为推进普法规划落实的突破口抓。领导班子带头学习社会主义民主法制理论,掌握"依法治校"密切相关的法律法规,提高依法管理、民主管理的能力与水平。党委中心组每年安排4次专题法律知识学习和专题法治讲座。二是引导教职工学法。组织教师和行政人员结合师德建设和育人实践,有针对性地开展教师职业道德、知识产权保护、科技成果转化等相关法律法规的学习;邀请《中华人民共和国宪法》《中华人民共和国行政处罚法》《中华人民共和国义务教育法》《中华人民共和国物权法》、《中华人民共和国保守国家秘密法》等方面专家为教师作专题辅导报告;组织法制教育课教师定期培训工作;通过学习培训,使教职工法治观念和法律素质有明显提高。三是组织学生学法。充分发挥课堂教育主渠道作用,把青年学生品德教育与法制教育结合起来,把青年学生要学习的法律知识写进教材,开进课堂,做到计划、课时、教材、师资"四落实"。学校把法律教育和校规校纪教育纳入新生入学教育内容。"六五"期间,先后开展与学习《中华人民共和国宪法》《中华人民共和国刑法》《校园治安管理处罚条例》、国家和省禁毒禁赌条例等的法律法规教育。学生志愿者队伍每年还在法制日和暑期社会实践期间,深入镇、村、社区解答百姓提出的法律法规问题。

河海大学的普法宣传教育活动具有鲜明的特色和亮点。一是广泛开展面向师生的反腐倡廉法制宣传教育,促进廉政法制文化建设。2010 年在南京市高校中率先建立了与检察院的合作关系,和鼓楼区人民检察院签订了预防职务犯罪"校检共建"协议,2011 年又和江宁区检察院签订了协议,建立了与检察机关共同开展预防职务犯罪长效、互动的工作机制和经常性的教育机制。二是发挥人才资源优势,积极承办法律学术年会。学校领导高度重视法律学术活动的交流,积极指导法学院承办学术会议。三年来,承办了 2012 年两岸四地财产法学术研讨会、2012 年水利部发展研究中心特约研究员聘任仪式暨最严格水资源管理研讨会、2011 年中国环境资源法学研究会教学研讨会,2010 年全国水行政执法培训班等活动。此外,法律援助中心每年组织参与各类大型法律援助和法治宣传活动,取得良好的社会效果。

学校推行和完善了法制宣传教育责任制,先后在学生中开展学风建设,在教师中开展师德建设,在机关工作人员中开展"三优一满意"工作作风建设,学校的教育教学秩序井然。多年来,师生中无一起严重教学事故、安全责任事故和严重违纪、刑事犯罪案件,确保了学校的安全稳定。学校师生员工学法、用法、守法的自觉性和积极性不断提高,越来越多的师生不但能够自觉地依法治教、依法治校,而且还能积极主动地通过各种活动和渠道向社会宣传相关的法律法规,为推动法治社会建设的进程做出了贡献。学校筹措资金实施了校舍改造工程,改善师生的工作、学习、生活条件。严格审核各类收费项目,没有发现一例不合理收费现象。

学校综合治理工作多年被国家省市区评为先进集体。近些年,学校获得"全国文明单位"、"江苏省文明单位标兵"、"全省法制宣传教育先进单位"、"江苏省高等学校和谐校园”、江苏省高等学校思想政治教育工作先进集体、江苏省“平安校园”等多项荣誉称号。

## 第七节 廉政文化建设

学校高度重视廉政文化进校园工作。将廉政文化建设作为从源头上遏制腐败的前瞻性工作来抓，把廉洁教育纳入思想道德和校园文化建设中，作为人才培养的重要保障，加强工作机制、教育资源、文化活动，平台搭建，监督考核等五个方面建设，扎实推进廉政文化进校园，营造浓厚的清正廉洁氛围。

### 一、廉洁文化建设管理资源

学校为了开展廉洁文化建设，成立了反腐倡廉建设工作领导小组；廉政风险防控工作领导小组，统筹学校的反腐倡廉教育工作。成立了廉政文化建设指导委员会。分设多个工作组，负责协调各个部门开展相关工作，形成了部门各负其责，广大师生共同参与，横向到边、纵向到底的工作体系，强化了廉政文化进校园的组织保障。建立了反腐倡廉宣传教育联系会制度，定期召开相关部门参加的联席会议，协调、总结前一阶段廉政文化建设的经验，确定下一阶段的工作主题及计划，明确各部门承担的具体任务。联席会议制度已坚持 5 年，举办会议 10 次，实现了廉政文化建设项目化推进，确保了教育资源的共享，活动的落实。制订了《河海大学反腐倡廉宣传教育工作联席会议实施办法》、《关于进一步加强廉政文化建设的实施意见》、《关于进一步加强学校文化建设工作的意见》等廉政文化工作开展的实施文件，以及年度《纪检监察工作要点》、《关于分解反腐倡廉宣传教育任务的通知》等计划文件，涵盖了廉洁教育活动的目标、任务及措施，确保了开展廉洁教育活动的科学性，强化了廉政文化进校园的制度保障。

### 二、廉洁文化建设教育资源

学校把廉洁教育纳入思想道德和校园文化建设中，加强课内外廉洁教育力度，整合校内外各类教育资源，形成了“三位一体”的师资力量，构建了融合互补的教材体系。

组建“三位一体”师资队伍。一是由学科优势强的公共管理学院、马克思主义学院、法学院的师资力量组成的专业知识基础扎实、具有长期教学经验的教师队伍。二是由经历丰富的辅导员、班导师、研究生导师经过培训组成的学生日常教育队伍。三是由纪委委员、纪检监察工作人员、离退休老教授以及聘请驻区检察院的工作人员组成的校内外专业辅导队伍。由此形成了三支优势互补、资源共享、力量雄厚的教育团队。

整合廉洁教育教材教辅资料。一是重视廉洁教育教材教辅资料的建设,整合校内外教材、教辅资源;二是积极参与省教育厅教材组编写工作,参编的《高校领导干部廉洁读本》被列入省"廉政教育进校园"系列读本,作为江苏省各高校领导干部、教师学生廉洁教育的主要教材。编写了入党培训教材《领航》,将廉洁知识融入入党培训教材中,列为积极分子培训的重要内容。学校还编印了《反腐倡廉建设与规范管理制度汇编》,为各二级单位下发了《举案说法》等教辅资料,形成了一套融合、互补的教材教辅资料体系。

实现廉洁教育活动全员覆盖。学校在提高廉政文化亲和力、吸引力、渗透力和感召力上下功夫,结合实际,分层推进廉洁教育。每年开展校院两级党委中心组廉政专题理论学习,党员干部警示教育、新上岗中层干部廉政知识学习考核,重点岗位人员廉洁从业教育,新进校教师师德师风教育,科研人员学术道德教育等。在学生中开展廉洁教育,将廉洁教育融入课堂内外、融入文艺活动与社会实践活动中,贯穿了从学生入学到毕业的各个环节。学校认真组织广大师生学习以严恺院士、徐芝纶院士、朱岳明教授为代表的优秀教师廉洁从教事迹,学习他们孜孜不倦、勇于进取的创新精神,淡泊名利、恪尽职守的奉献精神,锲而不舍、求真务实的治学态度。学校举办的学习朱岳明同志先进事迹系列活动被教育部简报报道,并得到江苏省统战部好评,组建的朱岳明同志先进事迹报告团在江苏省政协礼堂举行了报告会。2012 年撰写的《挖掘河海特色廉洁教育资源传承学校历史名人廉洁精神》入选教育部《教育系统廉洁教育优秀案例选编》。三年来,学校还邀请到省教育纪工委蒋吉生书记、张亚平副书记,江宁区检察院汤文国副检察长等领导给我师生讲座 6 场,开展中层干部、管理岗工作人员赴法院旁听庭审、参观监狱等警示活动近 10 场,开展师生理论学习讲座 20 余场,举行知识测试 3 次,进一步夯实了拒腐防变的思想防线。

### 三、廉洁文化特色活动品牌

推动廉洁文化与水文化的融合。学校结合行业特点,积极将廉政文化建设与水文化相结合,在水文化中凝练“上善若水”的廉政文化,在廉政文化中突显“水滴石穿”的水文化,积极创新活动形式,凝练水利先辈们勤奋廉洁精神,组织广大师生创作出一批具有水特色的廉政文化作品,并积极推向社会,引起了较好的反响。2010 年组织开展的“展水文大师风采　谱廉洁文化新篇——结合刘光文教授诞辰 100 周年深入开展廉洁文化建设系列活动”获得第四届“江苏省校园廉政文化活动周”廉洁文化活动创新项目奖一等奖。2012 年廉政宣传短片《上善若水》获得南京市预防职务犯罪委员会举办的优秀廉政宣传短片三等奖、《廉洁建设——莲洁》获得江宁区预防职务犯罪委员会举办的优秀廉政宣传短片三等奖。从而在校园中营造了浓厚的崇廉氛围。

坚持“校园廉洁文化活动月”。学校连续 7 年举办“校园廉政文化活动月”,每年举办书画、海报、宣传片创作,书签制作等多种形式的廉洁教育活动逾百场,投入活动经费 10 万元,吸引了近万名师生员工参与廉洁作品创作,为师生提供了廉洁文化大餐。三年来,有近 40 余件廉洁文化作品在全国、省市的竞赛活动中获奖,学生文艺节目快板《腐败托儿》获得全国高校廉政文化作品大赛三等奖。

**四、廉洁文化教育活动阵地**

打造廉洁文化“硬”环境。修建了“廉池”、“清风园”、若水广场、水利先贤群像等以水景观为特色的廉政景观,在图书馆设立了廉政书屋,在校园灯箱上印刷了廉政宣传标语,并将师生的廉洁作品在橱窗中展出,促进了文化情感的认同。

夯实廉洁文化“软”阵地。学校充分发挥挖掘各类资源,搭建了廉洁教育“软平台”,将廉洁教育推进到网络中,构建“河海大学纪检监察网”,发布有关信息;通过飞信、qq 群、短信等传播媒介,定期向中层干部印发廉政邮件,发挥“新媒介”高效作用。在《河海大学报》中定期开设廉政文化专栏,展示学生作品,发布最新廉洁教育内容;在校园广播中播报反腐倡廉新闻、师生廉洁短文、诗歌等作品,提升传统媒介的主阵地作用。“河海大学纪检监察网站”于 2009 年被评为全国“十佳校园廉洁教育主题网站”“人气 50 强网站”。将廉洁教育推进到文艺活动、社会实践活动中,在迎新生晚会、欢送毕业生晚会、校庆文艺会演等各类文艺活动中均有以廉洁诚信为主题的文艺节目;每年都设立了普法教育、水文化、水资源保护等内容的暑期社会实践调研题目,组织社会实践队伍开展调研,以提高广大学生对廉政文化建设重要性的认识。

打造廉洁理论“研”平台。学校大力支持廉政理论研究,每年划拨 10 万元作为研究经费,开展了多项课题研究。2010 年撰写的《高校组织人事工作风险防范预防调查》调研报告获南京市"争创无职务犯罪单位"预防调查优秀奖,《关注公平,关注弱势群体》一文获得第五届"江苏省廉政文化活动周"下访手记类二等奖。目前正筹建廉政理论研究中心,并从中央高校基本科研业务费中划拨了一定基金作为廉政理论研究启动经费,拟整合水利单位、学校学科及检察机关力量,围绕工程建设领域、廉政建设共同开展理论研究。

学校还将廉政文化建设工作列入各二级单位党风廉政建设考核体系中,根据年初下发分配的各项宣传教育工作计划、任务予以考核。每年对廉政文化月各项活动开展情况进行总结评比,对组织活动周密,活动形式新颖、内容丰富的二级单位予以表彰奖励,同时对积极参加活动的师生加大表彰奖励力度。通过监督检查,极大地调动了各二级单位开展廉政文化建设的积极性,提高了各类廉政文化活动的参与率,确保廉政文化建设工作落实执行。

# 第四章

# 河海大学德育工作途径

在德育工作中，河海大学把德育工作融入学校所有教育工作的各个环节，从党建、文化、典型、平台、帮扶等多方面拓展德育工作途径，以党建为重点在思想上引领学生成长，通过文化营造氛围引导学生成长，利用典型示范激励学生成长，创造各种平台助推学生成长。全方位、多渠道的德育工作，帮助学生树立正确的世界观、人生观、价值观，提升学生创新精神能力、实践能力和自我管理能力。

## 第一节　党建引领学生成长

党建工作是大学生德育工作的重要内容。河海大学长期以来一直高度重视党建工作在学生德育中的影响作用。要求各级党组织，党员干部从战略和全局的高度重视学生德育工作，积极参与和支持学生党建工作，关注和把握社会发展及高等教育深化改革所带来的学校党建工作的新契机，树立大学生党建工作的新理念，以开拓创新、改革发展的精神来开展学生党建工作。

### 一、加强理论学习

重视集中学习。学校每年都对新生党员、入党积极分子进行培训，定期开展党校、团校学习活动，每年的 10—12 月为学生党员培训期，学生党员将接受不少于 16 小时的党课学习。学习内容包括《党章》、中国共产党历史、校史校情、党务知识等。利用授课、实践活动、专题讨论相结合的方式，强化学生党员责任意识，增强党性修养，鼓励学生争当新时代的先锋骨干。根据不同的时期要求，对党员、入党积极分子有针对性地开设党课。邀请校领导、离退休老党员、老教授、老干部为学生上党课。

抓好日常学习。充分发挥校、院两级党校的作用。校级党校定期编辑《河海党校》学习资料,发给各学院党校、基层党支部,依托校园网创建党建网页,设立形式多样,内容生动活泼的栏目,如理论学习和党课教育精粹、党务知识和组工问答、优秀党员事迹风貌、基层党建动态等,为党员干部、师生员工学习党的基本理论和接受党的教育提供有利条件。

## 二、巩固党组织建设

河海大学十分重视学生基层党支部建设,提高党组织工作的覆盖面。合理地设置学生党支部,将党支部建立在基层的实体单位上,即本科学生“一年级有党员、二年级有党小组,高年级有党支部”。建立健全党支部主要职责,落实组织生活、换届选举、党员发展工作制度。把思想政治素质高、有奉献精神的学生党员选用到支部书记岗位上,加强培训,提高党支部书记的政治理论素养与党务工作水平。

学校在学生社区成立党组支部,设立“党员先锋岗”,充分发挥党组织的战斗堡垒作用和学生党员的先锋模范作用,促进学生社区党建工作与学院学生党建工作相结合、与学生社区管理工作相结合。学校分别在学生宿舍楼和生活园区成立了党团活动室,定期组织团课微讲堂、基层微调研等,为学生更好地开展组织活动提供了条件。还通过评比“党员示范宿舍”进一步体现了党员在社区的模范带头作用。

## 三、激发党组织内在活力

党员发展坚持早播种,早选苗,早培养的原则。在新生入学教育时就增加党的教育内容,通过团组织生活、学生军训等多种形式,向学生宣讲党的基本知识,激发政治热情,端正入党动机,把党的思想、理论内化为入党积极分子的思想觉悟的内核,为今后党员发展工作打下坚实的基础。在学生党员发展中,始终按照“坚持标准、保证质量、改善结构、慎重发展”的方针,制订了《关于进一步规范发展党员工作程序和手续的意见》。针对推优、考察、审查、公示等几个环节,还专门制定相关制度,保证了各级党组织把握发展对象入党条件的尺度一致。编写了《党员发展教育管理手册》,指导具体工作;联合制定《河海大学推荐优秀团员作党的发展对象工作规范》,对“推优”的条件、步骤和程序等都做了详细规定;实行入党积极分子民主测评制度,积极实施基层党组织建设的“阳光工程”,推行发展党员公示制,在研究生党员发展中试行答辩制度,从而保证了学生党员的发展质量。

坚持分类指导,强化特殊群体党员管理。校党委将特殊群体党员的管理纳入党委党建考核目标,强化对流动党员管理的责任意识、服务意识、教育意识。如:短期求学党员发放流动党员活动登记证,海军国防生党员成立党总支,本着政治强军的要求,以社区为单位成立党支部,将分散在各院系的国防生党员统一划归国防生党总支管理。学校要求各党委(总支)在流动党员流动前、流动期间和流动后均要加强教育,做到教育不脱节,管理不断线。建立流动党员联系制度,凡有流动党员的党支部,都确定相应的联络员,联络员负责与流动党员进行联络与沟通,采取发放联系卡、打电话、寄信等多种形式,保持与流动党员双向性、经常性、动态性的联系。

始终坚持“党建带团建”的工作思路。学校在坚持以学生为中心,以育人为核心的同时,重点强调“带”字,不断创新“带”的方法,积极探索创新团的基层组织设置和工作方式,激发团支部活力和团干部的工作热情,不断扩大团组织在青年中的覆盖面和影响力,带领团员青年创先争优。在党组织指导下,认真举行各学生团委、学生团支部换届选举工作。同时,党支部书记团组织,考察团的工作,参加新生主题教育活动,通过讲座、汇报等形式与广大共青团员进行近距离交流,强化了对青年学生的教育,增强了团组织的凝聚力。

**四、丰富党组织活动载体**

开展主题教育活动是增强学生党员教育的针对性和实效性的最佳路径。学校每年设置主题,采取演讲比赛、征文比赛、辩论会、座谈会、扶贫捐赠活动,以及举办优秀共产党员先进事迹展等形式开展教育活动,使学生党员在潜移默化中受到教育,让党员在岗位上发光、在社会中闪亮。在建党 90 周年、党的十八大召开等党和国家重大决策部署出台、重大活动开展和重大节庆纪念日时,围绕中国特色社会主义理论体系、中国梦等重大问题,组织了辅导报告会、学习研讨会等,让学生党员不断交流学习心得。

强化以“最佳党日”活动为主题的社会实践活动。加强“爱国、爱水、爱校”精神教育和以水为特色的校园文化建设,通过社会调查、访问、参观,从事各种服务,参加生产劳动等途径,加强对学生党员理想信念、责任意识、能力素质、形象作风的教育,启发党员做“立志、修身、博学、爱水、报国”的模范。校党委近三年来共评出学生“最佳党日活动”方案91个，其中有6个受到省委教育工委表彰。

开展“党员示范岗”和“党员责任区”活动。一名党员一面旗帜，充分发挥党员的示范作用，让党员有光荣感和责任感，在各方面发挥先锋模范作用。学校环境院党委以学生党支部为载体，提出“以人为本，以爱为盾，党员在先，教师为友，逐步引导”的大学生心理健康教育工作思路，通过发挥学生党支部的战斗堡垒作用和学生党员的先锋模范作用，积极创建“朋辈互助—教师引导—家庭支持”三位一体的心理干预体系，缓解了问题学生的心理、学习和生活压力。

坚持两年一次先进典型和优秀党员评选活动。在组织学习全国、全省的先进典型同时，学校党委还坚持每两年评选一次在教学、管理等岗位上的先进党组织和优秀党员、业务骨干，学生党员模范。让广大学生党员以先进典型为标杆，联系实际进行思考，对照典型找差距，瞄准先进定措施。

适应信息化发展趋势，将网络媒体作为学生党建工作新平台。组织基层党委总支做好党员信息管理系统建库工作，对党员信息库的及时更新和动态管理实时监督。加强组织部网站建设，维护网站的正常运转，通过学校网站和学院辅导员博客等途径，探索建立立体化、交互式的基层党组织工作平台。

## 第二节 文化引导学生成长

河海大学紧紧围绕“特色强校、和谐兴校、质量立校、人才名校、环境美校、道德荣校”的发展方略，始终坚持以河海精神价值理念引导文化建设，提出了实施“精神文化熔铸、制度文化实施、行为文化提升、环境文化建设、水文化特色品牌打造、文化人才队伍培养”等六大工程，提升校园文化水平，凝练河海精神，构建河海文化体系。

### 一、精神文化熔铸工程

扎实推进社会主义核心价值体系建设。把社会主义核心价值体系自觉融入学校教育和人才培养全过程，不断推进社会主义核心价值体系“三进”工作。精心组织学习宣传，认真贯彻落实《社会主义核心价值体系建设实施纲要》。进一步加强哲学社会科学教学和研究机构的建设与管理，加大研究经费的投入和管理。制定优秀研究成果奖励办法，推出具有社会影响力的高水平优秀教学和研究成果。

不断完善大学生思想政治教育的“河海模式”。不断丰富具有河海特色、河海风格、河海气派的大学精神内涵。

总结凝练并大力弘扬河海精神。传承和弘扬具有近百年历史的河海文化传统与“艰苦朴素、实事求是、严格要求、勇于探索”的校训,进一步发扬“献身、负责、求实”的水利精神和“三创三先”的新时期江苏精神,吸收借鉴高水平大学的先进理念和优秀文化,总结凝练河海精神,明确教育思想,提升办学理念,在实践中丰富和深化河海精神的内涵与外延。开展河海精神大讨论,组建河海精神研究团队。加强对师生员工进行学校教育思想、办学理念、学校精神、校风、教风、学风、校训、校歌等的宣传教育力度,增强河海人对学校的认同感,引领河海人立大志、做大事、养大气、创大业,达到智道双馨,德才兼优。积极开展以“热爱河海、奉献河海”为主题的凝聚力建设活动,激发河海人的自信心和自豪感,构建河海人的精神家园。

不断深入挖掘和研究河海校史。制定《河海大学校史研究方案》,修订《河海大学校史》,编撰出版《河海大学志》《河海大学教育思想研究》,分历史阶段编撰出版《河海大学人物志》《河海记忆》《河海大学图册》等。成立河海大学校史研究所,广泛征集线索、收集史料,丰富校史内容。深入开展对张闻天等杰出校友的研究,建设河海大学校史馆,开通校史网站。

深入开展“文化建设年”活动。2012 年是学校的“文化建设年”,学校大力开展以“传承、创新、进取、和谐”为主题的文化建设年活动,营造和谐奋进、开放包容的文化氛围。顺利举行了华东水利学院建院 60 周年、严恺院士诞辰 100 周年纪念活动;创作了一批校园歌曲;开展了中国十大水利工程等评选活动;开展了“弘扬中华传统美德,推进师生道德建设”为主题的道德教育实践活动和学雷锋月等活动;深入开展了反腐倡廉教育和廉政文化建设,持续做好“校园廉洁文化月”活动;加强诚信教育,加强法制宣传教育。大力开展“迎百年校庆,树河海新风”主题教育活动,加强爱国、爱水、爱校教育,大力开展群众性精神文明创建活动,争创江苏省文明单位和全国文明单位。

全面开展校友文化建设。积极营造母校关爱校友、校友热爱母校,相互扶持,协同发展的良好氛围。充分发挥合作办、校友办、基金办和校友会的作用,不断丰富和完善校友参与学校建设的途径和方式,拓宽学校与校友之间沟通交流的渠道,将学校文化延伸到校友文化中。按照以感情为纽带,以沟通为基础,以合作为载体,以服务为手段,以事业发展为目标的原则,团结凝聚海内外校友的力量,鼓励校友为国家建设和社会进步建功立业,为母校事业发展增光添彩。

## 二、制度文化实施工程

积极探索现代大学管理制度。贯彻落实教育部颁布的《普通高校党委领导下的校长负责制实施意见》和直属高校领导班子建设指导意见。深入推进校务公开工作。完善学校学术委员会制度建设,探索教授治学有效途径。贯彻落实教育部颁布的《学校教职工代表大会规定》,加强教师民主管理、民主监督。形成学校改革发展的制度保障体系。

贯彻落实教育部颁布的《高等学校章程制定暂行办法》,制定《河海大学章程》,修订完善学校各类规章制度。尊重教育规律和办学实际,按照合法性、完备性、广泛性的要求,对现行的规章制度进行全面梳理,健全、完善各项科研制度、学术制度、教育制度、教学制度、管理制度等。

## 三、行为文化提升工程

行为文化提升工程着重体现在三大方面:一是加强学风建设。认真贯彻落实教育部和省教育厅有关加强学风建设的文件精神,严格执行《河海大学教师学术道德规范(试行)》《河海大学研究生学术道德行为规范管理条例》《河海大学研究生学术失范行为处理办法(试行)》《河海大学学生管理规定》和《河海大学学生违纪处分条例(修订)》等管理规定。进一步健全学风建设工作体系,把学风建设工作摆在更加突出的位置。在师生中加强科学精神教育,把科学道德教育纳入岗位培训范畴和职业培训体系,纳入人才培养全过程,在研究生中进行学术规范宣讲教育,在本科生中开设科学伦理讲座。重点加强对教师的科研诚信教育和考核,建立科研诚信档案。在全校营造生龙活虎、积极争先,学术更加自由、学风更加纯真、学者更加自律、学生更加好学的浓厚学习氛围。二是加强师德教风建设。严格执行教育部、中国教科文卫体工会全国委员会研究制定的《高等学校教师职业道德规范》以及《河海大学教师职业道德规范(修订)》和《河海大学教师本科教学工作规范(修订)》。将师德作为教师考核、聘任和评价的首要内容。开展“河海大学优秀主讲教师评选”“青年教师讲课竞赛”等活动。深度挖掘、广泛宣传教师中先进典型,让著名专家、名师、学者成为校内外知名人物,让精诚团结、善于合作、敢于创新的团队成为校内外知名团队,发挥典型的示范和带动作用。营造了“学无止境,教无止境,教书育人无止境”的浓厚教学氛围。三是加强管理文化建设。大力建构和谐高效的优秀管理团队，坚持以人为本、服务师生、求真务实、胸怀大局的工作理念。做到在思想上开放创新、在政治上坚定清醒、在作风上朴素务实、在行动上果断执着，强化服务意识，提高服务质量，为师生提供优质服务。积极开展机关作风建设，努力建设学习型机关，进一步健全激励机制，塑造一流管理文化，在管理人员中形成昂扬向上、追求卓越、团结奋进、和谐包容的良好氛围。

## 四、环境文化建设工程

环境文化建设工程着重体现在四大方面：一是大力加强学术环境建设。鼓励倡导学术创新风气，严格遵守学术准则规范，严谨开展各类学术工作，保证公正的招聘制度以及透明的晋升程序。进一步加强学术规范建设，强化学术责任，防治学术腐败。构建结构合理的学科专业，打造高水平师资队伍，着力改进与教学科研相配套的各类软硬件设施。营造崇尚创新、探求真知、宽松和谐的学术环境，形成潜心探索真理、踏实研究学问的校园学术气氛。二是大力加强文化设施建设。全面推行河海大学视觉形象识别系统，规范三个校区的各类视觉表达体系，加强三个校区传承和弘扬河海文化的整合力度。建设好学生科技、文艺、体育活动场所，为开展校园文化活动提供必要条件，不断满足师生日益增长的物质文化需求。加强张闻天纪念馆、严恺工作成就室、徐芝纶院士展览室、刘光文生平事迹及水文学科建设成就展示室等教育场馆的基础性建设和管理工作。加强教学楼、教室、实验室和学生社区的文化氛围营造工作。三是大力加强文化阵地建设。充分发挥传统媒体作用，加强对校内报刊、广播、电视台、网络、宣传橱窗等宣传媒体的管理，积极拓宽宣传思路，创新宣传形式，加强选题与策划。加强管理，充分发挥好网络论坛、手机短信、手机报、博客、微博等新兴媒体在学校文化建设中的积极作用。增强对网络舆情的监管力度，及时利用宣传手段化解不利因素。完成数字化校园建设工程，建立河海大学新闻网，完成河海大学门户网站改版工作和网站群建设工作，使网络成为校园文化建设新阵地。四是大力加强文化景观建设。做好景观校园、绿色校园的建设，注重校园老建筑文化内涵的挖掘与保护，积极开展以体现河海精神为主旨的校园环境建设和氛围营造工作，将学校建设成为一个厚重历史和现代文明互补，水科学与水文化交融的景观校园、绿色校园，达到使用功能、审美功能和教育功能的和谐统一。加强了校园人文景观建设，将其融入校园环境建设中，规划建设主题突出、特色鲜明的校园人文景观。

## 五、特色文化打造工程

特色文化打造工程，主要是构建以"水文化"为中心的研究教育体系。河海大学与水有不解之缘，水是河海大学文化的最大特色。河海大学的校园文化是以水文化著称。因此，研究水文化、发展水文化、宣传水文化是河海大学的天职。为了打造学校的水文化特色和加大水文化的宣传教育力度，学校专门成立了水文化研究，开通了水文化网站，主编了《水文化教育丛书》（共10本），即《100条江河湖泊》《100座城市与水》《100项水工程》《100例水灾害》《100位水利名人》《100首水歌曲》《100种水工具》《100处水景观》《100篇咏水诗文》《100个水传说》等。积极开设水文化类相关课程，将水文化教育融于学校专业教学、课堂教育，让师生在水文化的熏陶下，不断加深对水与社会、水与哲学、水与经济、水与环境、水与历史、水与文化的理解和知识的运用；积极组织开展水文化实践活动，把水文化与大学生社会实践活动、校园文化活动、科技竞赛活动有机有结合，让学生在水文化活动中开启心灵的智慧，激发学生爱校爱水爱专业的决心和信念，将来为国家水生态文明建设和实现中国梦做出应有的贡献。通过对水文化的宣传、教育和研究以及彰显出的水文化成果，最终成为河海大学的文化特色、文化品牌和学校发展的文化软实力。

## 六、人才队伍培养工程

人才队伍培养工程的重点是，加强哲学社会科学教学科研骨干和思想政治理论课骨干教师队伍建设，加强马克思主义理论研究队伍特别是中青年理论研究队伍建设，加强自然科学文化队伍建设和社会科学文化队伍建设，加强党政干部队伍和辅导员班导师队伍建设，充分发挥教书育人、管理育人和服务育人作用。在建设过程中努力做到：充分发挥文科专业在文化建设工作中的作用，加大人文社科人才培养力度，集聚和培养一批在人文社科领域，能够体现河海文化特色的，有建树的大师大家；充分发挥"四校"国家大学生素质教育基地作用，整合各类文化艺术教育资源，创新大学生文化素质教育模式，培育一批有河海文化特色的大学生文化艺术社团和艺术人才。积极鼓励校内优秀文化人才走出校门、国门，弘扬学校文化建设成果；积极为社会文化大发展大繁荣做贡献，以提升学校文化建设知名度和美誉度；积极邀请校外优秀文化人才来校讲学、讲座、演出，继续做好高雅艺术进校园工作，为学校文化建设发挥积极作用。

## 第三节　典型激励学生成长

学校德育在贴近生活、贴近现实的基础上，在与师生同思考、同喜恶、同探索、同奋进的过程中，不断发掘先进事迹、塑造先进典型，实现了榜样教育类型多样化与生活化、榜样选拔机制规范化与常态化、榜样推广机制科学化与协同化的德育和思想政治教育模式。

### 一、树立学生典型

以身边人教育身边人。从2008年开始，学校每两年举办一次"海韵风华——感动河海十佳学生"评选活动。评选条件首先是在某个方面取得突出成绩，具有时代性、典型性的个性特征下，按照学业成绩、科技创新、道德风尚、创业实践、社会实践、社会工作、文化艺术、体育锻炼、志愿服务、自强自立十大类，分别评出十佳和十佳提名奖获得者。具体评选标准是在学业成绩、道德风尚、科技创新、创业实践等方面表现突出或取得优秀成绩的学生中选拔。目前已经评选了三届，并组织十佳学生和提名奖获得者赴港澳台知名大学学习交流，并在全校广泛宣传他们的先进事迹，引导学生刻苦学习、顽强拼搏、奋发成才、服务社会。例如十佳学生中涌现出保送清华大学的代表郑经纬同学，校学生会主席、"1442工程"学生负责人、年级大班长的代表赵苇航同学，积极创业的丛小飞同学和优秀就业学生代表宋文波同学等杰出典型，在学生中产生了良好的宣传教育效果，实现了带领其他同学共同进步的目的。

### 二、选定校友典型

学校积极邀请取得突出成就的校友回到母校，用他们亲身经历和感受给学生讲事业、理想与前途，讲工作、学习与生活，讲爱情、婚姻与家庭，引导学生正确认识人生的价值和意义。在感受杰出校友成长经历的同时，使在校学生深刻领会"今日我以河海为荣，明日河海以我为荣"哲理思想。学校设立的校友奖助学金，使在校大学生真切感受到来自母校和校友的关怀，进一步认同母校深厚的文化底蕴。比如邀请水利部长江水利委员会长江勘测规划设计研究院院长钮新强院士参加毕业生典礼寄语；邀请大学生"村官"江苏省优秀共产党员任杰和大学生"村官"创业富民先进个人辛明伦等来校作成长成才报告，让同学深受启发。通过邀请杰出校友返校参加活动或举办讲座，激发了同学们的学习热情、拓宽了学生的视野，激励了学子成才。

**三、树立教师典型**

学校首先树立正确导向，强化师德建设的激励导向机制，其次重视师德教育，健全师德建设的学习培训制度。河海大学涌现了一批又一批的优秀教师，他们的言行举止为学生们树立了榜样，影响了学生的成长。比如朱岳明、彭世彰等。彭世彰同志是我国著名节水灌溉专家、河海大学教授、博士生导师、水文水资源与水利工程科学国家重点实验室主任、"全国百篇优秀博士论文"获得者、江苏省"333高层次人才工程"中青年科技领军人才、全国"五一"劳动奖章获得者。享受国务院特殊津贴。无论多忙，彭世彰都坚持给新生上开学"第一课"，并坚持上"农田水利学""节水灌溉理论"等课程，有的学生因故缺课，他就挤出休息时间给学生"开小灶"。彭老师的勇于开拓、忠于职守、严格要求的敬业精神和为人正直、光明磊落、不计名利的高尚品格一直激励着广大学子，纷纷表示要以彭世彰教授为榜样，用实践去践行社会主义核心价值观，做一名优秀的时代先锋。

**四、学习社会典型**

组织开展学习雷锋活动对大学生教育深远。校团委从1978年起，不间断的组织团员青年开展学习雷锋主题教育实践活动，使学习雷锋活动制度化、常态化。具体学习活动的举措是：组织西康路学雷锋一条街活动，"雷锋精神感动我"师生座谈会，"我身边的好同学好老师"演讲故事会，"雷锋精神与水文化"青年思想者论坛，"雷锋榜样进校园"访谈会，"我的青春"学雷锋故事会，学雷锋主题班日和团日活动等。成立雷锋精神研究社团，研究雷锋精神的时代内涵，研讨新时期推动学雷锋活动常态化的模式与方法，探索新时期雷锋精神与培育全面发展一代新人的内在关系和融合方式；引导组织青年学生开展送温暖献爱心活动，公共秩序和亚青会与青奥会保障志愿服务活动，应急救援志愿服务活动，保护母亲河宣传环保活动以及面向空巢老人、留守儿童等特殊群体的志愿帮扶活动。建设学雷锋网站，组织开展学雷锋网上交流等系列活动。2013年3月7日，教育部网站以《河海大学推出六大举措促进学雷锋活动常态化》为题，对我校学雷锋活动新举措进行了报道。

## 第四节 平台助推学生成长

在学生成长成才过程中,河海大学既注重共性,又强调个性,既正确引导又切实为学生服务,为学生的成长成才提供各类平台,促进了学生的全面发展,学校主要有校园文化平台、骨干培养平台、创新实践平台、就业指导平台。

### 一、搭建校园文化平台

学校以繁荣校园文化和创新人才培养模式为导向,以丰富多彩的校园文化活动为抓手,以各级学生组织、学校社团为骨干,以大学生素质文化教育基地为载体,利用校园文化艺术节、研究生金水节、公寓文化节、社团巡礼月等特色品牌活动,全面打造提升学生综合素质的校园文化活动平台。学校各学院分别有团委、学生会、科协、青协等组织,负责各个学院文化艺术活动开展。学校学术社团目前共有89个,社团有演艺、体育运动、活动竞技、文化交流、学术科技、社会实践等多种类型。在组建社团、办好社团的过程中,领导高度重视,统一思想,除在人力、物力、财力上大力支持,还积极为学生社会实践创造条件,为社团活动提供场所,使得社团不断发展,不断创新,从无到有,从小到大,呈现出百花齐放的良好局面。目前每年都有社团新增,进一步丰富河海校园文化,完善了河海第二课堂。学校利用各种特色品牌活动来增强学生的交流学习。例如为了强化理工科院校研究生的人文素质教育,2003年以来,始终坚持以“金水节”即河海大学研究生科技文化艺术节为主要平台,带动和推进全校研究生人文教育,着力提升研究生综合素质。“金水节”每届围绕一个主题,如“扬河海精神,铸创新人才”“科学与人文相融,传承与创新并举”“承河海九十底蕴厚积薄发,创金水三度辉煌继往开来”“山高才为峰,学术德为先”“科学人文强素质,求实创新展风采”“青春之风舞动梦想,智慧之水创造辉煌”。学校每年组织的校园文化艺术节,不仅彰显了传统文化底蕴、体现时代特点、服务学生大众、激发学生主体意识,而且贯彻了人文教育与工程教育相结合、水利文化与校园文化相结合、主题活动与系列活动相结合、爱国爱党与爱水爱校教育相结合、文化素质与身体素质相结合的理念。通过校园文化平台建设和校园文化艺术节活动,极大地丰富了校园文化生活和提升了大学生的综合素质。

## 二、搭建骨干培养平台

学校制定完善学生骨干培养计划，搭建学生骨干培养专门平台，通过不断提高学生骨干的思想政治素质、政策理论水平、实践创新能力、组织协调能力，努力培养和造就一支政治坚定、作风过硬、素质全面、能力突出的学生骨干队伍。目前学生骨干培养平台有“1442 工程”“青马工程”“爱超工程”“朋辈帮扶工程”和国防生教育等。这些平台的建台要求各不相同。如 1442 工程学员在培养要求上，重点强化“爱党、爱国、爱水”教育；在人文素质方面，着重提高学员的文化认知及审美修养；在能力素质方面，着重培养学员的语言表达能力、人际交往能力和组织管理能力；在身心素质方面，着重培养学员坚韧不拔的性格、吃苦耐劳的品质和博大宽广的胸怀；在创新素质方面，着生强化学员的创新意识和创新精神。青马工程则是通过理论学习、实践锻炼、志愿服务、对外交流、课题研究等方面培训，培养学生骨干策划能力、创新能力、文字能力、吃苦能力、执行能力。

## 三、搭建创新实践平台

创新教育是时代的强音。为了推动大学生的创新教育与实践活动，学校按照“100% 的学生受到创新创业素质教育”“10% 的学生受到创新创业能力训练”“1% 的学生出标志性成果”的目标，形成了院、校、省、国四个创新创业能力训练层级。通过设立多维度创新创业实训环节，建设多层次创新创业实训平台，实施多元化的创新创业实训方法，同时加强专利的培育及应用，为学生打造了一个良好的创新实践平台。近五年来，累计立项 978 项，资助经费 800 多万，每年有接近 20% 的学生受到创新创业能力训练，5% 的学生取得标志性成果，累计授权专利 440 余项，本科生在各类科技文献中发表论文 239 篇。为江苏首个专利技术创造与运用实践基地，每年涌现近 200 件学生专利。

学校每年都会在暑期社会实践上投入大量的资金和物力人力，始终坚持大学生暑期社会实践与专业学习、科学研究、服务社会、择业就业相结合，组织的学生暑期实践在实践内容和主题上横向拓展，突破传统的水利调研，文理工科兼顾，突出社会热点的调研；在实践形式上达到纵向深入，对实践课题进一步长期深入追踪研究；在实践的参与对象上，结合学生的不同时期的不同特点，分年级、分阶段、分层次、分重点利用教学科研、社会实践、就业三元综合的实践基地平台，使实践从组织形式的单一性向多样性发展。

学校紧密围绕国家研究生教育综合改革目标,结合高层次应用型人才培养要求,依托行业重点单位建立研究生培养基地,创新全日制专业学位研究生培养模式。在内容上强调“三结合”,科技与人文相结合,理论与实践相结合,应用性与综合性相结合;课程结构体现模块化设计理念,注重学科交叉,突显职业性和综合性特征;以综合素质课为载体,实施综合素质文化教育,提高学生综合素质。学校与行业单位共同制订《河海大学研究生培养基地建设方案》,分别对组织体系、运行机制、各方职责、培养细则、知识产权等内容做出明确规定和详细解释,为研究生培养基地的建设与管理提供制度保障。所有在基地联合培养的全日制专业学位研究生实行校内、基地双导师制。目前,已建成以水利行业为主,兼顾交通运输、社会科学等行业的研究生培养基地格局,研究生培养基地联合培养研究生学科覆盖水利工程、建筑与土木工程、地质工程、环境工程等所有工程领域,并形成一套比较成熟、完整的全日制专业学位硕士研究生联合培养模式。

## 四、搭建就业指导平台

学校高度重视大学生就业工作。设立了“学生就业指导中心”,专门负责学生就业指导服务工作,成立了毕业生就业工作领导小组、应届毕业生入伍预征工作领导小组,健全了就业指导中心、学院、学生就业信息员组成的三级就业联动网络,实施就业工作“全员化”。建立了创业孵化基地。将“创新创业指导中心”纳入国家级文化素质教育基地进行管理,出台了《河海大学创新创业教育实施意见》,每年举办以创新创业教育为主题的教育教学工作会议。创业平台经费投入到位,设立了“大学生创新创业基金”。引入互动式、体验式等教法,增加活动课程和实践课程,制定教学大纲,完善课程课件,及时更新课程内容,由教务部门定期进行检查、评估。学校每年重点建设10个校外创业教育实践基地,与江苏省大学生创业园签订协议共建创业基地。

学校搭建一体化平台,就业指导中心改版升级了就业网站,配置了专用的服务器、网络宽带端口,嵌入了全国大学生一站式服务系统,与全国大学生就业公共服务立体化平台、江苏省毕业生就业网等进行链接,帮助用人单位与毕业生实现快速接洽,建立了河海大学就业实名信息工作体系、就业工作QQ群、飞信群,增设了移动短信院系通、就业信息广播等业务,做到信息公布准确及时。

## 第五节 合力帮扶学生成长

帮助家境困难的学生完成学业健康成长是学校的职责。河海大学高度重视生活困难的学生并在工作中坚持以学生为本,关爱学生,构建了帮扶困难学生的长效机制。在制度上做到了帮扶工作常规化、制度化。在方法上,注重帮扶的针对性,给予困难学生充分的尊重;在形式上,采取"自助"与"他助"相结合等多种形式的帮扶措施。

### 一、帮扶经济困难学生成长

在帮扶经济困难学生成长过程中,学校逐步建立起较为完善的帮扶体系。一是以国家助学贷款为主体,勤工助学为主导,"奖、贷、勤、免、补"五位一体的五维资助育人体系;在此基础上,学校根据国家新资助政策进一步完善了"奖、贷、勤、免、补"五位一体的贫困生资助体系,进一步健全了奖助学金、贷款、勤工助学、补助的各项规章制度,经济困难学生的认定办法,规范优化了评审、发放流程,确保帮扶资助工作"公开、公平、公正"。二是建立了由校友、企业、行业出资帮助经济困难学生的帮扶体系。学校依托校友资源、企业资源,积极拓宽社会资助形式,增加社会资助项目。与江苏省慈善总会、中国青少年发展基金会、华民慈善基金会等慈善团体展开长期合作。与多家企业和个人签署合作协议,设立周玲雅奖学金、招商银行一卡通助学金等多达41项奖、助学金。三是以自助自立形式创办的"爱心超市"帮扶体系。"爱心超市"是以"服务同学,奉献爱心,传承关爱,共建和谐"为宗旨的江苏省首家公益性超市。由学校提供场地、设备等硬件支持,由经济困难学生和学生志愿者自主运营,承担学校资助物资筹措、贫困学生实践锻炼、爱心公益宣传等多项职能。超市成立以来,通过各种方式帮助了万余名家庭经济困难的学生,组织各类公益、感恩、慈善、献爱心等活动200余次,受到媒体的广泛关注。四是教职人员主动参与资助贫困学生的项目有,常州校区老教师钱习之自退休后就全身心投入到帮困助学工作中。她不仅在学习和生活上无微不至地关怀经济困难学生,还在人格修养上处处为人师表,教育学生自尊自强,并常年坚持为贫困学生募捐衣物,募集衣物数万件,受她衣物及经济资助的贫困学生达3000多人,其中200多人考上了硕士和博士研究生。基本实现了学生扶贫解困工作全覆盖。

学校在资助育人的同时积极探索资助育心，以励志教育、感恩教育、诚信教育、社会公益心教育为着力点，开展丰富多彩的活动。如“励志·成才”讲座，“让梦想成长”座谈会，“爱心接力·情满校园”等感恩教育活动等，还结合国家助学贷款签约开展诚信教育活动，提升贫困生的思想道德修养。通过开展“海韵风华——感动河海十佳学生”评选活动，大力宣传和表彰积极参加爱心公益活动，在经济上追求自立，在困难面前顽强拼搏的优秀学生典型，用他们的先进事迹激励和引导广大在校学生。教育部简报2012年第126期《河海大学加强学生资助工作促进学生全面发展》对我校大学生资助工作进行了报道。

## 二、帮扶学习困难学生成长

为了帮扶学习困难的学生成长成才，学校制订了“全方位指导、全过程跟进、全员参与”帮扶机制。一是摸清学习困难实情。首先了解导致学生学习困难的原因，然后根据学生自身特点，给予指导与关怀，并采用一对一帮扶、课外学堂等多种方式帮助学习困难学生答疑解惑、提高成绩，同时保持与家长的联系沟通，共同督促学生进步。尤其是具有创新性的朋辈辅导模式，不仅提高了学习困难学生的成绩，而且增进同学间感情、实现了共同进步，收到了良好的效果。二是建立学生学业档案。为了更好地掌握学生学习的情况，依据学生毕业并取得学士学位的条件建立了学生学业成绩档案，包括学生已修的学分数、不及格的课程及学分数，四级、六级、二级、三级通过情况、获奖情况、课外学分取得情况等。每学期考试结束后，辅导员会及时到教学秘书处了解学生的考试成绩，并逐一均梳理本年级学生的考试情况，掌握每个人的课程通过情况，对学业成绩档案进行及时更新。对于有不及格课程的学生，及时和其家长沟通联系，找本人谈心，指出问题及差距，并一起制定学习方案。三是建立家长联系机制。为了更好地督促学习困难的学生完成学业，端正学习态度，各个学院每个学期结束后都会及时地将成绩单寄送到家长手中。而针对有不及格课程的学生，除了电话沟通，辅导员还会专门给家长写信，告知家长学生在学校的学习情况、综合表现、奖惩情况、不及格的课程、学校补考和重修的安排等，让家长与学校联动，共同督促学生端正学习态度，顺利完成学业。每年上半年，河海大学部分学院还组织召开家长会，要求毕业可能有困难的三年级学生家长参加，学院领导、教学秘书、班主任和辅导员均参加家长会，会上除了通报学校的有关情况以外，还一对一、面对面地告知学生的学习情况，分析差距，一起寻找解决问题的办法，制定出具体的达到毕业目标的学习方案。

学校大力支持同学间朋辈帮扶、共同进步的帮扶措施。鼓励学习成绩优异并且学有余力的同学与学习困难的同学结成一帮一的帮扶对子。学习较优异的同学会根据帮扶对象特点为其制定合适的帮扶计划，督促学习，讲解疑惑，同时还会认真记录帮扶情况以便总结提升。除此之外，各个学院还开展了各式各样的学生课堂，如土木院的致远学堂、港航院的同舟课堂、水电院乐水学堂等。课外学堂由各科目成绩拔尖的学生担任课外老师，为学习困难的同学讲解课程难点或者课后习题。教育部2009年印发的《加强和改进大学生思想政治教育工作简报》第619期以《河海大学交通海洋学院积极开展“同舟课堂”活动》为题，单篇转发了河海大学交通海洋学院开展“同舟课堂”活动的情况。

### 三、帮扶心理困难学生成长

心理问题在现代社会尤为突出。学校为了帮助学生在心理上释疑解惑，建立了相应的心理健康咨询机构，加大心理健康教育力度，并将心理健康教育纳入课堂教学中，使心理健康教育逐步走上科学化、规范化的轨道。

在心理健康教育过程中，学校秉承“以人为本，助人自助”基本理念，坚持以预防学生心理问题为基础，以一般心理问题援助和干预为重点，重视突发事件危机干预，通过个性辅导和团体辅导帮助学生改善心理健康状况。基本形成了立体式大学生心理健康教育模式。一是对各年级学生开展网上心理健康调查，通过调查问卷筛选出有心理困惑的学生进行面谈分析诊断，区别不同问题类型与程度，采取不同的应对措施，防患于未然，做到心理问题早期发现、及时干预。二是开设心理教育必修课，增强自我教育能力。学校要求大一学生必需开设心理健康课。通过系统学习心理、卫生、健康等方面的知识，帮助学生了解心理发展规律，掌握心理调节方法，增强自我教育的能力。除了在大一必修的心理健康课，大二至大四的选修课也开设了有关心理健康的课程。此外，学校每年还不定期的为举办心理健康讲座和定期开展“320(咱爱您)心理健康周”和“525(我爱我)心理健康月”活动。在心理健康周及心理健康月期间，主题班会、征文比赛、摄影比赛、心灵短剧会演、心理健康知识竞答等一系列关注学生心理健康的活动，营造了健康和谐的校园氛围，也让同学们敞开心窗、积极交流、增进彼此感情，学会了如何关爱自我、提升自我。

## 四、帮扶就业困难学生成长

为了应对日趋严峻的就业形势，帮助学生顺利就业，学校不断以创新思维探索大学生就业之策，积极推进学校毕业生的就业工作，拓宽、指导毕业生转变就业观念，提高就业能力。多年来，毕业生就业率始终保持在95%以上，在教育部直属高校和江苏省高校中位居前列，多次被评为江苏省毕业生就业工作先进单位。

在现代社会，大学生就业难除了社会宏观因素外，主要问题还在于学生准备不足。集中体现在就业观念、自身素质和就业渠道方面。针对这些问题，学校不断改进和加强就业指导与服务工作，帮扶困难学生就业。一是了解和掌握困难学生的基本情况，为学生就业奠定帮扶基础。从学生入学开始，就对学生的基本情况开展调查，包括家庭经济情况、身体状况、就业的愿望、个人特长、性格爱好等；从而建立困难学生档案，实行一对一就业跟踪和帮扶机制，在大学的不同阶段开展不同形式的就业帮扶。学校开展“特困家庭大学生就业援助工程”，2010年重点关注、重点帮扶、重点服务160名特困学生顺利就业；2011年对100余名特困学生进行重点指导并给予资助，受资助的同学都顺利找到理想的工作单位。二是加强对学生的职业生涯教育，帮助学生认识自我、看清职业环境，树立合理的生涯目标，制定切实可行的生涯发展计划。从大一开始，学校就给新生发放职业规划手册，通过相关的职业规划讲座、老师辅导等形式帮助同学在四年间对未来职业生涯有个较为清晰的规划，从而有针对性的提升自身综合素质，进而提高就业能力和就业竞争力。三是加强对困难学生就业培训辅导和就业推荐工作。学生处下辖的就业指导中心会定期举行有关就业指导培训的讲座，并积极为就业困难学生推荐工作机会，就业指导中心还有专门的官方网站——河海大学就业信息网，定期发布招聘信息、实习信息，分享就业创业的经验与技巧。针对部分就业困难学生对就业竞争存在的恐惧和自卑，就业指导中心和相关心理咨询部门也不断加强对其的心理辅导工作，帮助他们正确认识自身问题，解除不必要的恐惧，树立克服问题的勇气，帮助他们明确努力的方向和目标从而积极改善、提高自我，解决就业难题。

为了帮扶大学生就业，学校不断拓宽就业渠道，建设和完善毕业生就业市场。一方面，学校和各大水利流域机构、各省市水利部门及下属单位、国家电网公司及下属各电力公司、中国水电各大公司、中国交通建设各大集团及下属分公司等签订了协议，成为这些企事业单位重要的人才输送基地。另一方面，学校和北京、上海、江苏、浙江、广东等地的大型公司、研究院所及人事部门建立了良好的供需伙伴关系，每年都向这些单位输送大批优秀毕业生。此外，学校还积极联系用人单位与企业，开展各类校园招聘会，积极为毕业生拓宽就业渠道、增加就业机会。

# 第五章

# 河海大学德育环境建设

校园环境是学生日常学习、生活的主要场所,良好的校园文化对学生具有巨大的感染力和渗透力。大学主要是通过“环境创设”和“环境营造”来潜移默化、而非强制性地影响教育。通过示范、启迪和感化学生,使学生产生“蓬生麻中,不扶自直”“入芝兰之室,久而自芳也”的教育效果,从而达到一种不教之教。多年以来,河海大学认真贯彻落实中央和教育部一系列文件精神,坚持贴近学生、贴近实际、贴近生活,大力营造健康、高雅的育人环境,为学生成长提供良好的外部环境。

## 第一节　强化育人氛围

校园文化对学生的教育起着潜移默化的作用,学校把营造浓郁的校园文化氛围作为思想政治教育的有效途径,通过丰富多彩的学习、科技、文化活动把大学生思想政治教育落到实处。2012 年,学校定为“文化建设年”,制订《关于进一步加强学校文化建设工作的意见》,实施“精神文化熔铸、制度文化实施、行为文化提升、环境文化建设、水文化特色品牌打造、文化人才队伍培养”六大工程。

### 一、建立“三全”育人格局

学校始终坚持全员育人、全过程育人、全方位育人的办学理念,强力推动中国特色社会主义理论体系进教材、进课堂、进头脑,着力培养大学生的社会责任感、创新精神、实践能力。引导大学生把握成长成才的发展方向。

中央 16 号文件颁布后,学校围绕“三全”育人狠抓落实。一是健全完善了大学生思想政治教育领导小组、思想政治理论课建设指导委员会、大学生思想道德建设工作领导小组等组织机构。学院成立了与之对应的大学生思想政治教育工作组织,具体研究、制订、落实本单位的思想政治教育工作。进一步强化了校、院、系三级思想政治教育工作网络责任制,进一步落实了校、院、系每年必做的三件事,即一个专题研究会、一个业务学习会、一个实效评估会,使学生思想政治教育工作切实落到实处。二是积极推进教育、管理、服务"三位一体"模式进入学生宿舍,以工作人员自身的行为,优秀的管理和优质的服务影响学生,潜移默化,润物无声。为了保证"三位一体"进宿舍,学校明确规定:一、二年级学生的政治辅导员必须与学生"同吃、同住、同生活"。其他年级学生的专兼职辅导员要"跟班作业",及时掌握情况和给予工作指导。学院党委(党总支)副书记每月要有4天时间,分团委(团总支)书记、副书记,专兼职年级主任,专业班导师每周要有半天时间深入学生宿舍指导工作。学校设立党政部门负责人学生接待日制度,职能部门到学生宿舍值班制度。这些措施极大地保证了学校德育工作和思想政治教育工作的主动权。

现此同时,学校还提出了"五个统筹""五种意识""五大体系"的工作要求。"五个统筹"即统筹好党政组织、共青团组织、思想政治理论课教师、辅导员和班主任等专兼职队伍之间的合作;统筹好德育、智育、体育、美育、心理健康教育之间的关系;统筹好课堂教学和实践育人之间的结合;统筹好本科学生和研究生思想政治教育之间的协调;统筹发挥好学校党委和二级单位党委、基层党组织、教学科研部门、共青团和研究生会、学生会组织以及行政后勤部门的作用。"五种意识",即教书育人、管理育人、服务育人、实践育人、党建育人意识,整合各种资源,利用一切有益力量,把握一切有利条件,使大学生思想政治教育工作更扎实、成效更显著。"五大体系",即以教育教学相互融合为基础的育人体系,以思想政治理论课为主导的思想教育体系,以招生、培养、就业为重点的过程管理体系,以艺术节、科技节、体育节为龙头的校园文化活动体系和以大学生思想政治教育工作测评体系为标准的评估体系,努力创建大学生思想政治教育工作的"河海模式"。教育部加强和改进大学生思想政治教育工作简报以《河海大学构建五大体系提升大学生思想政治教育工作质量》为题对我校大学生思想政治教育工作给予了报道。

## 二、培育优良师德师风

学高为师,身正为范,良好的师德风尚,对学生的思想道德起着"潜移默化、春风化雨、润物无声"的作用。学校充分发挥先进典型的示范和带动作用,努力营造

“学无止境，教无止境，教书育人无止境”的浓厚教学氛围。

在近百年的办学历程中，在以李仪祉、茅以升、严恺、徐芝纶等老一辈教育家的影响下，培养成长出来的吴中如、王超、赵振兴、王惠民、武清玺等国家级名师大家，以他们高尚的人格品德、严谨的治学精神、高深的学术造诣、高尚的思想道德情操激励和影响着一代又一代河海学子茁壮成长。为了传承、弘扬和发展河海的优良师德师风，学校大力开展师德教育，强化学术道德建设，规范师生的学术品行，不失时机地举办纪念活动和宣传为河海教育呕心沥血、辛勤耕耘典型代表人物，如先后举办了中国水文学科的奠基人刘光文教授百年诞辰，力学大师、中国科学院院士徐芝纶教授百年诞辰，中国一代水利宗师、两院院士严恺教授百年诞辰系列活动。组织学习宣传新时期为人师表的朱岳明、彭世彰等典型人物的先进事迹。为学校积极营造优良的学风、教风和校风，弘扬河海“艰苦朴素、实事求是、严格要求、勇于探索”校训精神产生了积极深远的影响。

这些名师大家不仅向学生传授知识，教学生如何读书做学问，还向学生传授做人的道理，帮助学生树立正确的人生观、价值观和世界观。如国家教学名师王惠民教授除了兢兢业业教书之外，还利用课余时间与学生交流做人、做学问的道理，与学生建立了深厚的情谊，深得学生爱戴；退休教师张岚主动要求担任班导师，教学生学会学习、学会适应，和学生交朋友，赢得了学生的尊敬；张志铁老师将自己的部分收入用于鼓励学生课外科技创新，让学生备受感动和鼓舞。在管理岗位上的老师，特别是从事学生工作的老师，通过不断改进机关工作作风、树立良好形象、做学生知心朋友来影响和带动青年学生成长。

2005 年 3 月 26 日，《光明日报》在头版头条以“河海大学形成温暖的育人氛围”作了专题报道，对学校的思想政治教育作了充分肯定。2014 年 1 月 13 日，《光明日报》头版头条以《“农民松开的眉头，是对我最好的嘉奖”——记累倒在三尺讲台的河海大学教授彭世彰》，对已故教师、水文水资源与水利工程科学国家重点实验室主任彭世彰教授执着忠诚于党和人民的教育事业、毕生追求科学真理以知识报效国家的感人事迹进行了深入报道，引起了广泛关注和强烈反响。教育部简报还对我校朱岳明教授恪尽职守献身教育的先进事迹进行了报道。学校连续多次荣获“江苏省高等学校思想政治教育工作先进集体”荣誉称号。

### 三、开展主题教育活动

学校每年召开宣传工作会议，明确教育主题、学习内容和活动形式。校领导每学期给师生党员上党课,做辅导报告,帮助师生解疑释惑,提升理论水平。学校充分利用校外资源开展“借智培训”,围绕党的路线方针政策和学校的发展战略,邀请专家、学者作专题辅导报告、学习讲座等。与此同时,还通过课堂教学、形势报告会等多种形式,深入开展世情、党情、国情、社情、校情主题教育。

学校结合党和国家重大政策出台、重要活动开展和重大节庆日纪念日,每年都组织相关的主题学习教育活动,努力做到年年有主题、月月有活动、人人都参与、个个受教育。如,2003 年开展了道德建设“十百千万”活动和诚信教育系列活动;2004 年开展了“十个一”道德建设活动;2005 年开展了“我为校庆添光彩”活动;2006 年开展了“节约型校园”建设主题教育活动,2007 年开展了和谐校园建设主题教育活动;2008 年开展了“迎奥运、讲文明、树新风”主题教育活动;2009 年开展了“盛世中国 · 激情河海”庆祝新中国成立 60 周年主题教育活动等等。比如,组织开展的纪念建党 90 周年主题教育活动,包括了“与信仰对话”党史国情系列报告会、“追寻红色足迹,锤炼坚定信仰”学生暑期社会实践活动等,都取得了显著成效。此外,学校还结合实际,3 月开展“学雷锋”和“为民服务一条街”活动月,4 月为校风建设月,5 月为校园文化艺术节,6 月为毕业生文明离校活动,9 月军训,10 月校庆,11 月科普节,12 月开展系列纪念活动等,极大地丰富了教育活动内容,促进了思想政治教育的有效开展。在新的历史时期,学校又把深入开展中国特色社会主义宣传教育同开展“中国梦”的宣传教育结合起来,紧密围绕学习贯彻习近平总书记关于“中国梦”一系列重要讲话,深入开展“我的中国梦”主题教育活动,引导广大师生深刻领会“中国梦”的丰富内涵和时代特征,用“中国梦”统领“河海梦”,谱写“个人梦”,努力承担民族复兴大任。目前,学校正在大力开展培育和践行社会主义核心价值观的主题教育活动。

## 四、丰富校园文化

学校紧紧抓住“特色强校、和谐兴校、质量立校、人才名校、环境美校、道德荣校”的发展方略,围绕建设“水利特色,世界一流”高水平特色研究型大学的奋斗目标,实施“六大工程”全面推进学校文化建设工作,增强文化的引领作用,优化办学理念,弘扬学校精神,形成具有优良校风、浓厚学术氛围、优美校园环境、丰富文化生活的河海文化。把思想政治教育工作寓于校园科技文化建设之中,把德育与智育、体育、美育有机结合起来,广泛开展丰富多彩的学术、科技、体育、艺术和娱乐活动,宣传科学理论,传播先进文化,塑造美好心灵,激励青年学生积极向上。近三年来,学校共举办校园科技活动180余项,评选科技创新训练项目近500余项,举办全校性文化艺术演出18场。

学校每年举办校园科技节、文化艺术节、体育运动会。每逢"五一""七一""十一"以及重大活动,学校都举行大型文艺演出活动。学校还积极组团参加"挑战杯"、全国大学生科技创新大赛、各级各类体育竞赛,在学生中开设了大学生科技学术报告厅、河海大讲堂以及青年教师科技活动展等。学校有大学生艺术团、教工艺术团、合唱团、京剧组、球队、舞蹈队等文体社团。

近年来,我校校园文化建设亮点频出、捷报频传。如由我校选手组成的中国队在2006年健美操世界杯六人操比赛项目中勇夺世界冠军,以我校女足为班底的中国大学生女子足球队在第23届世界大学生运动会上获得亚军,我校机器人足球e龙队代表中国参加第10届国际FIRA机器人足球世界杯比赛并获得第四名的优异成绩,由我校"四朵金花"为主完成的"Nature生态食品股份有限公司"以最高分获得第五届"挑战杯"中国大学生创业计划竞赛金奖,我校"东迪网络社"网站获得了教育部首届及第二届全国高校"百佳"网站比赛"十佳社团类网站",学生男足荣获中国大学生足球联赛冠军,辩论队获第十一届海峡两岸大学生辩论赛冠军,大学生社会实践活动连续在10多年获得全国先进单位,学校荣获"江苏省文明单位标兵"等等。

## 第二节　美化自然环境

加强校园环境建设,注重校园老建筑文化内涵的挖掘与保护,开展以体现河海精神为主旨的校园环境建设和氛围营造工作,将学校建设成为一个历史厚重和现代文明互补,水科学与水文化交融的景观校园、绿色校园,实现使用功能、审美功能和教育功能的和谐统一。

### 一、突出打造特色景观

加强校园文化景观建设,形成主题突出、特色鲜明的校园人文景观。学校主要从历史景观、水文景观、校友情怀景观灯方面进行文化景观建设。

挖掘历史资源,建设张闻天铜像、张闻天事迹陈列馆、严恺工作成就室、徐芝纶院士展览室、刘光文生平事迹及水文学科建设成就展示室、侵华日军南京大屠杀清凉山遇难同胞纪念碑等历史景观。矗立在校本部校区中心区十字路口西北山麓上的张闻天同志全身铜像，是国内第一尊铜像，高2.6米，这是在1990年为纪念张闻天同志诞辰90周年而立。2012年，张闻天陈列馆成为江苏省首批马克思主义大众化学习实践基地。这些景点和场所成为进行爱国主义教育的永久性阵地，成为学生接受革命传统和中华文明教育的好教材。

展示水利特色，建设一批水文化景观，广泛开展水文化教育主题教育活动，引导广大师生进一步增强敬水、爱水、亲水的情怀，培养学生上善若水、笃学敦行的精神品格。中华水利先贤颂群雕景观，以古代水利先贤大禹、李冰父子、王景、郭守敬和现代中国水利之父李仪祉等人物的五组青铜塑像为主体，衬有镶嵌着石刻壁画和碑文的人造山体文化墙，向人们展示了华夏水利先贤们勤劳智慧、无私奉献和勇于创造的治水精神。在学校90周年校庆之际建造华夏水利先贤颂群雕，旨在表达对水利先贤的景仰和纪念，并为全校师生树立一个继承优良传统的精神坐标。小浪底音乐台，位于江宁校区逸夫图书馆至叠翠山之间的中轴线上，是校园的标志性景观之一，占地面积8000多平方米。从整体布局上看，规整对称的广场设计和缓缓而升的自然地形，寓意勤奋、严谨、不断攀登的治学态度。移步其中，清浅狭长的水池为小浪底音乐台的中轴，池水澈然见底，观之静心凝神，辅以两侧的绿色植物、石子小路与南面的若干石凳，营造出亲水、爱水的校园文化氛围。水池北面的半圆剧场是小浪底音乐台的终端，半圆形态象征“水”的凝聚、包容与至善，拾级而上的设计意喻向至高学术殿堂的追求与攀登。登至高处，回望广场，尽显浪漫与理性的交织、流动与秩序的共融。若水广场，位于常州校区东西轴线的中央，是校区的中心地带。“若水广场”四个大字由中国科学院、中国工程院院士、河海大学名誉校长严恺老先生亲笔题写。广场总占地1万余平方米，由升旗区、集体活动区、休闲区和山林区四个区段构成。广场上红旗飘飘，草坪宽广，喷泉灵动，白杨成行，曲径通幽，闹中取静，气韵淡雅自然，是花园式校园建设的亮点。“若水”的命名由当时校区师生中广泛征名而来，取“上善若水”之意，以彰显一种似水般的胸襟、涵养、气度和美德。此广场成为环境育人的一个载体，是校园文化建设的一抹亮色。

展现校友情怀，建设人文景观。情系河海景观，是坐落于校本部图书馆广场上的一座大型山石盆景，盆景内假山错落有致，绿植苍翠，朝南的后墙上方题有“情系河海”四字。是62届水文、河川、水港等专业学生毕业30周年返校之际，为表达对母校辛勤培育的感激之情和对母校未来发展的祝福，由校友们共同捐资送给母校的一份礼物。整座景观由62届校友共同创意设计,蕴含着三种情感因素:情系母校——河海大学是培育河海学子成长成才的摇篮;情系事业——江河湖海是河海毕业生为之奋斗和奉献的地方;情系同窗——河海学子将在为之共同奋斗的水利事业中不断延续同窗友谊。这座凝聚着华东水利学院62届全体学生对母校深情的大型山水盆景,不仅是学校著名校景之一,也早已成为学校每年组织毕业生拍摄集体毕业照的首选之地。

全面推行河海大学视觉形象识别系统,规范三个校区的各类视觉表达体系,加强三个校区传承和弘扬河海文化的整合力度。

## 二、加强建设文化设施

学校建有多样化的科技、文艺和体育活动场所,为学生开展校园文化活动提供必要条件。学校总占地面积2301.96亩,其中校本部占地面积638.44亩,江宁校区占地面积1043.00亩,常州校区占地面积436.37亩。学校多媒体教室、图书馆、学生活动中心、文体活动中心、体育馆、体育场、游泳池等活动场所众多,满足了人才培养的需求。

学校图书馆由清凉山校区、江宁校区、常州校区3个校区图书馆及各学院资料室组成,总面积约3.81万平方米。目前,图书馆纸质文献馆藏量达255万余册,现刊2000多种;其中文科藏书、期刊总量85万余册。另有75种网络数据库和光盘数据库,其中含电子图书200余万册,电子期刊8万种。学校与江苏省所有高校及南京水利科学研究院等省内外多家科研单位签订了共建共享协议,进一步丰富了学生和教师的可利用资源。图书馆加强了“数字教学资源库”的项目建设,并与教务处合作开发了“本科教学资源信息管理和服务系统”,系统具备“专业设置”“培养方案”“参考书目”等12个功能模块,实现了与“精品课程”“学位论文”“教师教学工作信息管理系统”等相关系统的无缝链接、数据共享。图书馆建立了局域网,并与校园网互联,接入CERNET和INTERNET,实行了校园网上24小时全天候服务。图书馆1998年获批为水利部科技查新单位;2000年获批为江苏省科技查新单位;2004年获批为教育部科技查新单位;2013年获批为电力科技查新单位。自1998年江苏省高校图书情报工作委员会所属专业委员会——情报咨询专业委员会成立以来,学校图书馆一直是该专委会的主任单位。图书馆丰富的馆藏资源、先进的管理手段、便捷的信息服务、良好的使用效果,为学生成长提供了切实有效的支撑条件。

学校运动场地总占地面积192765 ㎡,体育馆与练习馆12000 ㎡。共有标准田径场4个、人造草皮足球场3个、天然草皮足球场2个、游泳池4个、篮、排、网球、手球、棒球教学场地89片,健美操、健身房、乒乓球、羽毛球、武术教学场地25片以及体质测试室和多媒体教室,这些体育设施的建设,为提高师生健康水平提供了条件保障。学校有文体中心、多功能厅、学生城、小浪底音乐台等场地供学生举办文化娱乐活动,各宿舍楼均有接近100平方米的活动室,方便学生在社区举行活动。江宁校区文体中心占地面积13600平方米,建筑面积22100平方米,中心拥有剧场、篮球馆、训练馆、游泳馆、健身房、多功能操房,集游泳、健身、篮球、羽毛球、乒乓球、健美操、演出、会议等各类文体活动于一体。这些场馆、场所为学校德育、思想政治教育和各种文体活动的开展开展提供了优越环境保障和条件支持。

### 三、科学规划自然景观

学校十分重视校园整体,从校园自然环境到教学区、科研区和学生宿舍区布局合理,基本形成了点、线、面相结合的校园规划体系。校园四季芬芳,绿树成荫,是一所园林式高校。校园建筑被绿色环抱,乔、灌、植被、花相结合,环境整洁优美的园林式校园基本成型,为学生学习和生活提供了优美环境。叠翠山、东湖、小浪底、廉池、三峡广场等具有代表性的景观深受全校师生喜爱。

2000年来,学校在维护好平面绿化基础上,不断扩大绿化覆盖率,重点打造立体式绿化:在林下栽种麦冬、八角金盘、桃叶珊瑚等耐荫植物;在建筑物墙面栽种爬墙虎、凌宵、常春藤;在挡土墙下栽种法国冬青,墙上栽种探春。目前,校园绿化覆盖率达53%以上,攀援植物种植长度累计1500米左右。学校利用“植树节”和“爱国卫生月”等活动,开展植树和校园环境卫生工作,建设“垂直绿化”校园。2010年学校提出用三年时间,投入专项经费,创建在宁垂直绿化示范校的目标,进一步提升学校绿化档次。学校组织土建、绿化专业人员对全校可建设垂直绿化的区域进行勘察认证,制定详细实施方案,全方位实施校园垂直绿化。三年来对学校90%建筑物的空白墙面进行了垂直绿化植物种植。根据建筑物的地形,在不影响建筑物的前提下,主要采取在建筑物空白墙面下修建种植槽,填土种植攀缘性植物,安排、指导绿化专业人员加强水肥管理,通过精心养护,植物当年攀高达5M,三年基本达到10M左右,现在多栋建筑已经包裹在绿色之中。

学校先后荣获全国部门绿化“300佳”“400佳”和江苏省“花园式高校”“园林式单位”称号,获南京市爱国卫生先进单位、南京市绿化先进单位等荣誉称号,并被列为《南京市创建园林式城市》垂直绿化国家验收点。

## 第三节 优化舆论环境

良好的舆论环境有利于学生的成长成才。学校始终注重舆论宣传引导工作，积极营造氛围，充分做好宣传工作，使广大同学不断坚定共产主义信仰和社会主义信念，勤奋学习，奋发成才。

### 一、努力建设舆论阵地

学校大力推广运用学校视觉形象识别系统，积极构建包括学校主页、新闻网、电子屏、电子阅报栏、校报、橱窗、灯箱等在内的文化传播平台，为学校发展提供坚实基础保障。

学校在校园内制作安装了大量的灯箱、橱窗、广告栏等设施，重建了工程馆、图书馆前主干道旁的橱窗，完成了江宁校区120多米阅报栏、橱窗以及40个室外灯箱的建设。更换了校本部电子显示屏，投资50多万元建设了江宁校区彩色显示屏，成为江宁校区靓丽的风景线。学校充分利用橱窗、电子显示屏、校报等开办各种专题和专栏，通过座谈会、报告会、研讨会、思想政治理论课、专题讲座等形式，认真组织学习宣传历次党代会精神、全国“两会”精神，学习社会主义核心价值体系等。

学校充分发挥传统媒体作用，加强校内报刊、广播、电视台、网络等宣传媒体的管理，积极拓宽宣传思路，创新宣传形式，加强选题与策划。充分发挥好手机短信、博客、微博、微信等新媒体在学校文化建设中的积极作用。完成数字化校园建设工程，建立河海大学新闻网，完成河海大学门户网站改版工作和网站群建设工作，使网络成为校园文化建设新阵地。

### 二、有效开展舆情引导

学校健全突发事件应急报道机制，积极抢占信息传播的制高点，及时发出权威声音，最大限度挤压负面信息和谣言的传播空间。在实践中创新和发展舆论引导的方法和手段，增强舆论引导的针对性和实效性，努力营造正面的舆论场。

学校主动做好师生舆情的收集、梳理、分析和研判工作，对敏感和热点问题进行科学、理性和有效引导,解疑释惑、正本清源。对学校一些重大问题和师生普遍关心的一些热点问题适时召开新闻发布会予以通报做好引导工作。学校在每学期开学之初学生返校时或党和国家重大方针政策出台时,学校都要通过个别交流、召开座谈会、开展调查问卷等形式,做好师生思想动态调查摸底,并向教育部、省教育厅报送舆情信息。同时针对师生反映的突出问题,主动做好师生教育引导工作。2013 年,学校为深入了解师生在思想政治、学习和生活等方面的状况,进一步提高学校管理水平和服务质量,在全校范围内开展了师生思想政治状况调查工作。本次调查共发放调查问卷 2800 份,其中教师 800 份,学生 2000 份。同时分别召开了教师和学生座谈会。针对调查发现的问题,学校有针对性地开展了教育引导工作。

### 三、大力加强内外宣传

在对内宣传上,学校利用校报、电视台、广播站和橱窗等传统战地,加强校内宣传的力度、深度和广度。校报每月两期,及时跟踪报道校园热点新闻、重大事件和重要人物,挖掘师生身边的好人好事;电视台让校园新闻可视化,画面化,还定期制作专题片,进行专题报道;广播站每天播放校内外新闻,让师生第一时间了解各种信息;橱窗结合学校重大活动或重要节日,定期推出专题展览。

在对外宣传上,学校注重加强与校外媒体的沟通交流,充分发挥校外媒体的宣传优势,紧密围绕教学改革、学科建设、人才培养、社会服务等中心工作,以学校重大活动为契机,找准宣传工作的切入点和着力点,突出主题,突出重点,突出亮点,创新内容,创新形式,主动发声,大力宣传学校工作新思路、新理念,充分展示学校新形象、新面貌,讲好河海故事,传播好河海声音,树好河海形象,努力营造良好的舆论环境。

经过长期努力,已经形成了"报纸有文章、电视有形象、电台有声音、网络有信息"的全方位、立体化、多层次的新闻宣传工作新局面,大大提升了学校的社会知名度,树立了河海大学良好的社会形象。学校不仅注意与地方媒体加强联系,建立合作,还积极与光明日报、中国教育报、人民网等主流媒体合作,全面展示学校的办学水平和办学成就,塑造学校的良好形象,强化宣传的正能量。近年来,学校发表在省级以上媒体刊物(包括省、国家级的报刊、电视、电台、杂志和网络等媒体,平均每年 3000 多篇次,其中,在《光明日报》《新华日报》《中国教育报》《扬子晚报》等 20 多家报纸刊登新闻平均每年达 300 多篇。

## 四、积极树立先进典型

学校通过图片展览、学习讨论等形式，大力宣传先进人物、先进事迹。这些先进人物既包括方永刚、孟二冬、郭力华等校外的先进典型，又包括学校近年来涌现出来的优秀老师、优秀学生、优秀党员等，如两院院士、长江学者、国家杰出青年科学基金获得者、国家教学名师、“现代水利人物”、健美操世界冠军获得者、“严恺教育科技基金”、“徐芝纶教育基金”获奖人员等。通过宣传活动，引导广大师生以先进人物为榜样，进一步增强了广大师生员工奋发进取的内在动力。

2010 年，河海大学水工结构研究所所长朱岳明同志因病逝世，河海大学党委做出了《关于在全校开展向朱岳明同志学习的决定》，号召全校师生员工学习朱岳明同志的先进事迹。学校宣传部门按照党委的要求精心谋划，先后召开了多次座谈会，收集整理朱岳明同志的先进事迹，编印了《朱岳明教授先进事迹材料》，下发至各单位、支部、学生班集体；组织了朱岳明同志先进事迹宣讲团在全校师生中开展巡回报告；安排各单位利用周三教职工学习时间宣传朱岳明同志先进事迹；《中国教育报》、江苏新华报业网主页、中国教育宣传网主页等都大篇幅报道了朱岳明同志先进事迹；学校校报也进行了一系列的专题报道和后续报道；同时运用橱窗、广播台、网络、横幅标语、电子显示屏等形式进行了广泛宣传，积极营造了学习朱岳明教授先进事迹的环境氛围。目前，在师生员工中已经兴起了学习朱岳明先进事迹，立足本职岗位做贡献的热潮。

2011 年，我国著名力学家、教育家，中国科学院院士，华东水利学院的创始人之一徐芝纶教授诞辰 100 周年。为了缅怀徐芝纶院士的杰出贡献，学习他爱党爱国的崇高精神，弘扬他的高尚品格和大师风范，研究他的教育思想和教学艺术，河海大学举办了纪念徐芝纶院士诞辰 100 周年系列活动，并成立了活动领导小组和工作组。活动的主要内容有：师生代表祭扫徐芝纶陵墓；开办专题纪念网站；徐芝纶院士事迹宣传；徐芝纶院士教学艺术研讨会及系列教学示范活动；徐芝纶教育基金评奖活动；重新布展“徐芝纶院士陈列室”；发行徐芝纶院士纪念邮册；出版《徐芝纶院士百年诞辰纪念文集》；举办纪念徐芝纶院士诞辰 100 周年暨江苏力学学会成立 50 周年学术研讨会；召开徐芝纶院士诞辰 100 周年纪念大会暨徐芝纶教育基金年度颁奖大会等。一系列活动对于学习老前辈的先进事迹，对于学校“道德荣校”理念的宣传落实，对于在全校形成学先进、比先进、赶先进的良好风尚，对于全校教师的职业道德建设，对于学校的精神文明建设与和谐校园建设具有十分重要的意义，同时更是加强河海大学科研诚信和学风建设工作的有效举措。

2013年12月15日下午，全国五一劳动奖章获得者、国家重点实验室主任、河海大学节水灌溉专家彭世彰教授因公殉职。学校主动和新闻媒体联系，策划选题，开展宣传工作。1月13日，《光明日报》头版头条报道了已故教师、水文水资源与水利工程科学国家重点实验室主任彭世彰教授的长篇通讯《“农民松开的眉头，是对我最好的嘉奖”——记累倒在三尺讲台的河海大学教授彭世彰》，对彭世彰教授执着忠诚于党和人民的教育事业、毕生追求科学真理以知识报效国家的感人事迹进行了深入报道，引起了广泛关注和强烈反响。后又以《科研永恒　思念无尽——彭世彰教授事迹在全国引起强烈反响》《用干净崇高的灵魂影响学生》为题对学习活动进行了报道。

学校配合省委宣传部和省教育厅，组织召开了学习彭世彰同志先进事迹座谈会、媒体见面会、事迹报告会，组织彭世彰同志先进事迹报告团在全省各地巡回报告。编印彭世彰同志先进事迹材料汇编，大力宣传彭世彰同志事迹，《光明日报》《新华日报》等媒体全方位报道了彭世彰同志的先进事迹。省委教育工委追授彭世彰同志为“江苏省高等学校优秀共产党员”，人力资源社会保障部、教育部联合发文，追授彭世彰同志为“全国模范教师”。

2014年，学校制作专题片，宣传王沛芳先进事迹，积极申报江苏省十大杰出青年、江苏省优秀共产党标兵。

## 第四节　净化网络环境

学校高度重视让德育“上网”，通过净化网络环境，为德育建设提供良好的现代化氛围。近年来，学校一方面大力建设和完善学校网络建设，另一方面着力加强学校网络信息安全管理，大力开展师生网络素养教育，主动做好网络宣传工作、净化网络环境，确保用好管好守好网上舆论阵地。

### 一、重视校园网络应用

学校高度重视校园网的建设和新媒体技术的应用。通过校内各类信息的整合和利用，极大地提升了优质教学资源和科研成果的数字化与网络化程度。通过技术改造和升级，建成了校园网应用服务系统、本部与常州、江宁两校区远程教育系统等公共服务系统，实现了网络化行政办公、远程教学等功能。依托校园网，学校更新了综合教务管理系统，建成了本科教学电子资源库和开放式实验教学网络化管理系统。运行良好的校园网及丰富的优质教学资源为学生的学习提供了良好支撑。

2001 年，全面建成了覆盖校本部的光缆千兆核心和汇聚骨干网络，连接 CERNET、ChinaNET 并与常州校区互联。2001 年至 2002 年，完成了校本部与江宁校区的网络互联以及江宁校区各建筑物的宽带网络。目前学校建成了以 Cisco7609 为核心的覆盖校本部、江宁校区和常州校区的多千兆计算机网络，在同类网络建设中达到了国内领先水平。校园网的骨干网数据传输全部采用光纤，光纤总长近 20 千米。楼域网采用铜芯超五类双绞线，汇聚节点设有专用设备间以确保设备正常运行。目前学校各校区的行政办公楼、教学楼、学生宿舍楼均已实施了综合布线工程，共提供 1 万多个用户端高速网络端口，对外既可通过单模光纤采用远程千兆以太网技术与 CERNET 实现高速互连，又可与 ChinaNet 和 CNC 实现高速互联。校本部与江宁校区建立了直连的光纤高速通道，与常州校区通过 CERNET 建立了高速互连。

在此基础上，学校建成了功能齐全的网络管理中心和校园网应用服务系统，实现了网络化行政办公、图书情报检索、综合信息服务和教务管理的信息化以及网上招生，并为全校教学、科研提供了高性能的网络及计算服务。2003 年学校再次投入 300 万元经费进行校本部与两校区远程教育系统建设，建成了远程教育发布平台（完整实用的教学现场录制/直播系统）、远程教育服务系统（可容纳 1000 门左右的网络课件、支持 5000 人左右同时收看）、网络邮件服务系统（支持 Web 服务具有手机短信、语音邮件、网络存储等功能的电子邮件系统）、校园网电视教育服务系统（充分利用卫星电视教育资源，实现多路电视教育和新闻节目的播放）。2004 年更新了综合教务管理系统，实现了学生注册、成绩、学籍、选课、教学计划及学生评教等网络化管理。

依托校园网，学校建设了本科教学电子资源库，以 2003 版本科人才培养方案为依据，将本科专业设置、培养方案、课程介绍、教学大纲、参考书目、教学周历、精品课程、经典教案、100 多门多媒体课件、400 学时左右的实验录像、优秀主讲教师风采、优秀毕业设计（论文）、实验室及实习基地简介等集成到该系统。学生可通过校园网进入系统查阅本专业和其他相关专业的信息、自主学习、下载相关教学资源,也可通过该系统进入“数字图书馆”,一站式检索网上电子资源。先进的校园网、丰富的优质教学资源为本科教学质量及管理水平的提高提供了很好的支撑,发挥了重要作用。

学校着力建设了一批融思想性、知识性、趣味性、服务性于一体的校园网站,改版门户网站,建设新闻网,开通了新浪网河海大学官方微博、微信,积极构筑师生获取信息、学习知识和交流思想的主流网络平台。

## 二、搭建德育网络平台

河海大学十分重视网络文化在大学德育中的导向作用和引导功能,重视并积极应对网络文化给大学德育工作带来的各种挑战。在虚拟、开放的网络文化中始终坚持“以德育人”,不断创新德育的技术和方法,重视专家型德育教师队伍的塑造,从而进一步提升了大学德育工作的成效和效益。

学校在大学生德育教育过程中,除了依靠传统的教学方法外,还在教学中引入了网络教学法,为学生创设一个有感情、有动力、充满人文关怀的教学情境,让学生在网络中,与远端的教师、学习伙伴依然有着心灵上的交流与行为上的默契,而不是陷入“荒原”或置身“幽谷”。此外,还通过设立思想政治教育工作网站,如公共管理学院大学生思想道德修养课教研组开发的“大学生思想道德修养 BBS”“空中课堂”,通过师生网上交流、网络学习课件等,取得了很好的教育、沟通、宣传效果,理论学习的时效性得到大大提高。另外,学校还定期开设各种专题教育网站,如“八荣八耻”教育专题网站、保持共产党员先进性教育活动专题网站、深入学习实践科学发展观活动专题网站等,进一步拓展了德育教育的新渠道。开展各种各样的集娱乐与教育为一体的网上活动,为学生养成良好的德育习惯创造了宽松的文化氛围。面对新媒体发展趋势,学校还建立了微博、微信、QQ、博客等各种沟通平台。通过平台上的充分交流与互动,为德育工作创造了良好的网络文化氛围。通过了解和掌握学生的思想动态和激发学生的求知欲望,尽最大可能为学生提供探索性实践报务,引导学生健康成长。

学校还加强了与教育部中国大学生在线网站合作,积极参与中国大学生在线网站活动。学校建设了思想政治教育网站——“思源网”,优化了“思源网”的结构和功能,改进了水上明珠 BBS。借助学校 BBS 平台,组织大学生就当下的热点问题或感兴趣的话题开展讨论,专门负责德育工作的教师也参与积极讨论,并对各种信息和论点进行分析综合,引导学生以积极、健康的态度参与活动。

### 三、严格校园网络管理

学校根据教育部、国信办《关于进一步加强高校网络文化建设和管理工作的意见》精神要求,进一步加强和完善学校网络信息安全管理工作。切实加强学校网络文化供给与服务,大力开展师生网络素养教育,主动做好网络宣传工作,牢牢掌握学校网络文化育人工作主动权、网络舆论引导话语权、网络管理工作主导权。学校成立了由校领导任组长,宣传部、保卫处、信息中心、学工处、团委等部门负责人任成员的工作组。不断加强校园主网站、思想政治专题网站(思源网)和马克思主义学院网站建设,正面引导,牢牢把握网络舆论主导权。

学校统筹推进网络建设、监管和评论队伍建设,成立网络新闻部专门负责学校网站建设和内容维护,组建了以各学院信息员和辅导员为核心的网络信息交流和监管队伍地。通过选拔的思想政治工作骨干、专家学者、优秀学生组建的评论员队伍,在网上开展了有效的舆论引导和思想疏导。密切关注师生在校园网、主流社交网站及微博、微信平台上的动态,敏锐捕捉苗头,准确把握问题,积极快速应对。通过评论员队伍围绕师生普遍关注的热点问题主动撰文发帖,有效引导网上舆论。加强网络突发事件应急预案建设,提高预案的针对性和时效性,做到对突发事件快速反应,有效处置。

学校注重加强校园网内各单位网站的建设和管理,以网站群平台作为校内统一提供的信息发布平台,网站管理实行"统一规划、统一标准、统一技术架构",制定完善新闻报送、审核及发布制度。形成了统一协调、反应灵敏、高效畅通的网上舆情收集反馈机制和覆盖全面、及时准确、正确引导、有效管理的高校网络信息管理机制。

## 第五节　运用社会环境

大学生的教育管理离不开社会大环境,离不开学校、家庭、社会的密切配合。学校在校内积极开展平安校园创建活动,在校外大力加强与大学生实习实践基地共建,与兄弟高校文化基地共建,开设家长学校,为学生营造一个平安、和谐、积极向上的社会环境。

## 一、创建平安校园

学校认真组织广大师生积极开展平安校园创建活动,实施了"蓝桥工程",取得了显著的成效,为学生健康成长提供了有力的保障。

"蓝桥工程"是河海大学在平安校园建设中创新工作思路,实施的一项加强指导、明确职责、改"多对多"为"一对一"的安全稳定工作新机制,即由保卫处指定专人指导和协助二级单位安全责任人、安全管理员做好本单位的安全预防与教育、隐患排查与整改等工作。"蓝"寓意宁静、和谐,"桥"代表职能部门与各单位之间的联系、协作。"蓝桥工程"自2009年实施以来取得明显成效,校园发案数下降了70%以上,没有发生重大灾害事故,学校先后获"江苏省平安校园""江苏省消防安全教育示范学校""南京市综合治理先进单位""南京市消防安全建设先进单位"等称号。2010年,学校获得江苏省平安校园称号。2013年,在首届平安校园建设优秀成果评选中,河海大学的"搭建'蓝桥工程',打造平安校园"荣获二等奖。

在创建平安校园过程中,主要从五个方面抓创建:一抓法纪教育,全面开展普法宣传教育,邀请有关专家来校为师生作法制辅导报告,组织法律知识测试,利用电视台、广播台和宣传橱窗在全校范围内宣传基本法律、法规知识,通过法制宣传教育,提高了师生员工学法守法的自觉性。二抓安全教育,先后开展了"6.26"世界反毒日、反传销、夏季防暑及禁止下江游泳教育、"11.9"消防安全活动日和"12.4"法制宣传日等专题教育,通过大量具体案例介绍,有效地增强了师生员工的防范能力和意识。三抓校内治安管理,加强对校园的值班、巡逻,加强对教学大楼的管理,对进入教学大楼的外来人员,进行登记,并坚持每晚对每栋教学大楼进行清查,注意检查各个教室和办公室门窗的关锁情况,确保校园的安全。四抓消防设施管理,建立健全了各项消防安全规章制度,明确了治安、防火责任人职责,坚持"谁主管,谁负责"的原则,一级抓一级,层层抓落实,做到责任明确,制度落实,奖惩分明。五抓食品安全管理,学校是群体性食物中毒、传染病等突发公共卫生易发部位,做好学校卫生工作,关系到广大师生身心健康。学校积极组织开展在传染病防治监督管理、食品卫生安全、公共场所卫生和饮用水卫生为重点的监督检查,落实卫生安全管理的各项措施,加强技术指导,消除安全隐患。通过平安校园创建活动,学校营造了稳定的校园环境、良好的治安环境、规范的法制环境,为师生员工营造了一个安全、稳定、文明的学习、工作、生活环境。

## 二、广联培养单位

学校坚持“强强联合，协同创新”的原则，积极贯彻教育部江苏省共建河海大学协议和教育部水利部共建河海大学协议精神，不断深化与地方政府、兄弟高校、行业科研院所和重点企业的联合与协同，加快人才培养、科技合作等平台建设的步伐。2001 年，学校成立了合作发展委员会，共有成员单位 130 余个。尔后以在全国各大流域机构、水利厅局、重点水电科研工程单位共建了研究生联合培养基地 90 多个。以此开创了水利人才培养新模式并收到良好效果。

积极开展科研服务与社会合作。学校采取多种合作机制，如联合南京水利科学院研究院建设水文水资源与水利工程科学国家重点实验室，联合中国三峡集团公司建设水资源高效利用与工程安全国家工程研究中心，联合清华大学等单位建设水安全与水科学协同创新中心等。通过与社会建立多层次多方位的长期伙伴关系，使学校人才培养质量和自主创新能力得到持续提高。2006 年与南通市政府签署了“资源共享，优势互补，合作共赢”的合作发展协议。2007 年与常州市签署了合作发展协议。2004 年与国家电力公司南京电力自动化设备总厂合作成立了“南京河海南自科技有限公司”，开发并推广了具有领先技术的水资源综合利用相关自动化系统及环境监测处理系统，取得了很好的社会及经济效益。2006 年与中国长江三峡工程开发总公司共同组建了“水资源高效利用与工程安全国家工程研究中心”和“河海科技有限公司”，采用双方共同投资、独立实体运作方式，针对水资源开发与利用中存在的问题开展科技研究和相应产品的研发、应用推广和技术服务，推动我国的水资源高效利用技术达到一个新的研究和应用水平，在解决相关关键技术问题中发挥重要作用，中心和公司也已成为我国水资源高效利用的重要研究与产业化基地和科技成果转化的孵化器。

积极创新研究生教育管理体制与机制。学校与基地单位联合逐一成立研究生培养基地建设管理委员会，以协调基地建设管理中的有关问题。学院重点做好课程学习阶段的培养与管理工作，基地依托单位具体负责研究生在基地期间的培养与管理工作。此外，学校与合作培养单位共同研究制订了《河海大学研究生联合培养基地建设方案》，对组织体系、运行机制、各方职责、培养细则、知识产权等内容做出明确规定和详细解释，为研究生联合培养基地建设打下了制度基础。此外，还制定了《河海大学水利工程领域专业学位标准》《河海大学研究生培养基地研究生指导教师遴选办法》《河海大学全日制专业学位研究生论文撰写要求》《河海大学研究生导师管理规定》等制度，不断推动基地建设和管理工作的规范化与科学化。

高度重视人才培养质量。积极推进课程体系、师资队伍、学位论文、评价标准等方面的系统化建设与改革，积极构建研究生培养新模式和实施“研究生教育创新计划”。积极与全国各大流域机构、水利厅局及重点水利水电科研设计工程单位共建研究生联合培养基地 90 多个，聘请院士、工程设计大师在内的两百多位专家担任导师共同培养研究生。开创了结合工程实际培养高质量研究生的创新人才培养模式，并将逐步发展成为面向全国的研究生培养基地，为解决长江、黄河水问题及西部水电建设关键技术问题培养和储备一批高层次人才。研究生完成一年级课程学习后进入基地“顶岗实践”，在基地导师的指导下，依托具体岗位，针对实际问题，把工程实践、课题研究与学位论文结合起来；建立健全培养管理、学生管理、导师管理等系统化的管理机制和资助保障体系，实现了“学生、企业、学校”三赢的目标。研究生综合运用所学知识解决工程实际问题的能力明显提高，实践创新能力明显增强，以职业为导向的综合素质明显提升。

此外，学校还先后与苏州市、淮安市、连云港市等地方合作签署了校地共同发展全面合作协议。根据协议，河海大学将与地方政府本着全面合作、资源共享、优势互补、合作共赢的原则，全面推进校地合作，建立面向地方重大发展战略及重点工程进行决策咨询的工作机制，合作培养各类科技人才和推进重点领域产学研合作和成果转化等。学校还加强与驻地单位的合作，与校本部所在的鼓楼区签订共建科技园协议。鼓楼区将为学校的建设提供支持和帮助，学校将自身发展与区域发展紧密结合，通过校府联动，共建鼓楼科技园，促进科技成果转化和科技企业孵化，努力实现“理念融合，共谋发展；组织融合，共创未来；资源融合，共享成果；文化融合，共建文明”的四大目标。

### 三、多校共建“基地”

河海大学为了进一步推动科学教育与人文教育的有机融合，积极探索大学文化素质教育新路径，联合南京航空航天大学、南京师范大学、南京医科大学等四校共同申报建设国家大学生文化素质教育基地。共建“基地”于 2006 年教育部正式批准建设；2007 年被教育部、财政部列为“人才培养模式创新实验区建设项目”；同年被江苏省教育厅列为《多校共建国家大学生文化素质教育基地理论与实践研究》重中之重研究课题。

“基地”建设的指导思想是,以《关于深化教育改革全面推进素质教育的决定》和《关于进一步加强和改进大学生思想政治教育的意见》为指针,以培养大学生综合素质和全面发展为目标,以基地建设为纽带,推动文理工医等学科之间的渗透和互补。充分发挥四校资源整合效应,大力推进教育创新,多渠道全面实施素质教育。坚持文化素质教育与专业教育相结合,文化素质教育与思想政治教育相结合,人文教育与科学教育相结合。通过四校共建,不断提高文化素质教育水平和大学生的文化素质。

“基地”建设的目标是,以提升大学生的文化素质为切入点,通过四校共建,文理工医学科之间的渗透,有效促进科学教育与人文教育相融,促进学生德智体美全面发展,努力培养和塑造思想品德高尚、科学文化知识丰富、专业素质精良、具有创新精神和实践能力、身心健康的高级专门人才。经过五年左右时间的建设,使四校的大学生文化素质教育在教育理念、运行机制、课程建设、师资队伍、场地设施及理论研究等方面达到较高水平,取得一批有重要影响力的教学成果,在全省高校中发挥示范和辐射作用。

“基地”建设的任务是:①构建四校大学生文化素质教育的新体系,即通过学科优势互补、资源共享,逐步形成在校园文化、课程建设、人文讲座、学生社团、实践活动(主要是文体艺术、社会实践、创新创业)等四校大学生文化素质教育的新体系。②探索与新体系相适应的四校联合运行与管理机制,即校园文化互补机制、课程资源联通机制、智力资源共享机制、社团组织互动机制、实践活动联合机制。主要内容有:四校有关领导、广大师生深入交流大学优良传统和特色文化;整合四校文化素质教育课程,高起点构建新的文化素质教育课程体系;组织四校著名专家教授开授文化素质课程,联合邀请全国教学名师、大家开展巡回报告会;推动四校社团组织和学生骨干的互动交流、全面活跃;四校联合开展内容丰富、形式多样的社会实践、创新创业活动。③搭建行之有效的四校文化素质教育平台,即素质网站平台、师资交流平台、制度建设平台、理论研究平台。主要内容有:搭建四校共文化素质教育优质资源的网络平台以及大学生文化素质评价系统;四校联合开展青年教师培养培训计划以及辅导员等专项培训;四校围绕五大共享内容建立长效的机制和制度;围绕文化素质教育工作的共性问题展开理论与实践研究。④彰显四校各自的文化特色。即河海大学以水科学和水文化为特色,进一步挖掘水生态文化、水科技文化、水工程文化和江河伦理文化以丰富水文化内涵。南京航空航天大学以航天科学和蓝天文化为特色,进一步挖掘国防文化、“两弹一星”

和载人航天精神,以丰富蓝天文化内涵。南京师范大学以人文科学和人文文化为特色,以秉承"以人为本"的厚生传统和培养"团结奋进"的拼搏意识,形成"追求卓越"的创新思想。南京医科大学以生命科学和医学文化为特色,以更具丰厚的文化底蕴、高尚的思想情操、完美的文化品位和健全的人格修养净化医学文化。四校不仅要形成自身特色,而且还要进一步做到特色共享。

"基地"建设的措施是:①确定"共享互融"的大学文化素质教育理念,即以"强化共性、彰显特色、优势互补、合作发展"的共建理念推进四校大学生文化素质教育发展。②成立"四校国家文化素质教育基地"建设工作领导小组,由四校党委书记和分管党政领导组成,实行轮值制,轮值制党委书记任组长,河海大学党委副书记任副组长。领导小组主要职责是统筹四校大学生文化素质教育工作,促进四校学科渗透、互补、发挥四校的整体效应,全面推动大学生文化素质教育工作的开展。③成立"四校国家文化素质教育基地"建设工作专家指导委员会,由校内外文化素质教育方面的知名学者、专家组成。专家指导委员会主要职责是指导大学生文化素质教育工作的实施。④"四校国家文化素质教育基地"建设工作领导小组下设秘书处和办公室。基地办公室挂靠河海大学。⑤四校分别成立文化素质教育工作领导小组和办公室,与四校大学文化素质教育领导小组和办公室在关系上对应,在工作中对接。⑥加大文化素质教育阵地建。四校在充分发挥原有设施作用的基础上,还要有计划地增加学生文化素质教育的场所和相关活动设施,并形成良好的共享机制。四校要不断整合或建设彰显学校特色的文化素质教育阵地。⑦加大文化素质教育的经费投入。四校均按年度拨出大学生文化素质教育专项经费,各校每年确保30万元,并逐年增加。同时,采取多种形式对文化素质教育的重点项目,包括课程建设、教材建设及重大活动给予专项资金支持。实践证明,共建"基地"在四校共同努力下,其建设方略是正确的,取得的成效也是明显的。

### 四、开设家长学校

学校积极探索建立与学生家庭联系沟通机制,形成学校与家庭相结合的思想政治教育网络。为让家长了解学校、配合学校,促进家庭教育和学校教育的契合,形成家庭教育和学校教育的合力,深化学校、学生、家长"三位一体"的人才培养机制。为了促进学生知识、能力、素质的协调发展,提高人才培养质量,学校于2012年推出了"家长学校",目前已连续举办多次。

"家长学校"以服务家长、家校契合为基本理念,内容涵盖学校育人理念、育人方法、管理模式以及有关教育方法等,参与“家长学校”的师资有学校领导、学生工作专家、学生心理健康教育教师等。“家长学校”主要职能是三个方面的工作:一是开设新生系列讲座报告。在新生报到期间,学校举行有关学校人才培养、教育管理和保障体系的报告,让家长了解学校人才培养工作模式,配合学校做好学生教育管理工作;举办专题讲座,为学生家长提供大学生心理发展特点、规律和提升大学生心理品质的有关知识,提高家长与孩子沟通、帮助孩子成长的能力。二是邀请家长参与体验生活,学校利用迎新晚会、开学典礼、军训汇报表演等邀请家长参加其活动,见证和陪伴学生成长。还通过家长开放日,让家长亲自参与体验孩子学习、生活环境,在体验中进一步理解大学生,更好地陪伴大学生成长。三是搭建学校与家长沟通的网络平台。通过远程服务体系建立网上“家长学校”,为家长提供沟通交流、情绪情感、生涯发展、人际交往、学业管理等不同主题的教育知识和教育方法。同时,设立“家长学校”信箱、家长服务热线等,持续互动式解答家长的疑问。

“家长学校”是河海大学在充分认识到家庭教育是高校教育中的一个重要组成部分的基础上提出的。“家长学校”有利于学生家长尽快了解学校的基本情况、学科优势、教育理念和学生管理模式以及学生学习优劣情况等,进而采取有效的教育方式,配合学校对学生的教育。学校除了新生入学期间的集中辅导外,在后期,学生辅导员还不定期地与相关学生家长保持联系,沟通学生在校学习生活情况,邀请学生家长参加学校学生教育管理相关活动,及时收集并反映家长对学校工作的建议和意见,家长将参与学校管理,进一步提高学校管理的实效。

# 第六章

# 河海大学德育工作管理

河海大学高度重视德育工作管理,将德育工作贯穿到整个学生成长成才培养的全过程。在管理过程中,学校始终坚持以人为本、善待学生的育人理念。针对不同年级学生特点和成长规律,进行不同内容、不同形式的教育管理,做到管理精细化。对低年级学生侧重于专业思想教育和校风学风建设,对高年级学生侧重于择业创业教育,对少数民族学生实施特殊德育教育方式。

## 第一节　日常教育管理

学校把德育工作融入到学生的日常教育管理工作中,在新生入学、学生学风、学生社区、创新创业、文明离校等工作中融入德育教育,运用多种方法、途径提高德育工作管理的针对性、实效性,促进学生成长成才。

### 一、新生入学教育

新生入学教育为期一年,分为集中教育、深入教育、后续教育三个阶段进行。其中以集中教育与深入教育为重点,后续教育为辅助和延伸。集中教育阶段从新生入校到正式开课(含军训),深入教育阶段从正式开课到第一学期结束,后续教育阶段从第二学期开始到第一学年结束。

新生入学教育以思想政治教育、校纪校规教育、心理健康教育、专业学习教育、诚实守信教育、职业生涯教育、安全防范教育等内容为主题,以学校、学院、班级三个层面相结合的方式组织实施,以专题讲座、座谈交流、参观学习、主题班会、环境陶冶、榜样示范、问卷调查、朋辈辅导、个别谈心、征文、演讲、朗诵、文艺汇演等途径开展进教育。新生入学教育大纲如下表所示：

**河海大学新生入学教育大纲**

| 教育类别 | 教育项目 | 教育内容 |
|---|---|---|
| 思想政治教育 | 理想信念 | 开展理想信念教育，帮助新生树立正确的世界观、人生观和价值观。 |
| | 学校传统 | 组织参观校史陈列馆和院士工作室等，帮助新生了解学校历史沿革。 |
| | 爱国爱水 | 开展相应活动，帮助新生牢记校训和弘扬“献身、求实、负责”水利精神。 |
| | | 开展相应活动，培养新生“爱国、爱水、爱校”的学子情怀。 |
| | 励志成才 | 开展励志成才教育，集体意识、责任意识、角色意识教育，激发新生成才的内生动力。 |
| | 入党基本知识 | 开展党的基本理论知识教育，帮助新生端正入党动机。 |
| | 文明修身 | 开展基础文明教育，帮助新生提高思想道德素质和文明修身能力。 |
| 校纪校规教育 | 法律法规 | 开展政策法规教育，学习《河海大学本科学生权责告知书》，让新生充分了解自身的权利和义务。 |
| | 校纪校规 | 组织学习《河海大学本科学生手册》，签订《河海大学本科学生自律承诺书》，帮助新生增强恪守行为规范的自觉性。 |
| | | 开展违纪处分典型事例教育，帮助新生增强违纪警示意识。 |
| 身心健康教育 | 身体健康 | 开展卫生常识教育，指导新生掌握常见疾病预防和急救知识，引导新生养成良好生活习惯。 |
| | 心理健康 | 开展心理危机排查，建立心理危机预警信息库。 |
| | | 约谈排查对象、开展心理疏导，及时有效干预心理危机事件。 |
| | | 选配班级心理委员，建立畅通全面的心理健康信息网络。 |
| | | 组织心理健康宣传教育，举办讲座、团体辅导、主题班会等。 |

续表

| 教育类别 | 教育项目 | 教育内容 |
| --- | --- | --- |
| 专业学习教育 | 专业介绍 | 组织专业报告会,帮助新生认识专业内涵和发展前景。 |
| | | 组织师生座谈交流,帮助新生稳定专业思想,以积极心态投入学习。 |
| | 学习方法 | 向新生介绍大学教学特点以及专业学习的特殊要求。 |
| | | 开展学习方法经验交流,提升新生适应自主学习能力。 |
| | 资源条件 | 让新生了解各类学习奖励和今后进一步深造的具体条件和要求。 |
| | | 指导新生科学运筹时间和利用校内外各种学习资源。 |
| 诚实守信教育 | 诚信氛围 | 开展诚信教育活动,帮助新生认识诚信的重要性和增强诚信的意识。 |
| | | 召开诚信教育主题班会和团日活动,制定班级诚信公约。倡导“文明考试,诚信考试”之风尚,树立诚信为本、公平竞争的观念。 |
| | 诚信制度 | 建立新生诚信档案,宣传诚信评价体系,评价结果与评奖评优挂钩。 |
| | | 做好失信学生的教育和守信学生典型的表彰工作。 |
| 职业生涯教育 | 生涯认知 | 组织学习职业生涯规划手册,提高新生职业生涯认知能力。 |
| | 生涯规划 | 指导新生大学生活,合理规划大学学习,初步学会进行生涯规划。 |
| 安全防范教育 | 安全意识 | 开展防火、防盗、防骗、防交通事故、防食物中毒、防意外伤害、防重大疾病、防传销等方面的安全教育。 |
| | 防范能力 | 组织防范专题讲座或演习,提升新生应急处理能力。 |

## 二、学生学风建设

学风建设是学校教学工作的基本建设和教育管理工作的重要内容。学校在长期的办学过程中,高度重视教风和学风建设,始终把学风建设作为学校德育工作的重要载体,以教风带动学风,从制度上保证学风建设,通过培养示范群体、开展主题活动,不断提高人才培养质量,提升就业率及就业质量。

以教风带动学风建设。在教学过程中,要求教师不断用自己的研究成果丰富教学内容,改进教学方法,完善教学手段,增强课堂师生互动,引导学生的学习兴趣;严格课堂纪律,对违反课堂纪律的言行给予批评教育,做好记录,并纳入学生课程考核体系之中;邀请学生参与课题研究,激发学生钻研专业知识、开展科学研究的兴趣。教务部门不断完善教学质量反馈机制,定期召开学生座谈会,听取学生关于教学方面的意见和建议,积极研究改进教风学风的对策。

以制度促进学风建设。强化“三联系制度”。强化辅导员、班导师与任课教师的联系制度,通过联系制度及时了解学生上课情况,配合任课教师及时对迟到、早退、旷课的学生进行教育处理;强化辅导员、班导师与教学秘书的联系制度,通过学生成绩查询系统进行监控,对在班级学习成绩排名后5%或与上学期相比下降15个名次以上的学生进行预警,开展个体辅导;强化辅导员、班导师与学生家长的联系制度,有效发挥家庭和社会的教育管理作用。

以诚信坚固学风建设。优化诚信教育评价制度。通过引导和奖惩相结合的方式,不断强化学生的诚信意识,杜绝学生在学习考核、论文等方面出现失信行为。

以考核督促学风建设。完善学院考核制度。将学风建设状况纳入学院工作考核指标体系,督促辅导员、班导师“进教室、进宿舍、进班级、进网络”,多了解学生思想、学习、生活情况,多提有针对性和实效性的意见和对策,多解决学生思想、学习和生活中遇到的困难。

以示范引导学风建设。加强学生党支部、团支部、班委会建设,加强对学生会、学生科协、社团、公寓自管会等各级各类学生组织的指导,明确各类学生骨干的工作职责,引导其在学风建设中发挥积极作用,充分发挥参谋助手、桥梁纽带和示范带头作用。营造争先创优的学习氛围,发挥“1442工程”、海军国防生、大禹学院等学生示范群体在优良学风建设中的带动作用。每两年开展一次“十佳学生”的评选活动。推进优良学风班建设,以班风促学风,以整体带个体,逐步形成人人重视、人人参与、人人出力、争做贡献的良好氛围。

以活动推动学风建设。开展素质拓展活动,积极引导学生参加社会实践活动、科技文化艺术节、创新训练计划等,培养学生对基础理论的综合运用和动手能力,增加对专业学习的信心和动力,提高学生的学习兴趣,增强学习的紧迫性和针对性。开展朋辈辅导活动。充分调动各年级优秀学生的积极性,实施党员学生带非党员学生、高年级学生带低年级学生、成绩优秀的学生带学习困难的学生,形成互帮互学共进的学习氛围。举办学习经验交流会、演讲赛、辩论会、英语角、学术论坛、教授讲堂等系列活动，鼓励学生献身科学事业，树立竞争意识；通过邀请成就显著的校友到学校作有关成长、成才、励志、报国的报告，彰显河海人才培养的成效，激发学生的学习激情。

## 三、学生社区管理

学生社区是学生走出课堂的第二课堂，学校高度重视学生社区管理工作，在生活中育德，让学生的知与行无缝对接。要求辅导员入住社区，成为学生的“成长导师”；为学生打造自主管理平台、建设特色的社区文化，让学生在生活中感悟做人的道理，形成良好的习惯和优秀的人格品质。

辅导员入住学生社区。学校要求新生一年级学生辅导员必需入住学生社区。高年级学生辅导员每周深入学生宿舍不少于两次，主动了解学生在社区内的学习、生活、思想状况，并及时掌握学生在社区内的思想动态和行为表现；引导学生正确处理问题，帮助学生解决实际困难，做好学生的思想政治工作；热情接待学生来访，定期与宿舍管理站进行沟通和联系；准确掌握责任年级学生的住宿状况；检查并督促学生做好宿舍卫生打扫；检查并及时处理学生在宿舍内的违章违纪情况；检查上课时间和晚自修时间学生在宿舍内的自修情况；协助处理学生社区的突发事件。不断改善辅导员宿舍的住宿条件，为辅导员入住学生社区创造良好工作环境。

党建工作伸入学生社区。在学生社区设立“党员先锋岗”，把学生党建工作向学生社区延伸，促进学生社区党建工作和学院学生党建工作相结合，学生社区党建工作和学生社区管理工作相结合，充分发挥党组织在学生社区思想政治工作中的统领作用。一方面，学生在社区的表现列入党员发展的参考条件，学生在党员发展前须书面征求同宿舍同学和社区管理站意见；另一方面，促使学生党员不断增强党员意识，在思想、学习、生活、纪律、卫生等方面发挥模范带头作用，不断增强学生党组织的战斗堡垒作用，将学生参与学生社区活动情况作为组织发展、转正、考核的重要依据。

考核工作进入学生社区。重视对学院学生社区工作的考核。学校以过程考核的方式，参考物业对学院在学生社区开展工作情况的评议，对学院在规章制度建设、日常住宿管理、思想政治工作进社区、社区文体活动开展、社区特色工作创新等方面进行考核，充分调动各学院在学生社区工作中的积极性、主动性和创造性，进一步推进学生社区的思想政治工作与精神文明建设，促进学生社区规范管理。

自律组织扎根学生社区。加强学生社区管理,充分发挥学生公寓自律组织的作用。在社区建立健全宿舍楼层长制度,选拔工作热情高、服务意识和能力比较强的学生担任,作为学生公寓自律组织的重要一并管理。学生公寓自律组织在参与学生宿舍的管理和服务,监督各项制度的执行,及时向宿舍管理部门反映学生的意见、要求,协助辅导员、宿舍管理员排解矛盾,拓宽学校、物业、学生之间的联系、沟通、对话渠道等方面发挥积极作用,成为锻炼和提升学生自我教育、自我管理、自我服务能力的重要平台。

精神文明融入学生社区。强化学生社区精神文明建设。开展文明宿舍、特色宿舍、文明宿舍楼层、文明宿舍楼栋等一系列学生宿舍示范群体评选创建活动,从单纯的卫生评比到卫生、学习、兴趣等相结合的综合评比,充分调动学生、学院、物业各方面参评积极性,促使评选内容更加丰富,评选形式更加多样,同时加大创建成果的宣传展示力度,发挥示范群体的引领带动作用,在学生宿舍形成争优创先的浓厚氛围,从而不断推进学生社区的精神文明建设,打造一个积极向上、文明健康、和谐稳定的学生社区。

社区文化伴随学生社区。学生社区是一种特定的文化现象。加强学生社区管理,需要有广大学生的支持和社区文化的支撑。以学生宿舍为基地,合理规划和有效利用现有各宿舍楼的活动室以及室外场地,开展丰富多彩的社区文化活动,推进学生社区文化建设。以一年一度的“学生物业一家亲”和“学生公寓文化节”为活动平台,打造特色品牌社区活动;以爱国卫生月、毕业生文明离校、“11.9”消防日等为依托组织主题性社区文化活动;把学生社区文化建设和学生的思想政治教育、素质拓展有机结合起来组织经常性的社区文化活动,充分发挥社区文化育人功能,实现学生社区的有效管理。

**四、学生社团管理**

河海大学学生社团作为校园文化的主力军,以营造积极向上健康活泼的校园氛围为目的,以校园社团巡礼月为平台,以各类文体活动为载体,在丰富校园文化生活、培养学生兴趣爱好、提高学生实践能力、充实学生内心世界等方面发挥了重要作用。目前全校有近 89 个学生社团,社团成员 5000 余人。

正确引导,把握学生社团的发展方向。重视大学生社会化进程方向的指导,鼓励支持各种学生社团按各自章程自主开展活动。同时,在工作中加强对学生社团组织目标的调控,特别注意引导学生社团坚持正确的政治立场和政治方向。①建立领导体制。在学生社团管理上,形成了党委领导、行政支持、团组织具体管理、各部门共同关心的管理格局。把学生社团工作作为推进大学生素质教育的重要组成部分,纳入学校整体工作计划。②加强思想指导。学校坚持加强学校党团组织对大学生思想政治教育进社团工作的领导,深入推进大学生思想政治教育进社团。③健全工作机制。社团工作机制包括规范的社团章程和内部工作制度,健全而协调有力的组织管理机构,科学合理的评价机制和激励机制,创新务实的研究机制。④严格审批考核。学生社团的主管部门是校团委,严格把握对社团组织的审批、考核与监督,并明确了。

强化实践,鼓励创新,提升学生社团活动的层次。在实际工作中,学校搭建了若干德育平台,不断创新活动内容,建立社团实践基地,拓宽社团网络阵地。①搭建活动平台。积极采取措施为学生社团开展活动搭建舞台、拓展空间、提供机会。②创新活动内容。强化科技类、学术类学生社团在校园文化建设的中坚作用,指导、资助学生社团的科研项目,组建一系列具有特色的学生社团科研实践项目团队;走出校园,面向社会,传载校园文明,积极投身于社会公益事业,服务社会,开展一批具有社会影响和效益的公益活动。③开展社会实践。结合社团特色,进一步引导社团和社会有关企事业加强联系,在单位建立稳定的活动基地。④占领网络阵地。社团依托互联网积极开展各类文化教育活动,为社团形象的展示和互联网德育系统的构建发挥积极的作用。

突出重点,分类指导,促进各类社团的有序发展。①大力扶持专业型社团。利用学校现有的专业资源,大力建设特色社团,扶持专业型社团。比如,学校爱心协会就先后获得省级和国家级优秀社团的称号。②建立创业社团。鼓励学生在社会实践中成长立业,尽快地达到社会的要求。如计算机信息学院成立了电脑维修协会,为广大同学提供各类装机服务,承担硬件维护等工作,积累了一定的经济效益。③建立导师制度。每一个社团都必须有自己的指导教师,让导师监督和引导社团发展,突显社团在发展过程中的特色。同时,学校也选派部分有专业特长、教育有方且责任心强的教师作为学生社团的管理者和指导者,实施专业导师和思想政治教育导师制。

人本管理,抓好骨干,推进学生社团的健康发展。要加强学生社团骨干的培养,建立科学的社团负责人选拔任用制度,并对社团骨干进行定期的、系统的培训,促进社团健康、有序地发展。①重视会员作用,开发会员潜能。如采取项目活动轮岗制,使每位会员都有独立策划和组织活动的机会,引导会员树立主人翁的责任感和培养创业意识。②强调自我管理,不断加强培训。社团重在培养学生自我管理意识,不断加强培训教育。学校定期举办团学干部培训班、不定期组织社团干部去知名企业参观学习,利用寒暑假组织社团干部到社区挂职锻炼。③注重团队精神,建立伙伴关系。④重视荣誉奖励,建立激励制度。⑤规范干部培养。在公开竞选、民主选用的基础上。

## 五、创新创业教育

创新创业教育是时代的强音。河海大学高度重视学生创新创业教育,坚持以大学生创新创业训练计划为平台,以培养学生创新创业精神和实践动手能力为目标,推进教育教学改革。建立多层次、立体化的创新创业教育课程体系,构建以学院为主,校内各单位积极支持的创新创业教育体系,促进课堂教学、科学研究与创新创业的三元结合,激发学生的创新思维、创业意识,增强大学生的创新创业能力,开创学校创新创业教育工作新局面。

完善体制,推进创新创业管理体系建设。学校成立创新创业教育领导小组,全面领导,统筹协调,形成了“学院主要负责、部门协调支持、教师积极参与、学生踊跃参加”的创新创业教育工作格局。校院两级成立创新创业指导中心,明确指导思想,实施目标要求,强化创新创业教育保障机制。校级“学生创新创业指导中心”由学校负责管理运作,配备专门工作人员和办公场所,给予专项经费支持;各学院成立自己的创新创业教育机构,努力提高创业指导、服务水平。规范创新创业教育的课程设置、教育体系和创新创业实践活动相关配套政策的制定;完善与校内科研基地、地方政府、科技园共同开展创新创业教育的合作机制;完善创新创业项目申报和经费支持的有关制度,确保创新创业教育工作科学化、制度化、规范化运行。

深化改革,加强创新创业教学体系建设。①深化课程改革,把大学生创新创业教育作为学校深化教育教学改革的重要内容,纳入专业教育和文化素质教育教学计划和必修课学分体系。在公共基础课中增设创新创业类必修课程、选修课程;改革教学方法,引入互动式、体验式、情景模拟、角色扮演等教法;引进测评软件,加强对学生职业生涯、职业能力测试。完善学分、经费等奖励制度,鼓励学生积极参加创新创业训练计划;对创新创业活动中取得优秀成果的学生、指导教师和组织单位,学校将给予表彰和奖励。②整合教师资源。组建“河海大学创新创业教研室”,整合一批具有创业指导有效、理论研究深厚和实践经验丰富的专家学者教师。积极从社会各界聘请企业家、创业成功人士、专家学者作为校外兼职教师,组建一支专兼结合、校内外共建的高素质教师队伍。每年选派一定数量的创新创业中心工作人员、创业指导教师与辅导员参加国家、省市、学校组织的创业指导、职业规划等资格培训,提升师资队伍水平。③丰富教材体系。引进国内外高水平教材,形成具有河海特色的创新创业教材体系。依托有就业、创业管理指导和服务工作及创新训练经验的经济类、管理类、法律类、工程技术类、教育类专家、教师和科研人员编写相关教材,丰富相关内容和辅导资料,尤其是电子资料、经典案例等,为学生提供丰富的参考文献、工具书籍及辅导资料。

强化优势,全面营造创新创业教育氛围。①强化专业优势项目。以行业特色为依托,加强科学技术创新力度,推进大学生创新创业训练计划项目实施,促进创新项目向成功创业的转化。提高发明专利、实用新型专利、外观新型专利申请的数量与质量,全力打造“科技创新创业”教育品牌。②营造浓厚创新创业氛围。优化组合学校创新创业资源,完善创新创业教育的服务体系。一是强化对学生创新创业教育指导。通过创新训练、专家讲座、创业大赛、模拟孵化、创业实训等活动开展全方位、立体化的创新创业教育,强化对学生创新意识、创业理念、创业能力的培养;二是强化对创新创业先锋的培育,树立典型,发挥示范作用。重点打造一批高效优质的创新创业团队,对其开展有针对性的培养;三是强化对创新创业项目实施的指导。以创新创业训练计划成果和创业实习实践基地为依托,形成产学研一体的机制,对申请专利和有潜力的项目给予政策、资金、指导的全程跟踪服务。③搭建创新创业教育网络平台。搭建学校创新创业教育网络平台,开设创新创业教育网络课堂,普及创业知识,开展创业政策网络咨询,发布相关政策、创业项目和创业实训信息等。④建立创新创业教育质量监控体系。构建创新创业教育教学质量监控体系,建立学生创业信息跟踪机制、学生创新项目社会应用分析体系,跟踪创新创业教学质量,定期收集反馈信息,开展社会需求分析,反馈指导学校创新创业教育教学,为创新创业型人才培养提供支持。⑤加强理论研究与经验交流。设立创新创业专项课题,定期举办创新创业教育交流会,交流大学生创新训练计划经验,展示专业优势项目在创新方面取得的成果,探讨创业教育动态和趋势,分析创业案例,确保创新创业教育水平不断提高。

拓宽渠道,多方配置创新创业教育资源。①开放校内科研平台,建设校内创业实践基地。开放校内实验室、科研基地、重点实验室等校内科研平台,引导创业学生积极利用校内科研资源。在校内科研基地、实验室等科研平台基础上建设校内创新创业实践基地，将专家、学者的创新创业经验、成果引入到教育教学中，鼓励具有创新创业项目的教师积极吸纳学生共同参与。②内外联动深化合作，多渠道加强校外基地建设。加强校内外社会力量联动，深化与地方政府、行业内单位、科研院所、企业等合作，在已有社会实践、就业创业基地的基础上多渠道加强大学生创新创业教育校外实践基地和创业孵化基地建设，合作建设创业孵化园区，争取科技合作项目，筹措创新创业扶持资金。每年重点建设1—2个校外创新实践基地和创业教育实践基地。

## 六、文明离校教育

河海大学坚持每年开展不同主题的毕业生文明离校教育，引导毕业生树立正确的择业观、就业观，增强爱校荣校、奉献社会的意识，促使学生尽快适应角色转变。学校文明离校教育一般从每年4月开始至6月中旬结束。

开展人格魅力教育。文明离校是对大学生在校素质教育成果的检验。为了让学生以良好的道德形象和人格魅力影响他人，学校组织开展优秀毕业生代表访谈会、师生茶话会、体育友谊赛事、毕业物品设计、毕业留言、学长捐助活动等各种形式有意义的纪念活动，让毕业生总结大学生活的收获，抒发对母校、对老师、对同学以及对大学生活的感念之情。录制毕业文明离校主题视频。组织毕业生党员离校前上好一次党课，开好最后一次主题班会、举办最后一次联谊、最后清扫一次宿舍卫生等活动，为大学生活画上一个圆满的句号。举行毕业典礼和毕业生晚会等欢送毕业生活动，为毕业生举行毕业典礼和欢送毕业生晚会，为同学们提供相互交流的平台及展现个人魅力的舞台。

开展遵纪守法教育。社会是一个大舞台，社会环境错综复杂。为了让毕业生走上工作岗位，尽快适应社会工作环境。学校专门组织了廉洁诚信、遵纪守法的再教育。教育毕业生迈入社会后，要坚守职业道德、行业准则和社会公德，一切按法规制度办事。教育毕业生在工作岗位上廉洁从业，充分认识腐败行为对社会、国家和自身的严重危害，强化廉洁自律意识，提高拒腐防变能力。组织开展针对贷款毕业生的诚信教育，教育贷款毕业生信守承诺，自觉遵守和履行毕业生还款协议，按计划偿还国家助学贷款。

开展励志创业教育。帮助毕业生树立正确的就业观、创业观和成才观，积极引导毕业生到基层、到艰苦地方、到祖国最需要的地方建功立业、励志成才。鼓励毕业生自主创业、知识创业、科技创业、灵活就业，培养爱岗敬业、创新创业意识。重点做好毕业生特殊群体教育，就业困难群体的工作，采取有力措施努力增强毕业生教育工作的针对性和时效性，杜绝因就业问题引发的不稳定事端。

开展心理健康教育。结合毕业生实际，广泛深入地开展谈心活动，做好毕业生的心理辅导、心理咨询工作，有针对性地帮助毕业生处理好求职择业情绪调整的具体问题，缓解部分毕业生因就业压力而产生的焦虑情绪，减轻他们的心理负担，培养良好的心理品质，使毕业生在离校前始终保持健康向上的心态。高度关注毕业论文尚未完成、就业受挫、经济困难、情感困惑以及心理障碍的学生群体，及时沟通，把解决学生实际问题和思想教育相结合，化解学生的不良情绪，保证毕业各项工作顺利进行。

开展安全健康教育。积极引导毕业生自觉遵守法律和校规校纪，维护学校和社会的稳定；以文明的行为和方式告别母校；对离校期间违法、违纪的毕业生，要按照相应的校纪校规进行严肃处理，要加强身体锻炼，保持健康的体魄，开心生活每一天，健康工作 50 年。

## 第二节　行为规范管理

学校历来重视学生行为规范管理。把行为规范管理视为德育工作的重要内容和有效手段加以实施。为了保障学校的教学秩序、工作秩序、生活秩序正常开展，学校依据国家有关的法律法规，制定了一系列的规章制度和管理办法。通过规章制度和管理办法约束、指导、评价学生行为，帮助学生树立正确的行为习惯。

### 一、学生违纪管理

为了维护学校的正常教育教学秩序和良好的学习生活环境，教育广大学生遵纪守法、严于律己，促进学生德、智、体、美全面发展，学校根据《普通高等学校学生管理规定》《高等学校学生行为准则》和《河海大学学生管理规定》等文件精神，结合学校的工作实际，制定了《河海大学学生违纪处分条例》。

《条例》规定学生违法、违规、违纪，学校可视情节给予批评教育或纪律处分。纪律处分的种类分为警告、严重警告、记过、留校察看、开除学籍等五种。根据学生违纪行为类型和违纪后果的不同给予不同处分。

本科学生的违纪处分由学生工作处主管；研究生的违纪处分由研究生院主管。学校对有违法、违规或违纪行为的学生，根据性质、过错程度和认错态度等给予批评教育直至相应的纪律处分。有关职能部门或学生所在学院党政联席会议根据学生违纪情况，对违纪学生做出警告、严重警告和记过处分的决定。留校察看处分和开除学籍处分必须经校长会议研究决定。主管部门对职能部门或学生所在学院党政联席会议做出的处分决定有异议，可依据有关规定要求其重新审议或由主管部门直接按有关规定改变处分决定。学生如对处分决定有异议，有权提出书面申诉，要求学校复议。

## 二、学生住宿管理

为了加强学生公寓管理，规范学生在公寓内的行为，营造安全、卫生、和谐的生活环境，学校制定了《河海大学学生公寓管理规定》和《河海大学学生校外住宿管理规定》，以此规范管理全日制学生住宿相关事项。学生所住寝室、床位由学校学生处统一安排。原则上，本科学生均需在校内住宿，如有特殊原因需校外住宿，取得获得学校批准后方可到校外住宿。

学生进出公寓大门使用门禁卡，按规定时间返回公寓。学校定期对学生进行公寓内节水节电教育和安全教育，特别是防火、防电、防盗教育。学生周末外出（仅限周五和周六晚）不能回公寓住宿者，需要事先向辅导员或学院请假，经批准后，凭请假条到公寓管理站办理外出手续，回公寓时要及时到公寓管理站办理销假手续。非周末时间，学生一律不得在外住宿，特殊情况，必须经学院分管领导批准，批准后其他手续同上。

学生须遵守学校作息制度，按时起床，积极参加室外体育锻炼。学生公寓实行定时统一熄电制度。熄灯后，任何人不得喧哗或影响别人休息。学生在宿舍收看电视节目、使用电话、电脑等，不得影响周边同学的学习和休息。公寓内禁止吸烟、酗酒；禁止一切形式的赌博。

## 三、学生奖学金及荣誉称号管理

学校以公平、公正为原则，制定相应评奖、评优表彰和评选办法，引导和鼓励学生刻苦学习、勇于实践、全面发展，调动学生积极性和主动性，促进学生成长成才。

奖学金及荣誉称号管理。学校成立“河海大学学生奖励评审委员会”。评审委员会由学校主管校领导任主任，学生工作处、教务处等相关部门负责人组成。评审委员会下设办公室。办公室设在学生工作处，学生工作处负责人任办公室主任。各院成立“院学生奖励评审工作小组”（以下简称“评审小组”），负责本单位的学生奖励工作。评审小组由院分管领导任组长，分团委书记、辅导员、教师代表、班导师代表和学生代表为评审小组成员。

奖学金设置及类别。①本科生奖学金主要包括：学校设立奖学金：校长奖学金、优秀学生奖学金，其中优秀学生奖学金包括学业优秀奖学金、学业进步奖学金、精神文明奖学金、科技创新奖学金、社会工作优秀奖学金、艺术体育优秀奖学金等；政府及社会捐立奖学金有：国家奖学金、严恺奖学金、严恺港口航道及海岸工程专项奖学金、徐芝纶力学奖学金、钱家欢岩土工程奖学金、宝钢教育基金优秀学生奖学金、茅以升科技教育基金工程教育奖学金、章梓雄流体力学奖学金、张光斗科技教育基金奖学金、潘家铮水电奖学金等。②研究生奖学金主要包括：学校设立奖学金：学业奖学金、学校助学金、“三助”岗位津贴、特困补助金、特困补助金等。政府及社会捐立奖学金有：国家奖学金、国家助学金、专项奖学金（严恺奖学金、徐芝纶奖学金、宝钢优秀学生奖学金、直博生奖学金等）、国家助学贷款等。③荣誉称号包括：河海大学优秀学生、河海大学优秀学生干部、河海大学优秀学生标兵、河海大学优秀毕业生。

**河海大学本科生有关奖学金（校级及以上）一览表**

| 序号 | 奖学金名称 | 奖项设置 | 参评范围 |
| --- | --- | --- | --- |
| 1 | 国家奖学金 | 不分等级，8000 元/人 | 正式注册的全日制二年级以上优秀本科生 |
| 2 | 宝钢奖学金 | 优秀学生奖：10000 元/人<br>优秀学生特等奖：20000 元/人 | 在籍的全日制优秀本科生，毕业班学生不参加评选 |
| 3 | 张光斗科技教育基金奖学金 | 3 人/年，8000 元/人 | 三年级及以上的全日制在读水利类专业优秀本科生，即水文水资源、水利水电工程、港口航道与海岸工程专业（含大禹学院） |
| 4 | 茅以升工程教育奖学金 | 1 人/年，3000 元/人 | 水文、水电、港航、土木、地学、力材、环境和大禹学院本科学生。 |

续表

| 序号 | 奖学金名称 | 奖项设置 | 参评范围 |
|---|---|---|---|
| 5 | 潘家铮水电奖学金 | 本科生 4 名,6000 元/人 | 水文及水资源工程、水利水电工程、大禹学院(水利类强化班)、农业水利工程、港口航道与海岸工程专业二年级及以上本科生。 |
| 6 | 章梓雄流体力学纪念奖学金 | 不分等级,1500 元/人 | 水文、环工、给排水、水工、热动、农水、港航、海洋、力学等 9 个专业的三年级本科生 |
| 7 | 和汇奖学金 | 20 人/年,5000 元/人 | 正式注册的全日制二年级以上本科生 |
| 8 | 校长奖学金 | 不分等级,4000 元/人 | 应届毕业生 |
| 9 | 严恺奖学金 | 一等奖 3000 元/人<br>二等奖 1500 元/人 | 二年级及以上的全日制在读优秀本科生(每人不可兼得二次) |
| 10 | 徐芝纶奖学金 | 一等奖 1 人,2000 元/人<br>二等奖 5 人,1000 元/人 | 主干课程中含三门及以上力学类课程(多学时)的河海大学全日制在读优秀本科生 |
| 11 | 优秀学生奖学金 | 学业优秀奖学金,1000 元/人;学业进步奖学金,500 元/人;精神文明奖学金 500 元/人;科技创新奖学金 500 元/人;社会工作优秀奖学金,400 元/人;艺术体育优秀奖学金,400 元/人 | 正式注册的全日制二年级以上本科生(以上奖学金可以兼得) |
| 12 | 西部创业奖学金 | 特等奖 5000 元/人<br>一等奖 2000 元/人<br>二等奖 1000 元/人<br>三等奖 500 元/人 | 非西部地区生源的学生到西部就业;毕业生到西部水利、水电等重点单位就业;毕业生到西部基层单位就业。须正式签订到西部地区就业协议的应届毕业生 |
| 13 | 浙江围海奖助学金 | 一等奖 4 名,3000 元/人<br>二等奖 12 名,1500 元/人<br>三等奖 20 名,1000 元/人 | 水利水电工程专业和港口航道与海岸工程专业在校生二年级(含二年级)以上的本科生,用于奖励品学兼优的全日制本科学生。 |

评审条件。获得学校任何一项奖学金和荣誉称号必须符合以下基本条件：①热爱祖国，遵纪守法，坚持四项基本原则，有正确的政治立场；②自觉遵守《普通高等学校学生管理规定》《高等学校学生行为准则》和学校管理制度，品行端正，举止文明；③学习勤奋，团结同学，乐于奉献，自觉维护集体利益，积极参加集体活动、具有团结协作精神；④一、二年级体育考试成绩在80分以上，三、四年级要达到《国家体育锻炼标准》良好以上；⑤积极参加文化艺术与身心健康发展的活动；⑥积极参加校园公益服务活动，每学年参加活动时间不少于20小时，校园公益服务的主要内容为校园卫生清洁工作、校园爱心服务工作、朋辈辅导工作、校级志愿服务活动等，其组织工作由各学院开展，服务时间认定工作由有关单位负责。

评选与表彰。①评选工作应坚持正确的育人导向，使评比工作真正达到鼓励先进、奖优促学、引导学生发掘自身潜力，充分体现学生的自我价值与社会价值的目的；评选工作在学生工作处的组织协调下，由各学院具体实施。②奖学金及荣誉称号由学生本人提出书面申请和个人事迹材料，经学院组织评审，将评选结果公示后，报学校审核批准。③学校对获得奖学金或荣誉称号的学生采用以下方式表彰：颁发表彰文件；颁发获奖证书或荣誉证书；召开表彰大会；向其毕业中学寄发喜报。

## 第三节　学生管理考核

学校在学生管理考核体系中，将德育工作与学生管理工作有机对接，形成了管理工作精细化、考核内容科学化、考核评价制度化的学生管理工作长效机制，使德育工作得到进一步加强。具体做法，学校在每年12月份，依据学生管理考核体系的考核职能分工，组织各个学院的学生教育管理考核工作，考核工作坚持定性与定量相结合、学院自评与职能部门考核相结合、书面材料考核与现场汇报相结合的原则，考评过程分为学院总结自评和现场汇报两个阶段。

### 一、学院书面总结及自评

学院教育管理考核涉及四项工作内容：队伍与制度建设、学生日常教育与管理、心理健康教育、新生入学教育。各学院按照这四项工作内容并参照《学生教育管理工作考核指标体系》（见表4－3）中所对应这四项内容的观测点形成总结，并根据观测点逐条自评打分并附上相应的工作证明材料。

**学生教育管理工作考核指标体系**

| 二级指标 | 三级指标 | 四级指标 | 观测点 |
|---|---|---|---|
| 基础性指标(45分) | 工作规范(10分) | 制度建设(2分) | 有学院各项学生教育管理工作制度汇编(1分);制度健全,更新及时(1分)。 |
| | | 计划总结(3分) | 有学院工作计划和总结(2分);工作计划切合年度学校、学院学生工作要求思路清晰(1分)。 |
| | | 日常规范(5分) | 上报各项奖助学金、学生人数等材料及时准确(3分),两次及以上上报材料不合格此项不得分;参加例会、培训等活动满勤(2分),两次及以上无故缺勤此项不得分。 |
| | 学风建设(19分) | 学习困难学生帮扶(3分) | 每学期与绩点低于3.0学生至少谈话2次,有记录(1分)。积极采取有效措施帮扶学习困难学生,取得明显成效(2分)。 |
| | | 联系家长情况(2分) | 每学期向学生家长以电话或者信件的形式通报学生在校表现及学习成绩(2分) |
| | | 优良学风班、张闻天班建设(5分) | 积极开展优良学风班、张闻天班的创建活动,开展创建活动有举措、有内容(1分);优良学风班获评率与上一学年相比,优于、持平分别得2分,1分;张闻天班获评率与上一学年相比,优于、持平分别得2分,1分。 |
| | | 考分考纪优良(2分) | 加强考风考纪教育,学院每学年因考试作弊违纪率不高于当年全校违纪平均率得2分。 |
| | | 开展学风建设具体举措(4分) | 积极开展学风建设活动,有具体计划和举措,营造良好氛围(2分);注重先进典型学生的培育、树立和宣传(2分)。 |
| | | 学生学业指标(3分) | 学生四级通过率高、因成绩原因转、退学率低,四级通过率与上一学年相比,优于、持平分别得1分,0.5分;转下率与上一学年相比,优于、持平分别得1分,0.5分;退学率与上一学年相比,优于、持平分别得1分,0.5分。 |

续表

<table>
<tr><th>二级指标</th><th>三级指标</th><th colspan="2">四级指标</th><th>观测点</th></tr>
<tr><td rowspan="6">基础性指标（45分）</td><td colspan="3">班级建设(3分)</td><td>积极指导班级建设,积极开展班级工作。班级委员健全,分工明确(1分);各班级每学期至少组织两次主题班会,班会主题明确,学生参与率高(1分);做好江苏省先进班集体申报工作(1分)。</td></tr>
<tr><td rowspan="2">日常管理(7分)</td><td colspan="2">信息反馈机制(3分)</td><td>建立、完善年级信息反馈机制(2分);执行好请销假、校外住宿审批制度(1分)。</td></tr>
<tr><td colspan="2">突发事件应急处理(4分)</td><td>认真落实学校学生安全稳定工作,熟悉学校应对和处置突发事件预案(2分);<br>学生发生突发和违纪事件及时处理、上报,并做好善后工作。(2分)</td></tr>
<tr><td rowspan="3">资助工作(6分)</td><td colspan="2">贫困学生认定(2分)</td><td>按照学校要求认真做好家庭经济困难学生认定,及时更新贫困生库(2分)。</td></tr>
<tr><td colspan="2">困难学生帮扶工作(2分)</td><td>做好经济困难学生的帮教工作,每学期与经济困难学生至少谈心2次,了解学生生活情况,有记录(1分);<br>针对学生具体情况采取有效帮扶措施,积极提供勤工助学岗位(1分)。</td></tr>
<tr><td colspan="2">国家助学贷款申办、困难学生补助(2分)</td><td>认真做好国家助学贷款申办工作,做好困难学生补助发放工作(2分)。</td></tr>
<tr><td rowspan="4">发展性指标（30分）</td><td rowspan="4">队伍建设（14分）</td><td rowspan="4">辅导员队伍建设(7分)</td><td>队伍选聘(1分)</td><td>按照学校下达的年度选聘计划,专、兼职辅导员及时配置到位(1分)。</td></tr>
<tr><td>工作例会(2分)</td><td>至少每两周召开一次学生工作例会,总结、布置阶段性工作,有会议记录(3分)。</td></tr>
<tr><td>业务提升(2分)</td><td>定期组织辅导员开展政治理论、业务理论学习及其他研讨交流活动,有记录(2分)。</td></tr>
<tr><td>培训交流(2分)</td><td>学院积极创造条件组织辅导员进行与外校、学校学院之间的工作交流(2分)。</td></tr>
</table>

续表

<table>
<tr><th>二级指标</th><th>三级指标</th><th>四级指标</th><th colspan="2">观测点</th></tr>
<tr><td rowspan="10">发展性指标(30分)</td><td rowspan="3">队伍建设(14分)</td><td rowspan="3">学生党建工作(7分)</td><td>学生党员发展(1分)</td><td>学生党员发展工作程序规范,手续完备。(1分)</td></tr>
<tr><td>学生党支部建设(4分)</td><td>支部组织健全,分工明确(1分);定期召开党支部大会、支委会,学习文件,有记录(1分);每学期至少开展两次主题党日活动,主题鲜明,效果显著(2分)。</td></tr>
<tr><td>学生党员发挥作用(2分)</td><td>学生党员在日常活动如学风建设、社区管理中能发挥带头模范作用(2分)。</td></tr>
<tr><td rowspan="3">心理健康教育(6分)</td><td>院级心理辅导站建设(1分)</td><td colspan="2">加快院级心理辅导站建设,落实心理保健员配备。(1分)</td></tr>
<tr><td>开展活动情况(2分)</td><td colspan="2">根据学校要求积极开展心理健康教育活动,积极参与校级层面组织的各项心理健康活动(2分)</td></tr>
<tr><td>心理困难学生帮扶(3分)</td><td colspan="2">做好心理困难学生帮扶工作,每学期与心理困难学生至少谈心2次,有记录(1分);时时掌握这类学生的日常动态,做好心理严重困难学生的上报和记录工作。(2分)</td></tr>
<tr><td colspan="2">入学教育及军训工作(6分)</td><td colspan="2">根据相关文件精神,积极开展新生入学教育,有具体计划、措施(1分);入学教育工作有特色(3分);能根据学校统一安排做好新生军训工作,并在军训中深入开展中国梦主题教育(2分)。</td></tr>
<tr><td rowspan="2">毕业班教育(4分)</td><td>特殊学生帮扶(2分)</td><td colspan="2">辅导员要对毕业困难生进行谈心,稳定学生情绪(1分);对家庭困难、就业困难学生积极提供帮助和就业机会(1分)。</td></tr>
<tr><td>文明离校教育(2分)</td><td colspan="2">按照学校部署,做好毕业生文明离校教育(2分);对于毕业班发生严重违反校纪校规的群体性事件年终考核一票否决。</td></tr>
<tr><td colspan="2">其他主题教育(2分)</td><td colspan="2">根据学院实际情况有选择地适时开展好常规主题教育,活动主题明确,内容好,形式灵活,学生参与度高(2分)。</td></tr>
</table>

续表

| 二级指标 | 三级指标 | 四级指标 | 观测点 |
| --- | --- | --- | --- |
| 目标性指标(23分) | 学生评奖评优工作(2分) | | 做好各项荣誉称号、奖助学生的评选、发放工作,公平公正公开,标准严格,程序规范。(2分) |
| | 辅导员获表彰、比赛情况(9分) | 参加各类职业能力竞赛情况(4分) | 参加校级竞赛一等奖至三等奖者,分别得2、1、0.5分;参加校级以上竞赛(高校辅导员论文大赛、职业技能大赛等)获奖者最高得4分。两项累加最高不超过4分,校内校外同一竞赛不可累加。 |
| | | 获得与大学生教育管理类相关奖励情况(3分) | 获得校级相关奖励(1分);获得校级以上相关奖励(3分)。两项累加最高不超过3分。 |
| | | 获得其他资格证书情况(2分) | 根据资格证书与辅导员工作的相关性酌情给分(如国家心理咨询师,或每年有辅导员通过心理咨询师三级考试或者全部辅导员通过心理咨询师三级考试),最高不超过2分。 |
| | 研究成果(9分) | 完成课题情况(5分) | 参与校级思想政治教育课题每项得2分,在省部级课题中作为牵头负责人每项课题得3分,两项累加最高不超过5分。 |
| | | 发表论文情况(4分) | 发表与工作相关的核心期刊论文每篇记2分,国家级、省级期刊每篇记1分,两项累加最高不超过4分。 |
| | 特色工作(3分) | | 在学生教育管理工作的实际开展过程中形成了具有示范性、创新性或临时性的专项工作;有方案、有活动开展的图文材料、有总结,活动内容贴近学生、形式好,学生参与度高、反响好。在校内外有影响力,最高不超过3分。 |

## 二、现场汇报

现场汇报内容包括工作思路和理念、工作方法及成效、特色工作和创新举措等。学校相关部门成立考核专家组,参考学院总结,结合日常工作考察以及学院现场答辩,对学院学生教育管理工作进行综合考核。考核结束后学校相关部门还会根据考核结果对学院提供详细的考核反馈意见,对学院下一年度的学生教育管理工作给出指导性建议和意见。

下篇 03

# 检验篇

检验篇共分四章，集中展现了河海大学多年来德育工作和思想政治教育的理论与实践成果。本篇基于德育理论的指导和德育实践的运用，着重阐述了河海大学在长期的人才培养中，源于德育理论、基于德育实践、成于德育文化，探索形成的具有河海特色的德育成果；重点介绍了河海大学的德育文化风格、德育模式构建、德育队伍建设、德育条件保障等方面的典型成果；突出彰显了河海大学的德育工作理念、德育工作创新、德育文化特色等方面的精神张力。这些典型成果不仅为水利特色高校现代化人才培养做出了重要的德育贡献，同时也为引领水利特色高校德育现代化发展树起了一面旗帜。

# 第七章

# 河海大学德育文化风格

文化是一种力量,是一种影响,是一种情怀,是一种温暖。河海大学在德育工作中,始终把文化建设作为德育工作的重要手段,积极结合学校历史和校园文化特色,培养自身的德育文化风格,充分发挥文化育人的功能,取得了显著的效果。

## 第一节　水文化

水文化是河海大学的特色文化。河海大学因水而生,缘水而长,顺水而为。在近百年的办学历程中,河海大学积淀了深厚的文化底蕴、形成了独特的文化优势。从"河疏湖蓄水利兴、横流浩劫永断绝"的河海使命到"爱国爱水、务实重行"的河海校风;从"河孕育文明,海凝聚智慧"的河海风范到"河润万物、海纳百川"的河海气质;从"上善若水、笃学敦行"的河海精神到"我饮河海一滴水、我献祖国一生情"的河海情怀,处处烙下了水的印记,时时闪耀着水文化的光芒。博大精深的水文化不仅伴随着河海大学的建设与发展,而且植根于海大学的校园文化,形成了独树一帜的德育特色文化。学校深度挖掘水文化内涵和学校水文化教育资源,打造浓厚的水文化环境,用水的精神涵养学生的德行修养,用水利精神浇灌河海学子的心田,取得了良好的德育效果。

### 一、水文化教育

河海大学将"水润万物的奉献精神、海纳百川的博大胸怀、精研求真的学术风格、务实重行的教育传统"等河海精神的诠释内容融入学生的日常教育中,通过打造校园水文化环境、开展形式多样的水文化教育活动,让同学们在别致优雅的校园水文化环境中认识水的特征,理解水文化的真谛,从中修身养性。

打造水文化环境教育学生。在校园水文化环境打造方面,学校建造了大禹、郭守敬、李冰父子、王景、李仪祉等五尊华夏水利先贤雕塑群像;打造了小浪底音乐台、若水广场、"廉池"、"东湖"、林荫大道灯箱等一批水文化景观;以各大河流的名字命名了"长江路"、"黄河路"、"海河路"等一批校园道路名称;各单位还在办公室、实验室、会议室、教室等公共场所悬挂部署水利名人的肖像字画、语录、警句等。通过校园水文化环境打造,让同学在浓厚的水文化环境中不知不觉的接受教育长知识。

开设水文化课程教育学生。在水文化课程教育教学方面。学校开设了《中华水文化》公共选修课,以课堂教学的形式进行水文化教育。尉天骄教授主讲的水文化课程于2013年入选教育部精品课程并通过视频公开授课。通过水文化基础知识和基本理论的教育,使同学们加深了对水的文化内涵的了解,进而增强了知水、爱水、节水、护水的意识。各专业学院还利用学科优势,深入挖掘诸如港航学科文化、水文学科文化等,进一步丰富了水文化的教育内容。

开展水文化活动教育学生。学校每年举办海峡两岸水工程与水文化主题交流营、水文化论坛、水文化培训班、水文化研讨会等活动。开展以水文化为主题的暑期社会实践活动,每年组织的暑期社会实践活动小分队中,2/5的团队与水有关。开展水文化科技创意活动,2008年以来,学校每年举办江苏省水文化创意设计大赛,参赛高校40余所,近200件作品申请专利。开展以水为主题的文化艺术活动;开展咏水诗词、咏水歌曲、咏水文章等征集评奖活动;开展水诗歌朗诵、水歌曲比赛活动;举办山水摄影展、书画展等。极大地丰富了校园水文化活动,浓厚了校园水文化环境,实现了以水文化活动教育学生的目的。

## 二、水文化研究

在开展水文化教育的同时,河海大学积极开展水文化研究,深入挖掘和弘扬传统水文化的丰富内涵,推动水文化发展,促进水文化与时俱进。

成立了水文化研究所。为深入推进水文化研究,河海大学于2010年11月8日正式成立了水文化研究所,作为河海大学开展水文化教育指导、理论研究、规划设计、决策咨询的平台和对外交流的窗口。研究所有专兼职研究人员20余人,其中高级职称9人,博导5人;所长郑大俊教授被聘为中华水文化专家委员会副主任委员。水文化研究所主要工作内容包括研究水文化基础理论,研究江河水文化、区域水文化、城市水文化、农村水文化、工程水文化、景观水文化，开展水文化建设规划设计，进行水文化建设水平评估等。

开展水文化课题研究。学校先后承担了水利部重大项目《传承、发展和弘扬水文化的对策研究》，水利部《水文化建设规划纲要》研究，江苏水利厅重大研究项目《江苏水文化发展战略研究》，江苏省《淮安市"十二五"水文化建设与发展研究》，河海大学重点培育项目《水文化在现代水利中的人文价值研究》，江苏省《南京市水文化建设与发展规划研究》等多项课题研究。规划研究成果受到相关主管部门充分肯定。先后在公开出版的高级别杂志上发表了《水文化研究与水文化教育须双轮驱动》《水文化：现代水利高等教育的重要内容》《人水和谐：水文化教育的时代价值》《现代水利嵌入水文化价值理念的战略思考》《从城市与水的关系看水文化的发展》《关于世界水谷的战略思考》《传承、发展和弘扬水文化的若干思考》等近 30 篇研究论文，在社会上产生了广泛影响。

编写水文化教育丛书。为了普及水文化知识，学校充分发挥学科优势和学术特色，组织了一批专家、学者编写出版了《100 首水歌曲》《100 处水景观》《100 个水传说》《100 种水用具》《100 例水灾害》《100 篇咏水诗文》《100 座城市与水》《100 条江河湖泊》《100 位水利名人》等水文化教育丛书一套（10 本）。丛书系统地介绍了优秀的传统水文化，宣传了可持续发展的治水思路，展示了水利发展与改革成就，彰显了水利精神，是水利宣传的良好平台、文化传播的优秀载体。编写出版了《水文化发展战略研究》一书。

### 三、水文化建设的德育效应

学校开展水文化教育与研究成果，通过传播、渗透和影响，不仅使河海大学形成了自身独特的德育文化风格，而且对广大师生培养良好的道德情操起到了积极的促进作用，发挥了良好的德育效应。

水的精神融入河海学子的精神血脉。由于学校始终坚持以水文化特有的魅力滋润学生的心灵，启迪学生的智慧，激励学生的成长，"水之子"这首校园歌曲，成为河海学子深刻的精神认同。"上善若水"的道德情怀、"献身、求是、负责"的水利精神、"河润万物、海纳百川"的宽阔胸怀，成为河海学子精神追求与道德建构的方向。"对待名利恬淡如水，对待挫折坚韧如水，对待功绩谦卑如水，为人处世透明如水"已成为广大毕业生自觉践行的道德坐标。

爱水爱国成为河海学子自觉的价值追求。通过广泛而深入的水文化教育，广大师生养成了关注水、珍惜水、爱护水的思维与行为习惯，关心水利、支持水利、参与水利、共同谱写水利发展与改革的新篇章，成为河海人爱国爱水的具体体现。“我饮河海一滴水，我献祖国一生情”已成为广大师生的共同心声，成为每一位河海人不懈追求的目标。

水文化滋润河海学子茁壮成长。河海大学在长期的办学实践中，始终坚持以水兴校，以水文化养人，取得了丰硕成果。迄今为止，学校已经为国家水利建设和社会经济发展培养了10余万名毕业生。他们毕业后，抱着“我饮河海一滴水，我献祖国一生情”的爱国爱水爱校情怀奔赴祖国的各条战线，像水一样地融入到国家现代化建设滚滚洪流之中，在各自不同的岗位上默默奉献自己的才华和热血。他们中间有扬帆河海、海纳百川的陆佑楣，鞠躬尽瘁、死而后已的娄溥礼，胸怀如海、为海翱翔的朱熹能，忧国忧民、踏实高尚的沈珠江，公而忘私、热血筑坝的郑守仁，主动请缨、虽苦犹荣的黎安田，务实重行、荣辱不惊的张基尧，严谨治学、创新自信的吴中如，情系水利、执着水利的翟浩辉，谦和为人、身正为范的索丽生，求真务实、不懈探索的周保志，做事先做人的张世英，情系河海、以水为上的曹广晶等为代表的杰出学子。有新时期培养成长出来的全国优秀大学生村官任杰，从军南沙守礁部队首位女军官刘洁纯，参与我国首艘航母建设与管理的赵霜和参与亚丁湾护航的廖遒建等为代表的新一代优秀学子。他们是河海人的杰出代表，是河海水文化浇养出来的德育典范。他们代表的是所有河海学子为人处事的道德风范和价值追求。河海人的道德风范和价值追求就是社会各界的高度评价：“哪里有水，哪里就有河海人奋斗的身影；哪里有水，哪里就有河海大学做出的贡献！”这就是河海大学水文化滋润河海学子茁壮成长真实写照。

## 第二节　科技文化

科技是一种精神，是一种思维方式，也是一种价值观念。河海大学作为一所以工科为主的高校，长期以来，致力于科技文化建设，注重培养学生探索精神、求真精神、创新精神和理性精神，营造乐于创造、热爱科技的校园文化氛围。

### 一、科技创新教学

学校十分重视大学生创新创业精神的培育。为了帮助大学生增强创新创业意识,学校加大了教学环节的改革力度,加大了理论教学与实践教学的紧密结合,将创新创业的内容纳入教学环节,将创新创业的教学效果纳入教学评估的内容,并加大经费投入,保障大学生创新创业精神的培育工作落到实处。

鼓励教师突破以教师为中心、教材为中心、课堂为中心的传统教学局面。教学实践表明,“教师讲、学生听、满堂灌、照单收”的教学方法无法调动学生的主动性,也压抑了学生的个性发展和创新能力的发挥。因此,学校主张课堂教学应力求把教师变成推动学生独立思考的助手,把教材变成学生焕发兴趣的工具,把课堂变成学生开发自我创新潜能的天地。学校鼓励教师在课堂教学中遵循开放性、挑战性、体验性的三原则。开放性原则是指教师允许学生对学习内容作是非判断,鼓励学生敢于并善于打破原有的知识经验和结构,以求另辟蹊径,独树一帜;挑战性原则是指教师在备课和教学当中,留出充分的空间让学生去独立思考,自己去寻求看似已经完成的学习答案;体验性原则就是指教师引导学生亲身体验、模仿某个情景或生活片断,以感受其思考与决策的不易。

鼓励教师在教学中运用案例教学法、活动教学法和讨论教学法。案例教学法是通过对具体事例的讨论分析来提高学习成效的方法。学校开设了“解决问题的模式”的课程,针对具体案例讲述如何从数学、物理学、力学等学生所学过的知识来分析问题,作出方案选择,指导学生从不同学科的角度来探讨同一问题;通过让学生扮演其中的特定角色来体会其创新的新颖性和合理性。这一教学方法不仅极大地吸引了学生的学习兴趣,也大大开发了学生的想象力和问题解决能力。活动教学法就是通过开展特定的教学活动及其讨论来交流、探讨创新的理念。活动教学有的在课堂内举行,有的在课堂外举行,以具体的活动参与来强化创新意识和能力。讨论教学法就是针对某一具体话题展开深入讨论的教学方法。这些方法的运用大大提高了学生的创新意识和创新热情。

突破“示范性”“验证性”实验向“设计性”“综合性”实验转变。在实验教学中,学校要求大胆创新实验教学模式,要求突破原有实验模式,要求从“示范性”“验证性”实验向“设计性”“综合性”实验转变。通过设计性、综合性的实验,发挥学生主体功能,培养学生实验设计能力、实验研究能力、综合分析和解决问题能力,从而提高学生科技创新能力。此外,学校还面向全校开设了“创新与实践”“创造力心理学”等公共选修课,通过课堂教学的方式,直接开展创新与创造力方法的教学。每年有近500学生选修上述课程,这些课程有力地激发了学生的创新思维,取得了较好的创新能力培养效果。

## 二、科技创新实践

科研实践是提升科研能力的重要途径，只有通过专门性的科研实践活动，才能帮助学生进一步理解、巩固所学的理论知识，才能进一步提高学生的知识运用能力和动手实践能力，进而激发学生内生的科研创新潜力。按照建构理论，实践环节应该是指导学生在掌握初步科学研究方法的基础上，让学生自主地去对比实践环节中会出现的问题，然针对这些问题，提出不同的解决方案，以帮助学生提高认知水平，培养学生良好的创新思维模式与能力。

为了帮助学生提高科技创新能力，学校从 2002 年起，投入专项经费重点建设力学创新思维训练室、水力学创新实验室、水利水电专业创新实验室、土木工程专业创新实验室、机电工程创新实验室和电子信息创新实验室。还依托各类实验室，开展各类实践教学。如依托公共、技术基础课教学实验室，国家或省级教学实验中心开展基础教学实践；依托专业实验室、跨专业综合实验室、国家或省级教学实验中心开展专业或综合性实验；依托国家或省部级重点实验室、开放型实验项目和组织开展自主式和开放式实验。为学生提高科技创新能力创造条件，为科研、竞赛的学生提供实验保障，促进学生科技创新能力的不断提高。

学校鼓励学生积极参与内容丰富、相对自由、以兴趣爱好为前提的第二课堂活动，为大学生开辟了较为广阔的天地，充分发挥学生的潜能；注重加强科技创新类社团的建设，有重点地培育核心社团，努力将这些社团培育成大学生校内创新活动的核心，以带动全校学生创新素质培养机制的构建；加强与南京以及周边城市大型企业的合作，为学生提供一定的校外科研实验及创新条件，积极发动和鼓励学生走出校门，在实践中提出问题，创造性地解决问题；选拔和培养一批技术水平高、责任心强的教师参与指导大学生科技创新活动，为课外科研提供技术支持。在学生参加“挑战杯”等大型竞赛过程中，有近 90% 的项目得到了专业课教师的指导，甚至有教师的科研课题资助。实践证明，专业教师的指导和参与是大学生“挑战杯”等重大科技活动取得成效的关键。

学校大力争取政府的经费投入和社会基金的资助，并努力发展和建设产学研合作平台，促使科研经费来源渠道多样化。对于参加创新训练计划和相关创新竞赛中获奖的学生，相关部门制定系统的方案措施给予奖励。近年来学校对在创新方面成绩突出的学生加大了表彰力度，并作为选拔优异生、免试推荐研究生和颁发奖学金的重要依据。

## 三、校园科技活动

开展特色校园科技活动是河海大学科技创新文化建设的重要手段。2006 年，学校提出了科研训练“百十一计划”，即 100% 的大学生受到科技创新教育，10% 的大学生进行深入的科研训练，争取有 1% 的创新成果能够在全国获奖。在这一思想的指导下，学校举办各种层次的科技创新活动，每年全校有 20000 余人次踊跃参与，起到了良好的培养河海学子人文情怀、科学精神和创新能力的作用，丰富了大学生课余文化生活，营造了浓郁的校园科技创新文化氛围。

以科技节引领校园科技活动。自 1988 年开始，为营造一个宽松、自由的科技创新环境，不断强化服务意识、创新活动载体、丰富活动内容，倡导和鼓励大学生求科学真知、树文明新风、强综合素质、做“四有”新人，学校每年举办校园科技节。校园科技节由校团委主办，校学生科协承办，每年下半年举行，为期一个月，至今已经举办 20 届。通过开展多渠道、多形式、全方位、具有时代特色、符合大学生特点的科技活动，为广大学子提高科学素养、培养创新能力、丰富学习生活、营造科学氛围，创造了机遇，搭建了平台，形成了品牌。数十项科技活动受到了同学们的广泛关注，其中“筷子搭桥”活动已成为科技节招牌项目之一，吸引了全校千人参与。南京日报、现代快报、南京晨报、江苏教育电视台等各大媒体都曾对该活动进行专门报道。2004 年，第十六届校园科技节邀请到吴中如院士等数十位教授来观摩指导，鼓舞了同学们的科技创新热情。

以金水节引领研究生科技活动。“金水节”是河海大学研究生科技文化艺术节的品牌名称，因在金秋季节举行，而且独具河海大学水利特色而得名。从 2002 年至今，学校已成功举办十二届金水节活动，活动主题多围绕科技创新、水文化精神传承等，累计开展各种活动 500 余项，十余万人次参与其中。如 2013 年第十一届金水节以“科技点亮未来，文化传承梦想”为主题，分为“筑梦金水　品牌传承”和“悦动青春　学院风采”两个版块，其中“学海争峰”研究生学术年会作为重头戏将鼓励千余名学生做学术报告，邀请百余名学科专家参加报告会并予以指导点评。因活动效果明显，河海大学“金水节”成功入选全国一百个德育工作案例，已成为彰显河海精神，传承河海文化，展现河海魅力的校园科技文化活动品牌，为校园文化建设与发展做出了积极贡献。

鼓励二级学院举办科技活动。除科技节和金水节等全校性品牌校园科技活动之外，各学院可结合自身学科专业特点，举办各类科技创新活动。水利水电学院结合自身学科专业每年举办“坝气十足”坝型设计大赛，受到学生的热烈欢迎。水电院创办的“水工创新杯”比赛，发展成为全国性水利院校的比赛。机电工程学院坚持开展机械创新设计大赛、循迹机器人系列赛、CAD/CAM 培训等品牌活动。学院机器人足“e 龙队”代表河海大学先后在世界杯机器人足球比赛中夺得季军和亚军，并多次在国内各项赛事中蝉联冠军。物联网工程学院科协长期承办了“校区电脑节”、“校区电子设计竞赛暨全国大学生电子设计竞赛选拔赛”、“校区智能汽车竞赛暨全国大学生‘飞思卡尔’杯智能汽车竞赛选拔赛”等科技竞赛活动。力学基地举办力学创新思维大赛。2001 年至今，已成功举办六次，受到《人民日报》、《光明日报》、香港《大公报》、江苏卫视、南京电视台、新华网等众多媒体的关注。此外，自从 2006 年以来，学校连续承办三届江苏省水文化创意设计大赛，每年都吸引不同学科背景学生广泛参与，涌现出近 1000 件优秀作品，有近一半学生申请了专利，受到江苏省发明协会好评。

## 四、科技文化效果

通过教学、实践、校园科技文化活动等全方位的科技创新文化建设，河海大学形成了良好的校园科技创新文化氛围，学生的科技创新意识和创新能力都有明显提高，热爱科技、敢于创新、善于探索成为河海学子精神气质的特征之一。

学生科技创新效果显著。通过设立多维度创新创业实训环节，建设多层次创新创业实训平台，实施多元化的创新创业实训方法，同时加强专利的培育及应用，河海大学为学生打造了一个良好的创新创业平台。近 5 年来，学校累计设立创新创业项目 978 项，资助经费 800 多万，每年有接近 20% 的学生受到创新创业能力训练，5% 的学生取得标志性成果，累计授权专利 440 余项，本科生在各类科技文献中发表论文 239 篇。学校成为为江苏首个专利技术创造与运用实践基地，每年涌现近 200 件学生专利。2012 年，河海大学进入全国发明专利 50 强高校，涌现了堪称设计界的奥斯卡“红点设计概念奖”获得者宋迪颖、专利发明“狂人”朱元涛等一大批科技创新的优秀典型。足球 e 龙队是学校科技创新团队的杰出代表。他们凭借着过硬的技术水平和科技创新能力，7 次代表国家出征世界足球机器人比赛，获得多项冠军，成为在世界足球机器人舞台上的一支劲旅。2013 年，在英国举行的第 17 届 FIRA 世界杯机器人足球赛上，河海大学足球机器人 e 龙队获得两项冠军。

学生课外科技活动水平提高。长期以来，通过实施创新教育、创业教育和创新训练四线并行的教育训练体系,并积极参加以"挑战杯"为龙头的全国、省的各类学生科技作品竞赛,河海大学学生课外科技活动水平不断提高,广大学生的实践能力与创新能力得到锻炼,取得了显著的成效。从 1989 年至今,河海大学参与了十多届"挑战杯"全国大学生课外学术科技作品竞赛(大挑战),共获得国家一等奖 1 次,二等奖 6 次,三等奖 8 次,省级特等奖 1 次,一等奖 3 次,二等奖 2 次,三等奖 2 次,其中于 2001,2003 年获得高校优秀组织奖,报送作品由最初的十几件发展到 2007 年的百余件。除此之外,还参加了全国第三届电脑网络大赛、创新训练计划、江苏省大学生电脑网络大赛等等学术竞赛。曾经获得过江苏省大学生电脑网络大赛特等奖 2 次,一等奖 4 次,二等奖 5 次,三等奖 12 次以及两次最佳组织奖。

在创业教育方面,积极参与"挑战杯"全国大学生创业计划竞赛、江苏省大学生创业计划竞赛等。从 1998 年开始共参与了五届"挑战杯"全国大学生创业计划竞赛(小挑战),获得金奖 1 个,铜奖 1 个,高校优秀组织奖一次。从 2000 年开始参与了四届江苏省创业计划大赛,获得一等奖 2 次,二等奖 6 次,三等奖 4 次,高校优秀组织奖 5 次。2014 年,学校两个项目获得"创青春"全国大学生创业大赛金奖。

## 第三节　体育文化

早在建校之初,体育文化教育就是河海大学的三大教育方针之一。体育教育以服务学生、服务学校,服务社会为宗旨,立足"多",即多层面教育,多组织参与和丰富多彩的体育活动;注重"广",即广泛宣传,广泛发动,使体育活动更具有广泛的群众基础;抓住"新",即运动队创新成绩,采用新的组织形式,增加新的活动内容;强调"育",即寓德育、智育于体育之中,使体育教育成为全面拓展学生素质教育的平台。

### 一、体育与文化相结合

2010 年起,河海大学拓展校运会内涵,将体育竞技与体育文化建设相结合,于每年 10 月举办体育文化节。体育文化节既不同于一般的校园文化活动,也不同于一般的体育活动,而是体育精神培育与体育文化建设的结合、体能教育与德行养成的结合。

河海大学体育文化节由校团委和校体育系联合承办，活动类型丰富多彩。①健身性体育活动，即广播操、太极拳推广、学生体质测试等；②竞技性体育活动，即田径运动会等；③娱乐性体育活动，即体育社团开展趣味体育游戏及传统体育活动等；④创造性体育活动，即自编操表演、体育征文、体育摄影等；⑤观赏性体育活动，即团体操表演及观赏性体育赛事等；⑥综合性体育活动，即体育科普宣传、体育知识讲座和专家咨询等。与体育文化节同时举办的还有由河海大学退休的教职工组成的参赛队伍的老年人文化艺术节。在体育文化节的开幕式上，各院系专业的学生充分发挥多才多艺的本领和安排组织能力，呈现出精彩纷呈的开幕式表演。这些都极大丰富了体育文化节的内涵，扩大了体育文化节的影响力。

形式多样的体育文化活动的举行将体育的感性与文化的理性相结合，以体育活动为载体，为师生提供一方舞台，以公平竞争、团结协作、拼搏进取为宗旨，以"健康、快乐、文明"为目标，培养师生的体育道德素养。这种热烈而激情的文化氛围大大吸引了学生的关注、支持和参与，成为同学们参与程度最高的活动之一。同时，通过体育文化节的举办，师生们树立了新的体育理念和科学的健身方法，养成终身锻炼的习惯，体育成为河海大学师生健康的生活方式。

## 二、体育从每个学生抓起

除了每年10月的体育文化节外，河海大学在日常工作中也坚持体育文化建设，将体育精神和体育文化融入学生的日常生活，注重运用体育培养学生积极健康的生活习惯和公平竞争、团结协作的道德修养。

坚持出早操。河海大学坚持出早操已有近30年历史，活动形式多样，学生早操出勤率95%以上。学校各级领导视出早操为校风建设的一个重要方面，成为学生养成良好习惯的重要内容。学生处、团委、体育系、各单位领导并亲临现场检查督促。

举办各级各类体育赛事。学校每年组织"河海杯"足球赛、乒乓球比赛、篮球比赛、排球比赛、田径赛等校级大型体育赛事。同时，体育系安排教师下到各院，以协助各院开展小型多样的体育活动，与学生处、校团委有效的配合，指导协助学生会、学生各体育俱乐部、体育协会开展乒乓球、网球、体育舞蹈等比赛和活动，使学生保持了较好的健康状况和精神面貌。体育系还协助校工会开展教职工的体育比赛和活动，丰富了校园师生文化生活，使学校的体育活动开展得有声有色建立学生体质健康检测档案。河海大学全面实施《国家学生体质健康标准》，建立学生体质健康检测档案，定期组织学生进行测试，将体质健康测试工作列入教学计划，作为体育课成绩的组成部分；促进了学生自觉的锻炼和参与，提高了学生的健康水平，体质测试合格率几年来一直保持在90%以上。

培养学生体育骨干和社区体育辅导员。学校充分利用高水平运动队人才优势，培养了一大批学生体育骨干和社区体育辅导员，为"学校与社会"体育优势互补、资源共享，为学校体育社会化和全民健身开辟了新的体育服务途径，体现了课内外一体化教学特色和效果，形成了丰富多彩的校园体育文化氛围。

## 三、足球踢出国门

河海大学是由原国家教委批准试办高水平运动队的学校之一。2005年教育部在综合评估基础上，将高水平运动队扩大为足球（男、女）、乒乓球、田径、健美操4个项目。通过学校领导的大力支持和体育系的不懈努力，河海大学创建高水平运动队取得了丰硕的成果。学校培养的运动员先后代表国家参加过世界大学生运动会，代表江苏省参加大学生运动会，代表水利部参加全运会，并多次取得冠军。

在2005年第23届世界大学生运动会上，以河海大学学生为主体的中国大学生女子足球队获得了亚军。2012年7月，河海大学足球队获得2011—2012李宁杯中国大学生足球联赛冠军。2013年河海大学队先后获江苏赛区冠军和由南方16个省区赛冠军队参加的南区赛冠军，闯进全国总决赛获得亚军。河海大学足球队已经踢出国门，为校争了荣誉，为国家争了光彩。

学校重视体育道德风尚建设，对球员的自身素质、自身修养要求严格，倡导热爱足球、尊重对手、善学善用的理念。球队已连续几年获得"体育道德风尚代表队"称号，加上良好的赛事成绩，成为河海大学一个响亮的体育文化品牌。

## 四、健美操享誉世界

河海大学是江苏省首家开设健美操课的高校。多年来，学校从健美操活动的广泛普及到健美操队的快速发展，运动训练技术的不断提高。使得一批一批高水平运动员入校深造，队伍的竞赛成绩不断攀升。

学校在培育健美操发展过程中，始终追踪世界健美操的发展方向。根据不同的教学任务，科学合理地安排健美操的教学内容。根据每个学生的不同条件，从易到难,阶梯式地向上发展,选拔学生骨干,分层次传、帮、带,全面传授教师的教学意图。在教学形式上采用“同步式教学法”,教师和学生同台表演,利用音乐、口令、手势、动作线路和学生共同完成教学任务。这样,既活跃了教学气氛,也培养了学生的竞争意识,又拉近了教师与学生的感情距离。根据统计,有 65% 的学生能熟练地掌握五六种健身方式,有 28% 的学生能够掌握八种健美操运动内容,完全达到了预期的教学目的。

先进科学的训练方式方法,先进理念的教学计划与模式,体现出健美操教学的先进性。学校开发了 CAI 课件,为学生打开了了解健美操奥秘的窗口。学生利用 CAI 课件,可以从头至尾欣赏每一段组合,也可以根据需要随意点击其中某一段画面;从该软件中还可以了解健美操的演变过程,风格流派,不同组合的不同特点,可以随意调出所需要文字、画面、图片背景,动画以及音乐制作过程等,这种按需要选择,自我控制,随意增减的教学方法,选择余地宽、信息量大、知识面广、动作组合新颖、先进,很受学生欢迎,也激发了他们的学习热情,提高了学生的想象力和创造力,为培养现代化的综合类人才开拓了教学空间。

在总结以往教学经验的基础上,学校不断创新教学模式,其目的是培养学生的创造能力和参与意识,做法是号召学生人人争做“小先生”,将所有报名参加健美操训练的学生分为若干教学组,辅导和鼓励学生自选音乐,自编动作组合,组织健美操比赛,向学校推荐优秀组合参加学校庆典活动和艺术节及社会上的公益活动。此举在学生中具有很强的号召力,符合现代教学理念,增强并满足了学生们的参与欲。以往许多没有机会展示个人才华和发展潜能的学生,有了一展绝技的大好时机。这样不仅充分发挥了学生的潜能,展示了学生的才艺,而且也为学生毕业就业和走向社会持续发展奠定了坚实的基础。每年新学期报名参加健美操训练的学生一年比一年多,巨大的市场需求,为我们搞好健美操教学提供了优质资源。由于坚持科学训练,严格要求,规范建设,超前运筹,分秒必争地建设、发展和完善,学校大学生健美操队取得了骄人的成绩。自 2003 年以来,河海大学健美操队获得了 32 次国家级比赛奖项,其中 21 次为冠军。特别是 2006 年,获得了世界杯健美操大赛六人操第一名,世界健美操锦标赛青少年组六人操第二名的好成绩。由于健美操队的突出表现,学校被国家体育总局评为全国群众体育先进学校。目前,河海大学健美操队已经成为河海大学的一张体育文化名片,为越来越多的社会各界人士所关注。

在取得骄人成绩的同时,河海大学健美操队还致力于推进健美操运动的大众化。在校内,健美操队曾多次在文体活动的开幕式、闭幕式公益演出,展现健美操运动的魅力,有计划地推动校园健美操运动大众化,为全面提高师生体育素质做出了新的贡献。在校外,河海大学健美操队在全国健美操界树立了竞技和精神文明建设两方面良好的声誉。学校健美操队曾多次在南京、常州等地市应邀走上社会进行公益演出,为全面提高公民体育素质做出应有贡献。李育林教练曾多次外出为全国健美操学员及教练员做有关健美操的培训讲座;还在本地开办了全国"健美操裁判员培训班""体育社会指导员培训班",为培养健美操人才贡献力量。体育系创立的群众健美操套路和运动评判标准受到国家体育总局有关部门的重视并在全国推广,部分高校体育教研部门来学习借鉴我们成功的经验并与我们进行交流。特别是 2008 年台湾和香港健美操交流团来进行技术和经验交流并举行了友谊赛,增进了两岸人民的了解,发展了两岸友谊,产生了良好的传播效应。

**五、大型团体操磨砺心灵**

自 2001 年以来,学校每年举办大型团体操表演,形成了具有河海特色的体育文化优良传统,成为加强学生爱校教育、培养大学生团队精神、丰富大学生文化生活、深受学生喜爱的校园文化品牌活动,成为促进校园文化繁荣、加强校园文化建设、改进思想教育等方面的有效途径。

为了确定团体操表演主题和方案,学校成立了由分管校领导牵头,宣传部、体育系、学生处、团委、学院等相关部门负责人组成的工作小组,召开专题策划会,围绕当年学校的工作重点以及国家的重大庆祝活动,确定团体操主题和表演方案。大型团体操表演在主题策划方面长期坚持"三个结合",即与社会重大事件相结合、与学校重大活动相结合、与运动会及阳光体育活动相结合。

自 2001 年开始,学校每年推出的团体操都富有鲜明的主题和深刻的含义,使历届运动会或大型庆典活动因大型团体操表演而精彩纷呈。如 2001 年的团体操主题为《走进新时代》和《再创辉煌》(1500 人次);2003 年为《光荣与梦想》;2004 年为《中国朝前走、河海在腾飞》(2000 人次);2005 年校庆 90 周年之际则为《河风海韵》(9000 人次);2006 年主题为《河海、朋友》;2007 年为亚足联南京足球展望开幕式编排《我们永远是朋友》(3000 人次);2012 年华东水利学院校庆六十周年主题为《追梦》(6000 人次)等。

团体操作为学校集文化、体育、素质、和谐为一体的校园建设,其排练、演出的过程就是对学生组织观念的培养和团队精神的训练,使学生在参与的过程中提升素质和能力。大型团体操作为河海大学体育文化建设的品牌活动,充分展现了体育的德育功能,取得了良好的德育效果。

团体操表演是开展新生入学教育和爱校教育的重要内容。团体操排练演出已成为学校大一新生的必修课。参与团体操表演的大一新生占90%的比例。通过气势恢宏的壮观场面和极具时代特色的表演主题,向海内外广大校友生动地展示了学校悠久的办学历史、文化传统和学校精神,充分展示了"河润万物,海纳百川"的河海气魄、"我饮河海一滴水,我献祖国一生情"的河海情怀,"艰苦朴素、实事求是、严格要求、勇于探索"的校训精神,河海学子的精神风貌。这不仅成为河海学生的爱校情怀和生活记忆,也引起广大校友极大的震撼和高度点赞。

团体操表演是培养团队合作精神和良好意志品格的重要途径。大型团体操训练和表演是一个周密配合、共同完成的过程。从组织层面看,需要学校宣传部、体育系、学生处、教务处、后勤处、基建处及各个学院多个部门的协调配合,不仅能够提升学校的总体协调能力与综合管理水平,也能够培养学生的合作精神和集体主义观念。2005年为校庆90周年编排的大型团体操《河风海韵》参演人员达9000余人,2012年华东水利学院校庆六十周年大型团体操《追梦》参演人员6000人次,如此规模庞大团体操的成功没有密切配合的团队精神是不可能完成的。同时,为练好一个画面,走完一个图形需要花费大量气力,要出精品还要经过反复修改,这就培养了学生艰苦奋斗、勇于拼搏、不怕苦、不怕累、不达目的决不罢休的坚强意志品质。

团体操表演是训练学生遵守纪律和养成文明行为习惯的重要手段。团体操参演人员多,组织训练,队伍调动难度大,所有参演人员必须严格遵守纪律,听从指挥,步调一致,这对提高学生的自我约束力,自觉遵守纪律起到了重要作用。在排练过程中会遇到很多问题,例如,训练中产生的同学间矛盾冲突,道具的使用、保管与维修,场地的整理,各种器材的布置与收交等,解决这些问题的同时,就是在培养学生团结互助、宽以待人、文明礼貌、热爱劳动、爱护公物的文明行为习惯。

团体操表演是深入开展高校审美教育和情操教育的重要载体。追求美是时代赋予教育的内容,是学生的心理需求。团体操集精神美、形体美、动作美、造型美、音乐美、队形图案美、服饰道具美、灯光效果美于一体,使学生在运动的同时产生出各种心理效应,从而得到精神的净化,情操的陶冶,心灵的愉悦和情感的升华,达到审美能力的提高,而审美能力的提高又反过来促进学生审美理想的追求,激励学生在欣赏美,感受美的同时,勇于创造美,不断为实现美的生活而奋斗,从而达到了学校审美教育和情操教育的要求和目的。

## 第四节　社区文化

学生社区是学生生活和学习的主要场所，也是学校德育工作重要阵地及载体。河海大学围绕高校学生宿舍管理"服务、管理、育人"的三大基本职能，以培养学生良好生活习惯，提高学生组织纪律观念，保障正常教学秩序，促进学生的德智体全面发展为目标，全方位开展学生社区文明和社区文化建设工作，充分发挥学生社区的德育功能。

### 一、辅导员入住社区

学校高度重视学生社区建设工作，充分认识学生社区在管理育人、服务育人方面的重要作用。一方面，加强辅导员入住学生社区的工作力度，使思想政治工作者深入学生社区，走进学生日常生活；另一方面，建立和完善学生社区的组织架构，充分发挥学生在学生社区中自我教育、自我管理、自我服务作用。

从新生入学开始，即安排学生辅导员全部入住学生公寓，明确辅导员在公寓内的主要工作，做到"同住、知情、关心、引导"，以加强辅导员与学生之间的及时沟通和全面了解掌握学生的学习、生活和思想状态，帮助和解决学生的具体困难。学生生活学习"上轨"后，即二年级开始，辅导员每周深入学生宿舍不少于两次，主动了解学生的学习、生活和思想状况，引导学生正确处理问题，帮助学生解决实际困难，做好学生的思想政治教育工作。同时各学院也相应安排了特定的时间、地点，方便学生与辅导员及时沟通交流，从而有力地保障了社区活动的开展。

为了充分发挥学生的作用，学校在每栋宿舍楼都建立了宿舍楼长、层长制度，协助辅导员、宿舍管理员监督执行各项制度和化解矛盾，加强学校、物业、学生之间的联系与沟通，提升学生自我教育、自我管理、自我服务的能力。学生社区成立了以"自我教育、自我管理、自我服务"为宗旨的学生自律组织——学生公寓自我管理委员会，简称"自管会"。自管会代表广大同学的利益和要求，参与学生公寓的日常管理与服务。

## 二、党员骨干示范引领

为了发挥学生社区党建与精神文明建设的作用,学校加强了社区示范群体的建设。为了突出社区文明示范效应,学校在学生社区设立了“党员先锋岗”。目的在于把学生党建工作向学生社区延伸,促进学生社区党建工作和学院学生党建工作的结合,学生社区党建工作和学生社区管理工作的结合。充分发挥党组织在学生社区思想政治工作中的统领作用。一方面,促使学生党员不断增强党员意识,在思想、学习、生活、纪律、卫生等方面发挥模范带头作用,学生在社区的表现列入党员发展的参考条件,学生在党员发展前须书面征求同宿舍同学和社区管理站意见,将学生参与学生社区活动情况作为组织发展、转正、考核的重要依据。另一方面,组织开展形式多样的学习教育活动,充分发挥学生党支部在学生社区的战斗堡垒作用和学生党员的先锋模范作用,做好学生的思想政治工作。

开展学生社区示范群体评比活动。学校坚持每学年都开展文明宿舍楼栋、文明宿舍楼层、文明宿舍、特色宿舍等一系列学生宿舍示范群体评选创建活动,使单纯的卫生评比转变为卫生、学习、道德、兴趣等相结合的综合评比,评选内容更加丰富,评选形式更加多样,充分调动了学生参评积极性。同时,将学生在公寓的表现纳入德育考评,提高学生在公寓管理工作中的积极性和主动性。

通过以“文明宿舍”“特色宿舍”等创建和评选,发挥示范群体的引领带动作用,在学生宿舍形成争优创先的浓厚氛围,打造积极向上、文明健康、和谐稳定的学生社区。《河海大学报》(2013 年第 604 期)以《推动示范群体工程,建设和谐校园文化》为题,对 2012—2013 学年“特色宿舍”创建活动成果进行了报道。近些年来,河海大学学生宿舍卫生成绩优良率始终保持在 85% 以上,文明宿舍比例达 40%。每学年共有学业示范宿舍、党员示范宿舍、科技创新宿舍、文体标兵宿舍、环保宿舍、爱心宿舍、民族特色宿舍 7 种类型近百个宿舍获得认定。

## 三、社区文化活动

学校积极推动学生社区开展积极向上、健康有益的文化活动。以一年一度的“学生物业一家亲”和“学生公寓文化节”为活动平台,打造特色品牌社区活动;以爱国卫生月、毕业生文明离校、“河海中秋夜”、“11.9”消防日等为依托组织主题性社区文化活动;把学生社区文化建设和学生的思想政治教育、素质拓展有机结合起来组织经常性的社区文化活动,充分发挥社区文化的育人功能。

开展社区文化嘉年华——公寓文化节活动。学校自2003年起,每年10月底至12月初举办“公寓文化节”,至今已经连续举办了十二届。作为校园文化建设品牌活动,公寓文化节活动内容贴近学生、关注社区服务、突出社区特色,涵盖消防安全及心理知识普及、社区文化活动、学生宿舍及管理站风采展示等多个方面,在同学中间产生了广泛影响。如2013年以“今寓良园”为主题的第十一届公寓文化节,贯穿整个11月份,期间举办了楼道歌手大赛、社区书画大赛、消防安全系列、宿舍风采系列、管理站风采系列、学生与宿管人员交流系列活动,吸引了学生、物业管理人员的广泛参与,参与人数超过5000人次。

开展学生物业一家亲——大型户外健身活动。大型户外健身活动以“学生物业一家亲”为主题,是以密切学生与物业管理人员之间联系为宗旨的第二大品牌性社区文化活动。由学生处主办,学生自管会具体承办,以楼栋为单位,由社区管理人员和学生共同参与。活动在学生社区举行,包括各种形式的趣味性体育活动。如2014年的学生物业一家亲活动由拔河比赛、跳长绳比赛、三人四足比赛和趣味接力比赛四个部分组成,四场比赛同时在学生社区骏园广场进行。其中,拔河比赛的气氛最为热烈。同学们参与热情高涨,在宿管阿姨们的带领下,选手们在场上奋力拼搏,场外的观众不断地呐喊助威。同时,长绳比赛也吸引了许多同学驻足观看。此外,三人四足趣味接力也为此次活动增添了不少欢乐的氛围。“学生物业一家亲”活动不但丰富了同学们的课余生活,而且增进了学生与宿舍管理站之间的沟通、理解与交流,营造了和谐愉快的学生社区生活氛围。

开展书香浸社区——“读书月”活动。2007年起,河海大学每年举办“读书月”活动,在学生社区掀起了读书热潮。举办“读书月”活动的宗旨是:温馨阅读氛围,引领读书风尚,繁荣校园文化,促进学子成长。“读书月”期间,学校评选十大“读书之星”、举办征文和摄影比赛、系列专家讲座、制作宣传的活动展板、编辑了“读者月”相关资源推介的文本,也同步进行电子资源的培训,活动内容十分丰富。发展至今,一年一度的“读书月”已经成为河海大学校园文化的一个品牌,为在全校崇尚读书风尚,营造读书氛围,激发师生读书兴趣,提高师生人文素养,打造清新高雅、健康文明的校园文化起到了积极作用。

开展开放心灵——“心理健康月”活动。举办大学生心理健康活动月,广泛开展第二课堂心理健康教育活动,是开展普及性心理健康教育的重要形式。心理健康月活动的主要内容有:“心知堂”心理健康知识系列讲座,“大学生心理健康之情绪管理”系列讲座,“快乐行动”心灵Party,心理健康主题班会,心理短剧会演,心理电影赏析,心理故事接龙,心理健康征文,心理教育沙龙,心理健康海报及漫画设计竞赛,“美丽心灵大发现”摄影大赛,“辩出我们的心声”辩论赛,“阳光天使”培训,“关爱他人,关爱自己,让生活充满阳光”签名活动,“生活有你更精彩”心理素质拓展活动,“关注心理健康,共建和谐校园”心理健康知识宣传,心理健康教育巡礼展等。让同学们在丰富多彩的心理健康教育活动中潜移默化提高自己心理素质,把自己打造成为身体、心理和谐统一、全面发展的人。此外,在学生社区还举办了“感恩河海、寄语母校”毕业生文明离校活动、“河海中秋夜”、爱国卫生月、11.9 消防安全知识竞赛、“学生社区周末影院”、“学生社区电器义务维修队”、“学生社区爱心超市”、“学生社区访谈室”,“学生社区书法、绘画大赛”等丰富多彩的社区文化活动。

通过丰富的学生社区文化活动,为学生们搭建起了奉献爱心、展示才艺、丰富业余生活的平台,锻炼和提高了学生各方面的能力,而且对构建和谐、文化学生社区起到了积极的作用。河海大学富有特色的社区文化工作获得了社会的认可。教育部简报以“河海大学七项举措加强社区文化建设”为题报道河海大学社区建设;2005 年,河海大学在江苏省教育厅创建“文明宿舍”评比中,获得了“江苏省高等学校文明宿舍先进单位”,这是对社区工作的充分肯定。

## 第五节　公益文化

仁者爱人。日行一善,每天做一些力所能及的事情,帮助更多的人,社会就会更加美好和谐。公益,本质上是现代社会条件下的仁爱,是个人或组织自愿通过做好事、行善举为社会公共利益服务的现象。公益文化的本质是一种爱心文化、慈善文化。河海大学在德育工作中十分重视公益文化建设,通过建立公益活动机制、搭建公益服务平台,鼓励学生参与公益、实践公益,在校园里营造起热心公益、关心他人利益的爱心文化氛围。

### 一、认定公益服务学分

公益服务是彰显现代高校大学生道德水平和精神风貌的最好形式。河海大学对大学生参加公益服务高度重视。并将公益服务活动纳入学生的必修课,计入学分,从制度上加以保证。

2008年,河海大学制定了《河海大学素质拓展学分的实施及认定办法》,办法对学生公益活动的相关要求作了制度安排。①学生公益活动特指一定的学生组织或学生个人根据自身的能力和条件向社会捐赠时间,精力和知识等系列活动。②学生公益活动的主要内容包括社区服务,环境保护,知识传播,帮助他人,社会援助,社会治安,青年服务,慈善,社团活动,专业服务,文化艺术活动,国际合作,等等。③学生公益活动学分认定和制度安排,全日制本科生必须修满大学生公益活动1个学分。所有计算学分的公益活动,必须经过校团委认定,认定后的项目可由各单位组织实施。大学生公益活动以次计算,满16次记1学分。

通过公益服务学分认定制度的建立,参与公益、实践公益,用自己的行动为他人和公共利益服务成为河海学子的一种自觉习惯。许多学生走向地铁站、走进孤儿院、养老院提供志愿服务;一些学生利用暑期参加支教活动;学校内部,志愿电器维修、为女生擦电风扇等也随处可见。

## 二、搭建公益服务平台

搭建公益服务平台,培育公益爱心文化,学校于2008年创办了爱心超市。爱心超市经过多年的不断发展,已成为学校扶贫济困的重要公益服务平台。成为集公益资源集聚平台、创业教育实践平台、线上线下互动平台于一身的综合性校园公益服务平台——衍爱高校公益平台。

衍爱高校公益平台的服务宗旨。以“涓涓细流,汇成河海;爱火不息,衍爱不止”为理念,为有志于奉献爱心、参与公益事业的爱心人士提供参与平台。立足于校园公益,通过自我经营、吸收校内外慈善资源,进行资源汇集,对参与志愿者进行创业训练;通过“线上线下”双运作模式,进行资源交换与优化;通过物质帮扶、心理辅导、能力提升等方面的实施,满足高校学生及校外需要帮助的人的物质精神需求。通过衍爱公益平台的运作,增强大家的公益意识和奉献精神,自助互助,乐享公益,将爱心传递,弘扬爱心文化,让奉献爱心和传递爱心成为大家的一种生活方式。

衍爱高校公益平台的运营模式。衍爱高校公益平台是一个以“爱心、奉献、交换、提升”为宗旨的有机结合线上线下双平台的资源交换公益平台,在平台后有自营“衍爱”爱心账户提供资金保障。在整个商业模式中,平台承担了两重角色:一是作为中间机构在第三方企业、校外其他机构和学生之间进行“资源募集与有效配置”;二是作为经营者通过线上线下双平台直销校园文化产品、经营日用品及服装等相关产品,与此同时提供相应服务,便捷学生,保障公益平台公益造血功能。在整个平台的交换过程中,对家庭经济困难学生进行资金和相应培训的资助,提升高校学生适应社会与职场的能力,针对广大普通学生,在交换与奉献的过程中,获得自我思想及能力提高的机会,有效提高高校学子的社会责任感。资源交换模式分为三类:企业版、家庭经济困难学生版和普通在校生版。

衔爱高校公益平台的业务范围。衔爱高校公益平台通过爱心超市的实体经营和网络平台运作,实现业务活动丰富多样的发展需求。主要业务活动有经营爱心超市、爱心创业田、爱心生活管家、兼职实习信息平台、心灵畅聊室、技能提升台、公益文化展、爱心拍卖会、真人图书馆、农民工子弟一对一帮扶教育、一对一愿望树等。

衔爱高校公益平台的运营效果。经过六年的实践,衔爱公益平台取得了令人满意的成果。六年来,衔爱高校公益平台吸收家庭经济困难学生和志愿者六百余名。这些学生在这个平台得到了很好的锻炼和提升,有的同学继续读研深造,有的同学自我创业或从事理想的工作。同时,依靠平台实力,吸收社会慈善资源价值一百多万。在物质、精神和能力等方面帮助高校学生万名,被江苏电视台、《新华日报》《中国青年报》《扬子晚报》《现代快报》《南京晨报》《江苏教育报》、人民网、新华网、网易新闻等40余家媒体争相报道,引起了广泛的社会关注。此外,通过平台成员的爱心行动,感染周边人,教会河海学子什么是爱与被爱,通过点滴爱心,汇集大爱,传播爱心,形成良好的公益氛围。2014年,衔爱公益平台获得“创青春”全国大学生创业大赛金奖。

# 第八章

# 河海大学现代德育模式构建

尊重人的个性，引导个性更好地发展并充盈于个人生活，将德育走向生活，是现代德育区别于传统德育的重要标志。河海大学在现代德育探索中，认真分析新形势、研究新情况，积极探索学生个性发展和成长成才规律，不断创新学生德育工作新途径、新方法、新手段，将德育工作与学生日常生活相结合，形成了具有自身特色的现代德育模式，取得了显著的教育效果，赢得了社会和同行的广泛好评。

## 第一节 本科学生教育模式

河海大学在长期的办学实践中积极探索本科人才德育模式，逐步形成了学生教育培养的“五大体系”。“五大体系”是学校本科学生日常德育工作体系的总称。具体指教育教学融合的培养体系；教师、辅导员和管理人员协同的教育体系；知识、技能和素质兼修的学习体系；招生、培养、就业“三位一体”育人体系；日常工作、特色项目和专项研究配套的工作体系。“五大体系”既涵盖了学生在校期间教育教育管理的各个方面，又强调了学生教育培养的主要环节；既是学生长期德育工作的经验总结，也是学校长期开展学生教育培养的思路和格局。

### 一、教育教学融合的培养体系

教育和教学是高校人才培养的重要两翼。在我国高校，由于历史和体制原因，学生日常教育工作通常由学工、共青团系统具体实施，教学工作则由教学系统实施。学生日常教育和教学分属两个系统，由两支队伍主抓，在一定程度上造成了教育教学两张皮现象。河海大学在长期德育工作探索中，注重促进教育教学的相互融合，通过两个系统的交流对话、相互合作，共同促进了学生日常教育和教学相辅相成，共同实现德育目标。

学校每年共同举行教育、教学工作会议，在人才培养的理念、管理模式、培养过程、评价方式等方面达成共识。结合当前国家经济社会发展，尤其是水利发展形势以及毕业生就业、发展情况，适时优化人才培养方案，研究出台相关政策措施，解决教育、教学中存在的薄弱环节，使教育与教学、课内与课外相辅相成，形成合力。

在召开教学工作例会和学生工作例会时，教务部门和学生工作部门互派分管领导参加，相互通报情况和信息，共同商讨制定解决措施，及时将问题解决在萌芽状态。四门思政课教师给辅导员上课，辅导员向思政课教师沟通学生思想政治状况，同时共同探索提升思想政治教育质量的途径和方式。

## 二、教师、辅导员和管理人员协同的教育体系

教师、辅导员、管理人员作为高校学生教育管理的三支队伍，在高校人才培养工作中分别承担教书育人、服务育人、管理育人的功能。河海大学在长期德育实践中，致力于构建教师、辅导员、管理人员相互协调、密切配合、协同育人的教育体系，努力做到全员育人，为学生的成长成才提供有力保证。

为了促进教师、辅导员、管理人员的配合沟通，每学期学院分管教学工作的副院长和分管学生工作的副书记联合召开任课教师、辅导员、班导师以及学生代表的座谈会。一方面，帮助任课教师了解学校学风建设、日常管理等方面的培养目标、管理措施和主要任务；另一方面，帮助辅导员、班导师了解学风、学习效果、课堂教学情况等。通过三支队伍的沟通交流，找出学生教育管理中存在的问题，提出可行的整改措施。

学校赋予教师、辅导员和管理人员共同的育人职责，要求教师、辅导员和管理人员在教学、管理、服务的过程中承担起教育培养的责任，帮助学生成长成才。一方面，加强辅导员、班导师的选配工作，明确辅导员、班导师的职责，共同做好学生的教育管理工作，同时积极探索本科生导师制的试行。另一方面，管理人员在做好学生管理工作基础上，深入了解学生思想政治状况，及时与辅导员交流；辅导员结合管理人员掌握情况，深入学生开展有针对性思想政治教育工作。

此外，学校重视发挥学生的主体作用，组织学生积极参与教师教书育人满意度评价、管理人员和辅导员工作作风评议，为全员育人体系的完善提供动力源。

## 三、知识、技能和素质兼修的学习体系

学校主张学生的学习应该知识、技能和素质兼修,不能厚此薄彼,更不能顾此失彼。为此,学校建立了"课堂教学、校园文化、社会实践"三位一体人才培养途径,帮助学生实现在掌握知识的同时,提升技能,发展综合素质。

抓课堂教学营造学生学习的良好氛围。学校一贯重视本科教学工作,始终强调人才培养的根本地位、本科教学的基础地位和教学工作的中心地位。学校定期召开全校教育教学工作会议,就加强实践教学与教育教学合力、提升学生发展能力等议题进行专题研究,着力解决教育教学中的重点难点问题;建立各项规章制度保障教学工作,如教学工作例会制度、领导干部听课制度、班导师与辅导员联席交流制度等。通过多种途径,形成了领导重视教学、教师倾心教学、科研促进教学、政策支持教学、条件保障教学、管理服务教学的良好氛围。

抓知识传授引导学生技能培养和素质提升。一是抓好实践教学。学校建立了以水利土木优势学科为特色,多学科协调发展,教学科研并重,多层次、开放性的实验室格局,强化学生工程实践能力与创新创业能力培养。二是加强文化素质教学。学校依托国家大学生文化素质教育基地,打造特色鲜明的大学生文化素质教育精品课程群,鼓励学生选修不同高校不同学科的文化素质教育课程,扩大学生视野,丰富学生阅历。

抓校园文化建设提升大学校园文化品位。学校持续深入开展校园文化建设,打造"博雅大讲堂""博雅剧场"品牌,提升大学生人文素养。"博雅大讲堂"遵循"以博笃学,以雅敦行"的理念,以实现大学生"文化生活家"为目标,力邀国内外著名学者、大家来校做报告,营造浓厚的大学文化氛围,丰富大学生校园文化生活。2013 年,著名历史学家张岂之、著名表演艺术家六小龄童等专家受邀来我校做报告,为广大师生奉献了风味各异的文化素质"大餐"。"博雅剧场"是博雅系列的活动之一,其宗旨是介绍和传播世界优秀的电影文化,提高大学生艺术鉴赏能力和文化品位。每期影片坚持"传世经典、内涵深远、传颂文化、寓教于乐"的选片原则,由本校电影爱好者推荐,并且担当剧场主持人,负责影片介绍、观众互动等环节,是一种集学习、观赏、娱乐于一体的学生活动。2013 年,学校共放映影片 23 部,参与人数达 2571 人次,产生了极强的品牌效应。

抓社会实践活动促进学生理论与实践的有效结合。不断提升学生解决实际问题的技能和素质,尤其强化学生社会责任感、创新精神和实践能力,促进学生的

全面发展。学校建立了暑期社会实践“333”模式,将暑期社会实践贯穿于大学四年间的三个暑假,每个暑假有重点开展不同主题的社会实践,一年级学生以“认识实践”为主,二年级学生以“工作实践”为主,三年级学生和研究生以“生产实践”,逐年递进、系统培养。2011 年,在中央 1 号文件颁布《中共中央 国务院关于加快水利改革发展的决定》背景下,学校开始实施“百团行动”,深入基层水利一线,服务水利发展。2011—2013 年共组织 30 余支省级重点团队、300 支校级团队、千余支院级团队奔赴全国 26 个省、市、自治区开展实践活动,学生受到了深刻的国情、民情和水情教育。

### 四、招生、培养、就业“三位一体”育人体系

招生、培养、就业是高等学校教育对象的输入、加工、输出三个环节,三者相辅相成,相互影响。河海大学在育人实践中,注重将招生、培养、就业三个环节贯通一体,建立了招生、培养、就业“三位一体”的育人体系,充分发挥每一个环节对其他环节的促进作用。

促进了招生就业联动。一是根据就业情况优化专业调整。学校高度重视就业对专业设置、招生的反馈约束机制。校领导明确指出,要立足学校特色,建立以水利及其相关领域需求为导向,以特色优势学科率先发展为龙头的就业、招生、培养联动机制。因此,学校根据就业情况和毕业生跟踪调查,从专业布局和战略发展角度,对招生及专业设置进行调整,最终形成优化调整方案。如根据 2011 年毕业生质量跟踪调查结果,新增新能源科学与工程、物联网工程两个战略性新兴产业相关专业;暂停招生工商管理、经济学、电子商务等六个本科专业;资源环境与城乡规划管理、电子信息工程减少招生计划;增加了水利类专业及中、西部等行业、区域招生计划。二是在招生环节宣传就业去向。学校招生宣传材料展示毕业生就业去向,使学生在专业报考中结合自身兴趣和可能去向,提高报考针对性。

促进了就业培养互动。学校每年走访用人单位,定期开展毕业生跟踪调查,从用人单位和毕业生角度了解学校人才培养的得失利弊,根据调研反馈情况调整人才培养方案。如学校根据 2011 年毕业生质量跟踪调查结果修订的《2012 年本科生培养方案》加大了选修幅度,学生可根据自身兴趣在全校范围内自由选择修读一定学分的课程;提高了实践比例,将理工科专业的实践教学课时比重增加到 25% 以上,文科专业的实践教学课时比重增加到 20% 以上;加强了国际化培养,推进与国外高水平大学联合培养本科生项目实施,增加了全英语教学课程门数;考

虑了个性化学习,遵循"以生为本"的理念,设置弹性专业选择制度。学校为全国首批61所"卓越计划"实施高校,制定了校企联合培养人才的机制,完善了行业、企业参与人才培养的联动体系。

促进了招生培养贯通。注重在招生环节把好入口关。在自主选拔录取、保送生等特殊类型招生中,充分调动专业教师力量,研讨和制定具体选拔测试方案,提高所招收学生的培养潜力,使招收的学生符合入校后培养发展需要。同时,通过科学化开展招生宣传、建立生源基地等方式,全面、稳定提高生源质量,为人才培养质量提升打下良好的基础。

**五、日常工作、特色项目和专项研究配套的工作体系**

河海大学在育人实践中,不断探索人才培养的成长规律。学校通过狠抓日常工作打基础,突出特色项目显亮点、开展专项研究出精品,形成了具有河海特色的学生教育管理工作体系,促进了大批优秀人才成长。

狠抓日常工作,打牢德育基础。为使日常工作有条理、出效益,学校不断推行模块化工作。在入学教育上,设立思想政治、校纪校规、心理健康、专业学习、诚实守信、职业生涯和安全防范教育七个模块;在毕业生离校教育上,设立理想信念、诚信廉洁、就业创业、感恩母校、心理健康、安全教育六个模块;在学生骨干培养上,设立理论学习、素质拓展、参观实践三个模块。通过"763"模块的运作,打牢学生日常教育管理基础。

打造特色项目,彰显学校亮点。河海大学是一所特色鲜明的国家水利重点大学。水利特色是河海大学的生命线。学校为了发展河海校园文化,打造河海德育特色,以培养学生骨干为抓手,带动全校学生德智体美劳全面发展,先后打造了五个德育特色项目。即以培养现代化水利建设人才为目标,着力提升大学生综合素质促进大学生全面发展的"1442 工程";以坚定社会主义理想信念为目标,着力培养中国特色社会主义事业的建设者和接班人的"青马工程";以解决大学生经济困难为目标,着力培养大学生自强自立和增强公益服务意识的"爱超工程";以创建优良校风学风为目标,着力倡导和推动同学之间互帮互学共进的"朋辈帮扶工程";以培养现代优秀军人为目标,着力提升国防生军政素质和科学文化素养的国防生教育示范群体。这五个德育特色项目,经过多年的探索、实践、打造、完善,不仅取得了丰硕成果,而且在社会上产生了广泛的影响。

开展专项研究,发展现代德育。为了推动现代高校德育发展和进一步完善学校德育工作体系,学校十分重视德育方向的研究工作。注重依托学生工作研究会下设学生党建与思想政治教育研究、学生事务管理研究、学生心理健康教育研究、学生素质拓展研究、学生就业指导研究等五个分会,分组分类分重点开展德育理论和德育实践研究,提升德育队伍科学研究水平,促进德育工作科学化发展。近年来,学校学生工作研究会着力开展了大学生素质模型及提升路径研究。通过研究,建立了以思想政治素质、科学文化素质、专业素质、能力素质、创新素质、身心素质为核心的素质模型,并形成了各个素质提升的路径。学生素质模型与提升路径研究为开展全面素质教育、培养学生个性发展提供了理论依据和实践参考,同时在一定程度上促进了学校现代德育模式的建构。

## 第二节　研究生培养模式

河海大学研究生教育规模(总人数)接近上万人。与以往相比,研究生群体呈现出学生年龄偏小、学风训练偏少、素质训练偏少、社会经验缺乏等特点,使研究生人才培养面临极大的挑战。为了面对新情况适应新形势,学校结合研究生新特点,搭建了人文教育、学术交流、社会实践和社团活动四大平台,取得了显著的教育效果。

### 一、搭建人文教育平台

河海大学高度重视研究生人文教育平台建设。为了在工科为主的校园文化中营造浓厚的人文教育环境,促进研究生人文素养的有效提升,学校于2003年举办了首届"金水节"。"金水节"是学校研究生科技文化艺术节的雅称,是提升研究生综合素质教育的重要平台。"金水节"至今已成功举办十一届,形成了学校统一领导、研究生院和党委研究生工作部主办、学院和研究生社团承办的良性运行机制。

"金水节"以彰显传统文化底蕴、体现时代特点、服务研究生需求、激发研究生主体意识为目标,坚持人文教育与工程教育相结合、水利文化与校园文化相结合、主题活动与系列活动相结合、爱国爱党与爱水爱校教育相结合、文化素质与身体素质相结合。迄今为止,历届"金水节"的主题为"扬河海精神,铸创新人才""科学与人文相融,传承与创新并举""承河海九十底蕴厚积薄发,创金水三度辉煌继往开来”“山高才为峰,学术德为先”“科学人文强素质,求实创新展风采”“青春之风舞动梦想,智慧之水创造辉煌”“创新点亮青春,学术成就未来”“文化启迪人生 创新成就未来”“金秋十载 水韵河海”“科技点亮未来,文化传承梦想”。“金水节”各类活动以示范性、互动性为特点,确保“人人有舞台,个个是主角”。在此基础上,学校又于2010年开始,为研究生开设了1个学分的综合素质课,以专题讲座的形式开展人文教育。专题讲座主题涉及学校历史、发展规划、专业建设、学科动态、文化建设、科研方法、国际视野、就业指导、廉政文化、党建创新、素质拓展等,由于内容契合研究生兴趣,讲座质量高,研究生参与热情空前,场场是座无虚席人满“为患”。

**二、搭建学术交流平台**

学术交流既是培养创新人才的重要内容,更是激发研究生问题意识、创新意识和自觉追求学科前沿的主要环节。学校研究生学术交流平台建设着眼于学科发展前沿问题和经济社会热点问题,范围上注重校内校外、业内业外、国内国外相结合,内容上注重文理交融、理工结合,形式上强调研究生自主和师生互动相结合。实施了“1210”制度,即规定每1位研究生在学习期间必须做2场学术报告、参加10场学术报告。“1210”制度的实施极大地培养了研究生参与学术交流的兴趣和对学科前沿的关注。

开设“学海争锋”论坛。近年来,学校依托研究生科协举办研究生“学海争锋”学术论坛,每年吸引数百成千的研究生走上讲台做报告,同学现场互动,教授、博导现场点评。“学海争锋”论坛促成了学校研究生学术氛围空前高涨,受到省教育厅领导和省市科协的高度评价。

举办各类报告会。近年来,学校举办“院士专家系列报告会”“五月 · 思源”“河海大讲堂”“博导讲座”等各类报告会,承办“院士论坛”“全国博士生论坛”“全国土木工程论坛”“青年科学家论坛”等,聘请院士、将军、著名学者、社会名家、政府要员、企业高管进校与研究生交流,研究生参与率100%。齐康、何祚庥、王思敬、钱正英、吴中如、张耀明、陈厚群、吕志涛等60多位院士介绍了他们各自研究领域中最前沿的研究成果;汪恕诚、索丽生、张基尧、黄莉新等分别为研究生介绍了国家、江苏省水利建设和重大水利工程建设的情况;周三多、温铁军、宋林飞、张道一、陶思炎、朱成山等著名学者、大师带给研究生的是政治、经济、管理、文化方面的前沿知识。通过学术交流,进一步拓展了研究生的学术视野,改善了知识结构，也使研究生的创新意识在学术交流中得到增强，科学研究能力得到提高。

## 三、搭建社会实践平台

社会实践是研究生运用所学、服务社会的桥梁和纽带。多年来，河海大学坚持以“长知识、增才干、做贡献”为目标，融科学精神、人文素养、创新意识和社会认知于一体，大力开展研究生社会实践活动，形成了有效的运行机制。

建设社会实践基地。学校坚持“三个面向”建基地，即面向国家和地方经济社会发展主战场、面向国家重大水利建设工程、面向西部开发，建设了20多个高质量的研究生社会实践基地。学校为了适应创新型高层次佬培养需要，学校建设的专业硕士培养基地有101家，聘任基地导师1300余人。基地建设覆盖了水利各大流域机构、中国电建各大设计院，交通行业部分航道局、工程公司。

组织社会实践团队。学校按照校院两级组团原则，广泛组织博、硕士团队，到水利水电工程第一线、大中型企业、农村，为水利水电发展、为地方经济建设服务。多年来，学校先后组织了“博士团淮安科技行”“连云港科技行”“博士团广西行”“博士团太仓行”等多支社会实践博硕士团，选派博士生参加中组部组织的博士团赴新疆、甘肃、宁夏开展科技服务，对人才培养发挥了巨大作用。

拓展社会实践服务内容。在社会实践服务内容上，学校坚持科研攻关与公益服务相结合，点上开展科技攻关，面上组织公益服务。应工程单位要求，组织专业能力强的博士生赴西部地区承担科研任务，参与项目开发、设计、研发等工作。赴昆明水利水电勘察设计研究院参与工程设计、项目研究的博士团连续4年，完成了工程项目研究与设计已有10多项，直接参与了糯扎度水电站等重大水电工程建设。

彰显社会实践功能。为充分发挥社会实践的人才培养功能，学校坚持挂职锻炼与人才培养相结合，选派部分优秀研究生到水利行业和地方挂职锻炼，培养了后备干部队伍。学校组织博硕士生到南水北调办公室、太湖流域管理局、安徽定远、江苏宿迁等地挂职锻炼，从事工程技术和公共管理服务，不仅让参加挂职的研究生增长了才干，也培养了一批后备干部。

学校研究生的社会实践活动，屡获中宣部、教育部、团中央和江苏团省委表彰。博士团04、05年受到中宣部、教育部、团中央表彰，06、07、08年被中宣部、教育部、团中央评为社会实践先进单位；06年赴甘肃社会实践博士团、08年赴广西社会实践博士团均受到江苏团省委表彰。博士团还得到光明网、新华网等多家权威媒体的宣传报道。

## 四、搭建社团活动平台

研究生社团活动是校园文化和隐形课程教育的重要组成部分,也是培养研究生团队精神不可或缺的载体。为了使社团组织发挥更好的作用,以研究生会、研究生科协、MBA 联合会、研究生青年思想者协会等社团为平台,着力培育研究生的团队精神。

构建研究生社团"333"管理活动模式。"333"管理模式是指做到"三给予"、通过"三自我"、实现"三提升"。"三给予"是指政治上给予把关,政策上给予支持,活动上给予指导;"三自我"是指自我教育、自我管理、自我服务;"三提升"则指提升凝聚能力、组织协调能力、合作能力。从方案策划、主题凝练、到每一活动的组织实施,学校都坚持放手不放任,指导不包揽,充分发挥研究生的主动性,让研究生的能力在社团活动中不断得到提升。在这一管理模式的框架下开展社团活动,让研究生在活动中进一步感悟河海文化的现实存在,感悟团队精神的重要。社团活动不仅使研究生特长"无中生有、有中更优",而且把不同学科、专业、年级的同学联系在一起,成为社团成员训练成长的基地、成为风采展示的舞台、成为团队精神培育的熔炉。实践证明,"333"管理活动模式很有生命力。凡是学生自行组织的活动,学生都乐于参加;凡是组织过活动的学生,能力都有明显提高。

搭建研究生教育培养"四大平台"。"四大平台"系指人文教育、学术交流、社会实践、社团活动四大平台。即通过文化素质教育与专业培养的有效契合,将科学精神、人文素养融入到创新教育和工程教育中,实现了科学教育与人文教育同步展开,实践能力与创新能力同步提升,业务水平与综合素质同步提高,有效地提升了研究生人才培养质量。通过"四大平台"建设,强化了研究生文化素质教育的主体地位,促进了研究生协调和谐活泼的育人氛围的形成,保证了研究生文化素质教育活动的开展。每年的金水节、研究生论坛、博导讲座等活动关注度高,吸引了广大师生广泛参与,在校内外反响强烈,有力地促进了校园文化和精神文明建设。

提升高层次人才培养质量。通过研究生文化素质教育,研究生的实践能力、创新能力和团结协作精神等得到明显提高,如在中国大学生创业计划竞赛中获得金奖,在全国大学生课外学术科技作品竞赛中获得二等奖,在全国大学生节能减排社会实践与科技竞赛中获得二等奖,2 篇博士论文在获得全国优秀博士论文。

毕业生受到社会广泛好评和用人单位的充分肯定。社会人士说:“哪里有水,哪里就有河海人;哪里有水,哪里就有河海人的贡献。”用人单位说:“河海培养的人才基础宽、重实践、能力强、素质高,只要愿意来,我们都欢迎。”

产生广泛的社会示范效应。研究生人文素质教育情况得到国家教育主管部门肯定和认可,获得江苏省教育教学成果奖一等奖,在社会产生广泛影响。金水节作为优秀案例入选中国学位与研究生教育学会德育委员会组织编写的《研究生思想政治教育工作》一书,并在 2006 年第五届年会上进行交流。《光明日报》、中国水文化网、江苏教育网等媒体都有相关内容的报道。文化素质教育活动吸引了南京大学、东南大学、南京农业大学、南京工业大学、南京邮电大学、西北工业大学、西北农林科技大学、中国石油大学等 10 多所高校参加或学习调研。

## 第三节　社会实践模式

河海大学在长期的暑期社会实践育人活动中,积极探索和建立社会实践活动与德育相结合、社会实践活动与社会热点相结合、社会实践活动与专业学习相结合、社会实践活动与创新创业相结合的管理体制,逐步形成了暑期社会实践育人的“333”模式。

### 一、“333”模式含义

河海大学学生暑期社会实践“333”模式是指在学生暑期社会实践“三年三类重点”模式,根据不同年级学生教育发展任务,有重点、有侧重安排实践内容,实现三个年级分别开展三种类型的社会实践,逐渐递进、系统培养的社会实践推进模式。

三年三类三重点具体含义为:一年级学生以“认识实践”为主,通过社会实践认识国情、民情、水情,开展爱国、爱水、爱校教育,培养“我饮河海一滴水,我献祖国一生情”的学子情怀,重点解决思想态度问题,端正学风;二年级学生以“工作实践”为主,组织学生深入企业、机关、事业单位调研考察、挂职锻炼,置身工作现场,体验工作过程,重点解决工作能力问题,提升素质;三年级学生和研究生以“生产实践”为主,结合所学专业到相关单位开展生产实习、科学研究、社会服务,强化专业综合素质,积极寻找并培养自己的就业竞争力,重点解决动手和应用问题,学会创新。通过实施三个学年三个类别三个重点的社会实践模式,进一步增强社会实践活动的实效性和针对性。

## 二、"333"模式内容特点

河海大学"333"模式内容特点着重体现在"四个结合"上。①社会实践与思想教育相结合。即以"建国六十周年"为契机,组织大学生参观、考察、访谈、社区公益服务、主题文艺演出、知识竞赛、电影展播等活动,让学生在活动中受教育和增强受国情怀。通过组建"和谐社会建设宣传""科学发展观宣讲"和"形势政策宣讲"实践团队,深入到城乡、社区和基层单位,宣传党和国家的方针政策,增强与基层的联系和感情。通过"红色之旅"的学习、参观、访问和服务等形式,让学生在活动中接受爱国主义和革命传统教育,帮助学生坚定中国特色社会主义的信念。通过到革命纪念地、改革开放前沿和经济社会发展成效显著的地方学习参观,让学生了解中国革命、建设和改革开放的历史和成就,增强学生对党的感情和对国家的热爱。通过考察大型水利、水电、水运工程的建设成就和我国面临"水多、水少、水脏"的严重的水问题,增强水利学生自豪感和使命感,更加刻苦勤奋学习,提升兴水利除水害的治理能力。②社会实践与社会热点相结合。即以"汶川大地震"为契机,组织学生深入农村、厂矿、社区街道等,开展自然灾害预防知识普及活动,大力弘扬众志成城的抗震救灾精神。以"2008 年北京奥运会"为契机,通过演讲、多媒体展示、文艺表演、服务活动等形式,举办"文明礼仪,从我做起""我是环保使者""争做奥运主人"等宣传活动,引导居民积极参与奥运。通过大学生暑期返乡,要求学生主动关注、关心家乡发展,主动参与家乡扶贫开发建设,为促进当地经济社会发展提供有力的智力支持。引导大学生饮水思源,反哺故土,尽一份造福桑梓的义务,回报父老乡亲的养育之恩。③社会实践与专业学习相结合。即组织广大学生参与节能降耗和污染减排工作,参加各类生态环境保护活动,积极参与"保护母亲河行动""绿手帕"等生态环保调研及实践活动,投身"绿色江苏"、"生态江苏"建设。充分发挥博士生、硕士生等高学历青年学生的人才技术优势,为地方经济建设贡献力量。在充分调研的基础上,根据地方需求,特别是结合江苏省苏北经济社会发展的实际需求,组建专业优势互补的博士生、硕士生实践服务团,按照项目化要求,扎实开展服务,在农业综合开发和农业产业化、水利等方面,力所能及地帮助地方、企业和农户解决困难。④社会实践与创新创业相结合。鼓励大学生借助社会实践平台,通过各种切身感受和体验,了解当今社会发展的各种现象和问题,了解就业环境、政策和形势,分析状况,评判自我,找到与自己知识水平、性格特征、能力素质等相匹配的最佳职业结合点。结合专业特点,开展就业创业实践实习活动,开展就业形势对大学生人生态度影响调查,并深入企事业单位,调查社会对相关专业的人才知识结构的具体要求和就业单位对人才需求状况等。组织学生利用暑假时间,选准课题、调查研究、查阅资料、探索实验、开发产品,力争多出成果,积极备战"挑战杯"全国大学生课外学术科技作品竞赛和"挑战杯"全国大学生创业计划竞赛。

### 三、"333"模式运转机制

"333"模式的组织管理。学校成立了暑期社会实践领导小组(领导小组下设秘书处,挂靠校团委)。各学院也分别成立了领导小组,设立了暑期社会实践联络员。全校各部门积极参与到大学生的社会实践活动中来,形成了齐抓共管、通力协作、高效统一的局面。

高度重视大学生社会实践活动的指导作用。2008 年,原校党委书记林萍华教授带队,与 100 余名海军国防生同吃同住,进行历时 8 天的远航实践。同年,原校长张长宽教授带领博士团,前往昆明勘测院,进行实地调研工作。为了落实好、完成好社会实践工作,每年年初,历任校党委副书记郑大俊教授、王济干教授、郭继超教授多次召开专题会议研究和布置社会实践工作,并于暑假期间冒着酷暑到各实践地检查社会实践活动的开展情况,亲切慰问在当地开展暑期社会实践活动的部分教师和学生,其足迹遍布全省各地。多年来,副校长鞠平教授均作为指导教师,带队参加实践。在校领导的带领下,2009 年全校共 295 名教师参与了社会实践的指导工作,其中教授 43 名,副教授 98 名,教职工参与率达到 23.02%。同时,学校共聘请了 122 名校外具有丰富社会实践经验并与本校专业教学联系紧密的知名企业家、技术专家担任校外指导教师。

高度重视大学生社会实践活动理论培训。为了加强大学生社会实践活动的理论指导,学校组织编写了《大学生社会实践理论与实务》一书,制订了《社会实践指导手册》,下发了《河海大学暑期社会实践相关材料规范》,聘请资深教师开展培训,近三年累计开展了 50 余场大学生社会实践活动培训会。为了大力推进大学生社会实践活动开展,学校每年都要举行隆重的出征仪式,召开经验交流大会和激情的颁奖仪式等,使大学生社会实践活动走上了规范化的运行轨道。

高度重视大学生社会实践活动基地建设。学校通过加大对暑期社会实践活动基地的建设，按照“有合作协议、有挂牌仪式、有联络人员、有共建活动、有活动记载”五有要求，逐步形成了“三个转化”，实现了合作互赢。①由单一向复合转化，即将单纯的“三下乡”社会实践基地与学校的教学实习基地、科学研究基地、科技推广基地、大学生就业创业基地相结合；②由“输血”向“造血”转化，即由物质支持向技术支持转化，由技术支持向技术人员培训转化，实现社会实践扶贫、扶技、扶智层层推进；③由短期向长期转化，即以暑期基地建设为桥梁，构筑地方和学校的日常联动，形成多层次、多领域、多方位的合作机制。

高度重视与河海大学合作发展委员会成员单位的联系。河海大学合作发展委员会成员单位是学校大学生社会实践活动的重要基地。学校先后分别在黄委、长委、淮委、山东、河北、浙江、安徽、北京、海南、湖南、福建、江西、宁夏、江苏各县市等十余个省市建立了74个校级社会实践基地。共聘请了200多位校外指导教师，开展了“优秀课外指导老师”的评选活动，鼓励指导老师积极参与社会实践活动的指导，有力保证了社会实践活动朝着可持续方向发展。

高度重视大学生社会实践活动的政策保障。①确保经费投入。学校于1996年设立专项资金用于大学生暑期社会实践活动。同时还要求学院配套和争取一部分社会赞助，以足够的资金保证社会实践活动的顺利开展。②建立团队选拔机制。每年5月初正式启动暑期社会实践活动宣传、发动工作，营造“要实践、想实践、去实践”的舆论氛围。每年申报校级团队200余个，申报院级团队近700个。通过项目申报、初审、答辩、综合评审、与团队签订协议、与学院签订责任书的方式，形成良好的团队评审机制。③将社会实践纳入必修课程列入教学计划，学生三个学年必须修满两个学分，未拿满两个学分的学生将不能顺利毕业。社会实践课程由各学院根据学生社会实践成绩进行考核拼登记入册。④强化激励。对于优秀的社会实践个人，学校从单项奖学金、“十佳学生”的评定，保送研究生方面给予政策支持；对于优秀的实践研究报告，学校优先作为大学生创新训练计划，并将之列入校级“挑战杯”半决赛参赛作品。2008年，在原有的6大评选奖项的基础上，又新增优秀校外指导教师、优秀摄影图片、优秀DV等三类评选，鼓励广大学生探求多样化的成果方式。

高度重视大学生社会实践活动的宣传机制。强调信息报送制度，规定信息报送时间、内容、方式，对各院系实践情况的报道，实行专人负责，点对点联系，确保信息报送渠道畅通、信息反馈及时准确。加强监督考核，细化考核内容，每天专人负责了解、记录各团队信息反馈情况、对外宣传情况，做到有联系、有记录、有依据,为后期考核做好准备。同时,将考核结果与实践评比相结合,确保宣传工作取得成效。

高度重视大学生社会实践活动的宣传报道工作。成立社会实践领导小组秘书组,挑选一批政治觉悟高、思维敏捷、写作基础好的老师和学生负责对内对外宣传工作,推动宣传报道水平的提升。积极协调各级新闻媒体和校内宣传渠道,以专题报道、活动专栏、新闻快讯、图片报道等形式,通过报刊、广播、互联网、工作简报等媒体,积极主动地开展宣传工作,及时全面地报道学校社会实践团队的活动情况。学校编写了社会实践简报,做到重点团队深度宣传、热点问题专题追踪、对内营造氛围、对外展示形象,为做好暑期社会实践活动营造良好的舆论氛围。

## 四、"333"模式实施效果

"333"模式的实施有利于促进学生成长。学校始终坚持理论与实践的统一,走实践育人之路,全校学生分赴祖国各地,尤其是老、少、边、岛地区开展"三下乡"活动受到了当地群众热烈欢迎。广大学生,尤其是学生骨干在实践中锻炼,在实践中成长,通过亲身感受国家的变化,了解民情,国情,增强了使命感和责任感,有助于他们树立正确的"三观",有力地推动专业学习,提高专业能力,增加见识,增长才干。

"333"模式的实施有利于服务学生就业。结合"大学生就业见习行动",学校集中组织大学生到对口专业的基层单位开展专业实践,认识行业发展趋势,提高实际操作能力、社会适应能力和综合职业素质,提高就业创业能力。通过社会实践,学校学生的综合素质得到了实践单位的普遍认可,不少学生和实践单位达成了就业意向。如2008年,水文学院有40名学生被留在实践单位帮助做水资源普查,其中2位达成了就业意向。2009年,在新增的校级实践基地中,水文学院、交海学院和水电学院分别与青岛水文局、盐城滨海港和盐城大丰滩土局建立了"青年创业就业见习基地",签订了就业见习协议,共提供了30个见习岗位。

"333"模式的实施有助于提供技术支持。学校利用水利土木学科的综合优势,在实践中加大知识培训、技术推广等高水平的实践活动,尤其是社会调查和技术攻关向重效益、重应用方面转化,为有关政府和企事业单位提供了一定的决策依据。如2008、2009连续两年,学校两次派暑期社会实践博士团赴昆明水电勘测设计研究院进行调查研究,其提交的研究报告和技术成果,受到了该院领导和项目负责人的高度评价。他们一致认为学校博士研究生思维灵活,知识面宽,踏实肯干,理论基础扎实,能力水平高,为西部水利水电建设做出了贡献,提前预订其中学生到该基地工作,并希望学校提供长期的技术服务。

"333"模式的实施有利于展示学子形象。围绕校级重点团队及院级优秀团队,学校向团中央网站、新浪网、中国水利网、水信息网、江苏教育网、团省委简报等投送了数百条重要信息。同时,各个媒体也对学校学子实践活动给予了大量报道,有团中央网站、新浪网、中国水利网、水信息网、中国江苏网、江苏教育网、浙江新闻网等媒体,其中省部级以上的报道167篇,市级报道1000余篇。这些报道和视频,充分展示了学校青年学子蓬勃向上,奉献自己,服务社会的良好精神风貌。

## 第四节　学生就业工作模式

大学生就业工作既是国家关注的重点,也是学校应尽的责任。为了解决大学生就业难的问题,河海大学上下齐心,共同努力,积极探索出一条符合学校实际、反映学校特点的学生就业工作模式。即指导大学生就业的"六大工程"。通过"六大工程"的实施,帮助学生理清就业思路、提高就业能力、拓宽就业市场、获得就业服务,全面提升就业质量。

### 一、"一把手"工程

领导高度重视,明确责任考核。成立了以学校党、政"一把手"为组长,分管学生工作的副书记、分管教学工作副校长为副组长,以及由相关部门"一把手"参与的毕业生就业创业工作领导小组。就业中心主任为秘书。二级学院参照学校模式成立学院党政"一把手"为组长的毕业生就业工作领导小组。出台了《关于河海大学就业考核评估工作的实施意见》《河海大学毕业生就业管理规定(暂行)》《河海大学毕业生档案管理规定》等一系列强化就业质量控制的文件和规章制度。确定每位校领导定期联系定点学院,认真研究和及时处理就业工作面临的重点难点问题。积极参加毕业生校园联合招聘会等大型就业活动,在现场指导学生应聘面试技巧,同时与用人单位进行沟通交流。每年将就业目标列入年度工作目标任务书,并具体落实到各学院,于年底对各级领导干部进行考核。严格就业工作的规范化、制度化、信息化水平,保证就业工作顺利展开。学校定期召开就业工作例会,对不同专业、不同学历就业率进行专门统计,并开展分析,指导各学院开展下一阶段就业工作。

全员化就业管理,全程化就业指导。学校提出就业工作是检验人才培养水平的重要标准,形成了"市场导向、学校统筹、院系为主、分级负责、全员参与"的就业管理工作体系。实现了"领导、教师、辅导员、学生、校友、基地导师"六星联动机制。目前学校形成了以就业指导中心为就业工作专门机构,全校上下高度关注就业工作的良好局面。学校将就业工作贯穿学生大学生活始终,依托各学院开展特色指导,针对各专业各年级职业发展需求,在一年级以新生入学教育为契机,开展职业生涯启蒙教育;在二年级以"三个课堂"为平台,开展职业素质培养教育;在三年级以专业实习实践为抓手,开展职业生涯决策教育;在四年级以就业指导活动为核心,开展职业发展教育。邀请水利、电力、世界五百强企业、创业成功者等为学生开讲座、授课;开放职业生涯测评系统,帮助学生根据自身优势选择、调整就业方向。同时,学校通过设立年度预算的方式保证就业工作专项经费,保证及时足额拨付并满足就业工作需求。

## 二、"素质提升"工程

提升就业指导教师素质,加强就业指导队伍建设。学校组成了就业创业指导教师专业队伍,成立了"河海大学就业创业教研室"师资库,共有 107 名专兼职教师,其中专职就业指导、创业指导、职业生涯规划教师 39 名,研究生以上学历的占 95%。学校通过多种途径对就业工作人员进行培训,其中,2012 年组织参加省、部级专业培训 11 次计 200 余人次,参训人员达 80% 以上。同时,参照国家和省部级的培训要求与标准,根据不同时期不同重点和难点,组织校级就业工作人员专项培训 14 次。学校设有就业创业咨询室,由专门工作人员负责答疑。校、院两级就业服务部门每年接受个案咨询人数近 2000 人次,做到学生问题实时咨询,学生满意度高。

加大毕业生就业指导工作。学校每年为学生开设针对性讲座十数场,分类别分专业地对学生进行指导;聘请用人单位人力资源部领导给学生开展面试、就业择业指导。进一步完善就业创业指导课程体系,提升课程和教材质量。学校为适应新形势发展需要,同步社会发展实际,立足学校育人要求,积极组织一线就业指导骨干教师力量,创新就业指导课程体系,编写就业、创业教材,将就业指导工作融入课程建设。完善了教材体系,采用了《大学生职业发展与就业指导教学指南》、江苏省高校招生就业指导服务中心主编的《大学生创业教育》及主编的《大学生就业与创业指导》等教材。学校近三年共开设了《大学生职业规划与就业指导》《创业设计》《礼仪与交往》《企业文化》《公务员制度与公务员职业能力》等必修课,《领导学》《人际交往心理学》《创新思维训练》《大学生写作能力训练》等选修课37门次,计40个学分,600个课时,指导了7000余名学生。通过实施"生涯学堂""职业赛场""实训教坊""创业项目"等课外活动,开展创新、创业、创意大赛,企业家导师校园行,创业导师见面会等活动,丰富了创业教育内容,营造了浓厚的创业教育氛围。

### 三、"优质服务"工程

完善就业工作服务体系,强化毕业生就业服务质量。学校建立了就业指导中心、学院、学生就业信息员组成的三级就业联动网络。就业指导中心负责收集、发布用人单位需求信息,各学院负责认真做好学生求职需求统计与反馈,定时将信息报送至就业指导中心,就业指导中心根据学生求职意向为学生牵线搭桥,开展有针对地就业指导,确保用人单位与学生双赢。

为进一步拓展就业市场,学校坚持"请进来",主动"走出去"的就业服务战略。邀请用人单位来校进行形象展示活动或举办专场招聘会。主动外出参加水利、电力等行业协会举办的各类招聘会,宣传推介毕业生,收集用人单位需求信息。学校每年组织2次毕业生千人供需洽谈会,到校招聘的单位多达200余家;专场招聘会1200余场。2011年9月至今,学校层面接待招聘用人单位达870多家,学院层面接待招聘用人单位达500多家。学校每年和兄弟院校联合组织招聘会,2012年与南京航空航天大学举行联合招聘会,共有200余家用人单位单位参加,校园招聘会数量及规模能满足学生需求。此外,学校还加强就业基地建设,目前,共建毕业生就业基地逾282家,2000多家单位与学校建立了长期的人才供需关系。对家庭经济困难毕业生、少数民族毕业生等特殊群体的就业工作,学校采取积极帮扶措施。设立专门咨询场地,认真处理个案咨询。2012届毕业生中有经济、心理等困难毕业生1120人,其中少数民族学生80余人。针对这个群体学生的特点,开展了"特困家庭大学生就业援助工程",积极推荐特困生参加"江苏省2011年特困家庭大学生就业援助",学校没有一位学生因家庭困难无法就业。对就业心理压力大的同学,就业指导中心的老师专门帮助规划职业生涯、指导面试技巧,联系就业单位,直到帮助找到满意的工作为止。特别是针对西藏少数民族学生就业特点,有针对性开展"公务员考试"等就业指导和培训。经过培训,2012

届西藏生全部回到原籍通过当地公务员考试,实现了高水平的就业,3 名新疆生考上研究生继续深造。

## 四、"信息快递"工程

搭建网络就业平台,提升就业服务效率。学校搭建就业信息一体化平台,改版升级了就业网站,配置了专用的服务器、网络宽带端口,嵌入了全国大学生一站式服务系统,与全国大学生就业公共服务立体化平台、江苏省毕业生就业网等进行链接,帮助用人单位与毕业生实现快速接洽。建立了河海大学就业实名信息工作体系、就业工作 QQ 群、飞信群,增设了移动短信院系通、就业信息广播等业务,做到信息公布准确及时。截至目前,7500 余名学生注册并浏览信息,就业指导课程网上点击率达 45 万余次。75% 左右的学生都能通过学校就业网站和校园招聘会找到满意的工作。

建立信息报送制度,实行发规范动态管理。学校按时准确向上级教育主管部门报送就业进展情况和真实有效数据,认真做好毕业生生源审核及就业派遣工作。每月公布本科生和研究生就业率 2 次,分析就业动态与形势;每月向分管校领导汇报就业情况 2 次,及时将数据反馈学院,指导开展就业服务。2800 家用人单位通过学校发布就业需求信息招聘 2012 届毕业生,需求岗位近 2.3 万个;学校收集、汇总、公布千余家用人单位和万余条需求信息,日平均发布信息 50 余条,岗位 500 个,用人单位岗位需求与学生比达到 4:1。学校加强规范管理与动态管理,建立用人单位标准化准入制度、管理工作制度,严格审核入校招聘单位资质,规范双选活动及单位入校招聘管理。严格对就业网站注册用户的审核和管理,专门购置专业网络保护软件,保证学校就业网的信息发布安全、准确、可信,能够切实维护用人单位和毕业生的合法权益。

## 五、"基层专项"工程

响应国家号召,引导毕业生到基层、到西部、到国家需要的地方去就业,是学校的根本职责。近些年来,学校认真组织学习研究国家和省里的毕业生就业政策和相关文件精神,大力宣传毕业生基层就业政策,认真落实毕业生就业专项措施。积极组织"选聘大学毕业生到乡村任职""大学生志愿服务西部计划""大学生志愿服务苏北计划""大学生预征入伍"等就业举措。自 2005 年起,学校设立了西部创业奖学金,对赴西部地区就业创业和志愿到基层工作的应届毕业生进行奖励,截至目前已累计奖励400余人,发放100万余元。举办优秀"村官"代表任杰返校宣传会,鼓励引导毕业生到西部、到基层多层次就业创业。

近些年来,河海毕业生到基层就业分布合理,人数明显增长。2010年到基层就业660人,占毕业生总人数的9.6%;2011年到基层就业722人,占毕业生总人数的10.1%;2012年,学校共有803名毕业生到基层就业,占就业总人数的12%。学校积极开展毕业生预征入伍、毕业生入伍等宣传工作,2012年有80名毕业生献身国防事业,19名同学报名预征入伍。

## 六、"双创腾飞"工程

以创新求发展,以创业促就业是现代社会的基本特征。大力开展创新创业教育,对学生个人素质的提升和就业机会具有划时代的意义。近些年来,河海大学在人才培养和就业指导工作中,始终坚持创新创业一起抓,做到创新教育与创业教育相互融入、"双创腾飞",推动就业工作不断取得新成效。

创新创业平台协同发展。为了加强创新创业平台建设,学校成立了大学生创业教育领导小组,建立了"创新创业指导中心"和创业孵化基地。将"创新创业指导中心"纳入国家级文化素质教育基地进行管理,出台了《河海大学创业创新教育实施意见》,每年举办以创业创新教育为主题的教育教学工作会议。加大了创业平台经费投入,设立了"大学生创新创业基金",每年拨出110余万元专款用于创新创业教育管理与指导和创新创业训练计划。引入互动式、体验式等教法,增加活动课程和实践课程,制定教学大纲,完善课程课件,及时更新课程内容,由教务部门定期进行检查和评估。

实习实训基地不断扩大。为了以实习实训基地建设带动就业工作,学校与相关单位共建了近300家实习实训基地。实习实训基地涉及全校水利、土木、交通、环境、计算机、能源与电气、营销、财务、外语等95%左右的专业,已形成覆盖全国各省市的基地群。实习实训基地数从2008年的180余家增长到2012年的283家,实习、实训学生人次数从1000多人次上升到2772人次。应该说,学校的实习实训基地分布合理,充分满足学生实习实训需求。

实习实训措施保障有力。学校严格执行《河海大学本科学生实习基地建设与管理暂行办法》《河海大学研究生联合培养基地建设方案(试行)》等文件。通过与单位签订学生实习实践合作协议、共建协议,以合同、协议的形式确定单位与学校间的各自职责,保证单位每年接受一定数量的学生实习、培训,并优先录用毕业生。学校在人才培养经费中划拨专项经费确保实习实训基地建设。

创新创业教育成效显著。学校每年重点建设10个校外创业教育实践基地，与江苏省大学生创业园签订协议共建创业基地。实施“百十一”计划，即100%学生接受创新教育，10%参加创新训练，1%出显示性成果，取得良好成效。定期开展创新创业训练计划申报，每年有150个项目入选，2011年共有40个项目入选国家级创新训练计划，156个项目入选校级创新训练计划，其中35个项目入选省级创新训练计划。2012年有150个项目入选2012年度国家级大学生创新创业训练第一批计划，获得资助150万元。创业平台建设成果显著，有5个团队20余名同学成功创业，取得较好的经济和社会效应。

## 第五节　学生骨干培养模式

河海大学历来重视学生骨干培养。一方面，通过有效选拔和特殊培养，让有潜力的学生获得更加充分的发展，为国家社会输送精英化人才；另一方面，通过培养骨干和精英群体，发挥优秀学生的示范引领作用和带动作用，提高人才培养的整体质量。其中，“1442工程”就是河海大学最典型、最具影响力的学生骨干培养示范工程。

### 一、“1442工程”的含义

“1442工程”，作为培养学生骨干的一种模式，源于水利部青年干部培训班的人才培养思路和做法。早在1996年，时任水利部部长钮茂生先生为缓解当时水利系统青年干部青黄不接的状况，下决心从当时的河海大学、清华大学、中国农业大学、中央财经大学、武汉水利水电大学、华北水利水电学院精选一批优秀本科生，委托河海大学连续举办了三期第二学士学位班。河海大学基于水利部青干班的办班宗旨、“缺什么补什么”的原则和半军事化管理的方式，确实对改革现代水利大学人才培养模式和全面提升大学生综合素质有重大启示。为了借鉴水利部青干班人才培养思路，河海大学从1997年开始，在校内选拔培养学生骨干，实施“1442工程”。所谓“1442”工程，就是“从一年级抓起，‘四学’（学习理论、学会做人、学会吃苦、学会创造）四年不断线，每个年级重点选拔、滚动培养200名学生骨干，是带动全校大学生全面发展的示范工程”。“1442工程”历经10余年的发展，已在校内外产生了极大示范效应。

## 二、“1442 工程”的组织管理

学样高度重视“1442 工程”的建设与发展,在管理上由校学生工作领导小组领导,下设培养办公室和四个工作团队,具体工作在办公室协调下由各个工作团队实施。办公室由学生处、教务处和团委有关领导组成。四个工作团队分别由文理等学科交叉的3—4 个学院的有关领导和工作人员组成,负责人实行轮值工作制。每3—4 个学院的“1442 工程”学员组建成一个班,并成立相应的班组织。

学校领导和有关部门给予“1442 工程”高度关心和大力支持。制定专门培养方案,并结合时代发展,不断修订培养方案;设立专项经费,从政策上和资金上为“1442 工程”活动的开展提供有力保障。

在成员选拔上,新生进校后的第一学期,进行“1442 工程”培养方案的推介。第二学期开始选拔,全校共选拔200 名学生骨干。选拔程序为:学生自我报名,学院推荐,办公室组织工作团队根据学校制定的选拔办法进行选拔,并确定初步名单,最后报领导小组审定。选拔出来的学员仍跟班进行原专业学习,同时参加“1442 工程”的各种培养活动;实施动态管理,一般一学年滚动一次(原则上专业排名在45%以内),并进行必要的调整和补充。

## 三、“1442 工程”培养实施

学校坚持“缺什么、补什么”原则,精心编制“1442 工程”培养规划。学员不脱离原专业学习,在此之外单独制定“四学”培养计划。培养的重点着重围绕政治理论教育、国情水情教育、社会实践教育、成才做人教育、吃苦耐劳教育、开拓创新教育、遵纪守法教育等七大方面。教育结合各年级学生特点分级进行。一年级学员着重加强爱国、爱水、爱校、爱专业教育。二年级学员着重加强成才观教育,三年学员着重加强实践教育,四年级学员着重加强就业指导和职业教育。

“1442 工程”骨干学员的培养实施。总的要求是,教学组织按专业相近原则分班施教。实施的路径是通过课堂教学、校园活动和社会实践“三位一体”融合推进。①在课堂教学方面,聘请学校知名教授、优秀主讲教师作为咨询专家,组建咨询专家团,为学员专门授课。开设演讲与口才、美学欣赏、创造学、计算机应用、管理与沟通等共计33 课时。帮助学员完善知识结构,促进科学教育与人文教育的融合。②在理论教育方面。以理想信念教育为核心,开展各种理论学习、思想品德教育、知识水平竞赛等,开展“爱党、爱国、爱水、爱校”教育等,邀请钱正英院士、杨叔子院士、张基尧主任等知名人士、杰出校友为学员做讲座做报告;帮助学生提升理论水平和增强社会责任。③在行为引导方面。以“学会做人”为主题,开展社会公德、职业道德和家庭美德教育,组织凭吊烈士活动、文艺演出活动、“学雷锋”活动等,培养学员做人做事的高尚品质和道德风范。开展心理健康知识讲座、身心素质训练、朋辈心理辅导及心理素质拓展等,促使学员做到行动上自律、评价上自省、心态上自控、情感上自悦,不仅拥有健康的体魄,还拥有健康的心态,在前进的道路上永远保持谦虚谨慎,团结协助的精神,为将来成人成才打下良好的基础。④在科技创新发明方面。制定科技创新发明训练计划,围绕民生、水情等方面设置科技创新训练项目,组建混合科技创新发明训练项目小组,引导参加大学生创新训练计划、大学生“挑战杯”科技与创业大赛等,举办科学、人文类讲座,帮助学员拓宽知识面,积极引导学员参加各类科技创新发明活动。⑤在社会实践活动方面。优先为学员“学会创造”提供保障。每年组织学员骨干分赴全国各地开展暑期社会实践活动。让学员在社会实践活动中熏陶思想感情、充实精神生活、提高道德境界、增长知识才干,增强水利建设责任。学员们的足迹踏遍江苏、河南、河北、陕西、山西等省市地区,极大程度地拓展了学员的社会实践能力,激发了他们在实践工作中创造创新的意识和能力。2006 年度江苏省大中专学生志愿者暑期“三下乡”社会实践活动评选中,“1442”学生骨干培养工程暑期社会实践团荣获“先进团体”称号;“1442”学生骨干培养工程《素质拓展的平台,精神培育的源地》获得了江苏省高等教育协会高等学校学生教育管理创新二等奖。

### 四、“1442 工程”培养效果

“1442 工程”骨干学员的培养成效得到校内外充分肯定。十余年来,“1442 工程”共培养骨干学员 2000 余人。据近两年统计结果,“1442 工程”骨干学员中党员比例为 71%,英语六级通过率为 76.43%,免试研究生率为 50.94%,获各类奖学金比例为 95%,在所学专业班级排前 10 名的比例为 56%。另据近两年开展的毕业生问卷调查反馈结果,骨干学员走上社会工作岗位后,在单位都有很好的表现。其中,理论素质、吃苦精神、责任心、业务能力等四个项目上得到用人单位一致好评,优秀率在 99% 以上。部分单位还附上了热情洋溢的回函。长江水利委员会水文局人事处在回函中写道:“贵学校‘1442 工程’成效明显。该同志在同期到我单位工作的年轻人当中是比较突出的一位,该同志肯吃苦,动手能力强,已经成为我局年轻的技术骨干，曾被列入我局‘十佳青年’候选人。”水利部天津水利水电勘测设计研究院人事部对“1442 工程”给予了高度评价：“贵校实施‘1442 工程’的办学路子是对的，尤其是‘四学’的培养，能使学生全方位的提高素质，使之在未来的工作中，更能够充分发挥学生的专长，希望学校能坚持办下去。”

## 第六节　少数民族学生教育模式

早在 20 世纪 50 年代末，学校就克服种种困难开始了新疆少数民族学生的教育培养工作。1995 年以来，学校开始招收西藏少数民族学生。在多年的实践和探索中，学校始终坚持以人为本、德育为先，把服务学生成长成才作为根本任务；始终坚持与时俱进，不断推进工作创新，形成了少数民族学生的培养特色。

### 一、针对民族特点采取专门化管理

目前，学校少数民族在校学生近 400 人，是江苏高校少数民族学生最多的一所大学。由于少数民族聚居区独特的民族社会文化环境，客观上决定了少数民族价值取向存在着较大差异。同时，随着经济全球化趋势的加强，少数民族与外界的社会交往、文化交流、碰撞加剧；加之民族分裂势力、宗教极端势力等思想的影响和活动，严重威胁着社会的稳定和各民族的团结。因此，少数民族学生德育不同于一般学生的德育。做好少数民族德育对于增强少数民族的向心力，巩固祖国统一，抵御外部势力的渗透能力，确保祖国边疆的安全稳定，具有极为重要的经济、政治、军事以及长远的国家战略意义。

为将少数民族学生培养成热爱祖国，热爱民族，热爱家乡，服务于祖国边疆的建设的现代化人才，唤起他们对担负实现民族振兴以及改变家乡落后面貌的历史使命和认同感，学校采取了专门化的管理模式。20 世纪 50 年代成立了新疆民族学生工作协调委员会，成员由主管学生工作的校领导及各相关单位负责人组成，负责少数民族学生的教育和管理及有关事务的协调工作，其工作重点就是少数民族学生的思想政治教育。20 世纪 90 年代开始，学生处成立少数民族学生管理办公室，作为一个科室独立工作，与各学院共同负责少数民族学生的教育管理工作。

## 二、针对学生特点实施个性化教育

学校少数民族大学生主要来自新疆、西藏。他们肩负着建设边疆民族地区，维护祖国统一的历史使命。因此培养高素质少数民族学生，关键的还是要加强政治教育，引导他们把握人生的政治方向。在这方面，学校开展了民族团结、形式政策、遵章守纪、爱国主义等一系列的教育活动，帮助民族学生提高政治思想素质。

在少数民族大学生的德育过程中，学校实施的个性化教育措施有：①理想信念教育。邀请新疆相关领导和专家来校为民族学生做报告，在校内开通转播新疆电视台、西藏电视台的节目，使学生能及时了解新疆、西藏经济建设和社会发展情况。充分发挥“思政课”主渠道作用，加强对少数民族学生进行毛泽东思想、邓小平理论、“三个代表”重要思想和科学发展观教育，以及党的路线方针政策的教育，帮助少数民族大学生坚定中国特色社会主义信念，树立建设家乡报效祖国的远大理想。②爱国主义教育。组织民族学生参观南京梅园新村周恩来纪念馆、南京雨花台烈士陵园、南京江东门侵华日军南京大屠杀遇难同胞纪念馆、南京抗日航空烈士墓等爱国主义教育基地，进行爱国主义教育。③科技文化教育。组织民族学生参观南京紫金山天文台、南京博物院和考察沿海地区经济发展情况，启发他们注意历史、文化、科技的传承和发展，展望未来，努力进取。④法制教育。加强对民族学生的法制教育，提高他们的法制意识，特别是在2008、2009年，西藏出现3·14事件、新疆出现7·5打砸抢烧事件后，学生表现出立场坚定，旗帜鲜明，反对分裂，积极参与地方政府组织的正面宣传和引导工作。

## 三、针对基础薄弱生采取特殊帮扶

新疆、西藏少数民族学生文化基础普遍薄弱，为使他们健康的成长成才，学校采取了多项特殊的帮扶手段。①组织学生开展朋辈辅导活动。即由品学兼优的学生与他们结成对子，在学习上予以帮助，在思想上互相交流，既解决了民族学生的学习困难，又增进了同学之间的团结和友谊。②为民族生单独开班授课。自2008年开始，针对新疆、西藏少数民族学生在高等数学、大学物理等八门公共基础课程中的学习困难，学校专门单独开班授课，要求相关任课教师对各课程进行更加详尽的讲解，以便少数民族学生切实掌握科学知识。③加大学习态度考察在学习成绩总评中的比重。为鼓励少数民族学生端正态度、树立信心。学校加大了对新疆、西藏少数民族学生教学过程管理和平时学习态度的考察力度。④主动收集和反馈学生对教学工作的意见。通过与民族学生干部交谈和召开民族学生座谈会的方式,了解、收集民族学生对教学工作的意见,并及时反馈给教务部门和授课教师,以利于进一步改进教学工作。

经过不断努力,学校少数民族学生在学习上取得了明显的进步。每年都有一批民族学生获得学校和国家设立的奖学金,90%以上的学生都能顺利毕业。近两年,还专门为西藏少数民族毕业生组织公务员考前辅导,07、08届西藏少数民族毕业生全部考上公务员,09届西藏少数民族毕业生仅剩一名尚未落实工作岗位。每年都有少数民族学生免试保研和考上研究生。在评奖评优方面,学校2007年就在国家助学金评定方面采取了倾斜政策,新疆、西藏少数民族学生被评率为56.4%。此外,从2009年开始还在学业优秀、社会工作、精神文明、科技创新、艺术体育等评奖方面采取了比例不变,单独评比的措施,使获奖名额落到实处,极大的提高了少数民族学生的学习主观能动性。

**四、针对经济困难生提供绿色通道**

学校高度重视少数民族学生家庭经济困难的学生的学习和生活,坚持把思想政治教育工作与解决少数民族学生的实际问题相结合。不断完善少数民族学生家庭经济困难的学生助学体系,确保生活困难的学生得到帮助,无后顾之忧。

加大经济补助力度。新疆、西藏少数民族学生家庭经济困难的比率明显比汉族学生高。除每年严格按照新疆的要求,公平、公正的做好新疆少数民族学生资助费的发放外,学校还自筹资金专门设立了新疆、西藏少数民族学生校内无息贷款,对于家庭经济特别困难的毕业生还给予适当减免(减免额都在20%—50%)。长期以来学校先后为多名新疆、西藏少数民族特困生寻求到省、市民族宗教事务局及相关爱心人士在经济和生活上的资助;为遭受雪灾、地震的民族同学提供困补;为所有新疆、西藏少数民族学生发放伙食补助费120元/人年;为新疆、西藏少数民族特困生发放寒衣和回乡路费补助,至今没有一名民族学生因家境贫困退学、辍学。

为民族学生提供生活便利。学校充分尊重民族学生的风俗和生活习惯,尽力为民族学生提供生活上的便利。为了尊重和照顾新疆民族学生的饮食习惯,学校在校本部和江宁校区专门开设了两个清真餐厅,所有设备均由学校出资购置、维修与更新,每年补贴清真餐厅近15万元,同时聘请维吾尔族的厨师,使学生吃得合口、吃的放心。一年一度的开斋节、古尔邦节和藏历新年,校、院领导和教师都会慰问民族学生，按照民族风俗组织聚餐和举行文艺演出，使少数民族学生深切感受到河海大学这个民族大家庭所给予的温暖和关爱。

## 五、针对民族特点营造文化氛围

为了丰富民族学生的文化体育活动，学校每年组织民族学生参加全校性的希望杯足球赛和希望杯排球赛。少数民族学生中能歌善舞的很多，学校专门为新疆和西藏学生购置了演出服装，他们常被学生社团、南京市和省电视台请去上演节目。2007 年西藏新疆少数民族学生在南京市首届少数民族文艺会演中藏族舞蹈《康巴地平线》、维族舞蹈《春天里的花朵》、哈族舞蹈《哈萨克姑娘》分别荣获一等奖、二等奖、优秀节目奖和授予。2009 年在举办的庆祝新中国成立 60 周年“盛世中国 · 激情河海”大型演出活动中，新疆、西藏少数民族学生选送的两个舞蹈节目，荣获了学校的嘉奖。

## 六、针对能力状况提供锻炼机会

学校在关心少数民族学生的思想、学习和生活的同时，还十分注重民族学生的能力培养。校学生会成立了民族学生工作部，由一名新疆生任学生会副主席兼民族部长。部分新疆生、西藏生较多的学院也成立了民族学生工作部。在全校新疆、西藏少数民族学生中建立新疆、西藏少数民族学生“三自”小组，成员列入学生干部管理。通过“三自”小组，积极倡导少数民族学生进行自我教育、自我管理、自我服务的“三自”管理，让少数民族学生得到锻炼，提高自身的综合素质。由少数民族学生自己组织开展学习、文体、勤工助学等方面的活动；参与清真餐厅的伙食管理、学生宿舍卫生检查和使用违章电器情况的检查，以及民族节日活动的组织等方面的工作。学校不定期的召开民族学生“三自”小组成员会议、全校性的民族学生入学教育会议、学风座谈会、文明离校等会议，各学院也会相应的召开一些有院领导、班主任、辅导员、任课教师参加的民族学生座谈会，了解民族学生的思想状况，分析“三自”活动的开展情况，总结工作中的经验和不足，并对在“三自”活动中表现突出的同学予以表扬和奖励，从而牢牢地抓住了工作的主动权。学生“三自”工作的开展对学校的管理是一个有益的补充，通过“三自”工作，绝大多数学生都能严格要求自己，自觉搞好寝室卫生，在卫生检查评比中常被作为样板宿舍，请汉族学生参观。学生食堂就餐秩序良好，浪费粮食和酗酒打架等现象基本杜绝。学习努力刻苦、思想稳定，与兄弟民族同学团结和谐，积极参与学校和社会的活动。

河海大学少数民族学生教育培养取得良好成绩。已毕业的1000多名学生成了新疆维吾尔自治区水利水电、教育等战线的骨干,在各自的岗位上取得了显著的成绩。据不完全统计,有4位少数民族校友已担任了厅局级领导,20余位民族校友担任了副处级以上干部职务,还有一大批校友担任了高级工程师和总工程师。98届校友艾力卡木·阿不列孜2007被评为全国模范教师;88届校友、新疆水利水电勘测设计院地质研究所总工程师、优秀共产党员杨松青于2009年4月在新疆叶尔羌河上游考察时因公殉职,年仅42岁,《新疆日报》专门做了“杨松青用生命谱写水利建设篇章”的报道;2005级测绘专业哈萨克族学生阿依古丽·阿曼品学兼优,2008年被评选为“感动河海十佳学生”,光荣地加入了中国共产党并被保送为研究生。由于民族学生教育培养的突出成绩,学校曾四次被国务院和国家民委授予全国民族团结进步先进单位和模范集体称号,十多次受到国家教育部、水利部和江苏省人民政府的表彰与嘉奖;还被国家民委、国家体育总局评为全国民族体育模范集体,是13所受表彰高校中唯一的非民族院校和非体育院校。

## 第七节　文化素质教育合作模式

随着高等教育的发展,推动科学教育和人文教育相融已成为中国教育界的共识。为深入推动文化素质教育改革,促进教育资源的共享互融,河海大学与南京航空航天大学、南京师范大学、南京医科大学四所高校大胆探索、积极实践大学文化素质教育教学的新思路、新内容、新方法、新途径,形成了一种独特的大学生文化素质教育四校合作模式。

### 一、“四校基地”合作模式

河海大学、南京航空航天大学、南京师范大学、南京医科大学联合申报举办的国家大学生文化素质教育基地(简称“四校基地”),是2006年经教育部正式批准后被教育部、财政部列为的“人才培养模式创新实验区建设项目”。“四校基地”合作的理念是“强化共性、彰显特色、优势互补、合作发展”。“强化共性”即寻找四校学生人文素质教育的共同点或相似点,深化各方在科学教育与人文教育方面的渗透与交融;“彰显特色”即四校相互借鉴,不断深化教育教学改革,进一步强化学科特色和优势;"优势互补"即四校利用自身某些学科的特色和优势,开展校际交流、扩大联合办学等,以实现四校优势学科互补和人力资源、智力资源共享;"合作发展"即四校通力合作,搭建共享平台,推动四校文化素质教育工作朝着实质性、深层次方向发展。

结合"四校基地"合作的理念,创设了共享互融的大学文化素质教育标识。标识以绿色调为主色,突出四校联动的生命力。标识中心以一棵树的象形图形设计,寓意四校合作联动的使命是培养高素质的人才。树干,外形像"丰"字,寓意所建设的基地终将结出丰硕的成果。四周由四只手的象形图形相互紧握,寓意四校紧密联系,资源共享,合作发展。

## 二、"四校基地"模式运行

四校基地遵循人文教育与科学技术教育相结合、文化素质教育与实践创新教育相结合、文化素质教育与教师文化素养的提高相结合的"三结合"工作原则,旨在通过四校联合共建,形成开放性、多元化、多学科互补渗透的大学文化素质教育工作新体系,实现四校文化素质教育的共享互融。

"四校基地"的工作体体。为高效协同推进四校文化素质教育工作,创新协同管理体制,四校联合组建了大学文化素质教育协同创新团队。四校相关校领导组成大学文化素质教育领导小组,负责统筹四校大学生文化素质教育工作,下设秘书处和办公室。其中,秘书处由各校教务处、学生处、团委相关人员组成,主要依据领导小组的要求,商讨计划、组织实施、年度总结以及协调四校相关工作等;基地办公室挂靠河海大学,主要职责是做好与上级有关管理部门的联系工作、日常工作、文档工作以及与其他高校的联系等工作。另外,由校内外文化素质教育方面的知名学者、专家组成文化素质教育工作专家指导委员会,且四校分别成立文化素质教育工作领导小组和办公室,与四校大学文化素质教育领导小组和办公室在关系上对应,在工作中对接。

"四校基地"的工作制度。为了充分发挥四校大学生文化素质教育的职能作用,实行领导工作轮值制和日常管理工作秘书单位负责制的制度。按照规定,四校每年定期召开轮值交接仪式,由轮值院校牵头组织,同时轮值校教务处处长任秘书长,牵头每年的秘书处会议。河海大学教务处处长任常务副秘书长,协调四校轮值工作有序开展。

"四校基地"的运行方式。为了充分发挥四校大学生文化素质教育的优势,

"四校基地"共同搭建了五大共享机制、四大工作平台和"三位一体"教育体系,通过"五四三"运行方式保证大学生文化素质教育的实效性。五大共享机制,即校园文化互补机制、课程资源联通机制、智力资源共享机制、社团组织互动机制、实践活动联合机制。主要内容有:四校有关领导、广大师生深入交流大学优良传统和特色文化;整合四校文化素质教育课程,高起点构建新的文化素质教育课程体系;组织四校著名专家教授开授文化素质课程,联合邀请全国教学名师、大家开展巡回报告会;推动四校社团组织和学生骨干的互动交流、全面活跃;四校联合开展内容丰富、形式多样的社会实践、创新创业活动。四大工作平台,即素质网站平台、师资交流平台、制度建设平台、理论研究平台。主要内容有:搭建四校共享文化素质教育优质资源的网络平台以及大学生文化素质评价系统;四校联合开展青年教师培养培训计划以及辅导员等专项培训;四校围绕五大共享内容建立长效的机制和制度;围绕文化素质教育工作的共性问题展开理论与实践研究。"三位一体"教育体系,即"课堂教学、校园文化、社会实践"三位一体教育体系。"三位一体"的文化素质教育体系,其出发点和落脚点是让学生通过第一课堂的理论教学,第二课堂的文化熏陶和亲身实践,最终将做人做事做学问的道理内化于心外化于行,做到知行合一。结合学生对个人未来发展的期盼,努力在课堂教学内容设计、实践教育活动安排上与"三位一体"的教育体系有机结合,竭尽全力为学生成长成才提供正能量。让学生自觉增强主体意识,根据自己的兴趣和爱好,自觉的选择学习和教育,主动地参与实践和锻炼,真正锻造成科学文化素质高、思想文化素养好的现代化事业的建设者和接班人。

### 三、"四校基地"模式特色

文化素质教育"四校基地"模式在有效实现资源共享、促进高校间文化碰撞交流的过程中,形成了鲜明的高校文化素质教育工作特色。

特色之一,共享互融,借鉴合作。文化素质教育"四校基地"模式提出"强化共性、彰显特色、优势互补、合作发展"的"共享互融"教育理念,寻找四校素质教育的共同点和人文教育与科学教育融合点;通过相互借鉴,强化学科特色和优势,实现校际交流合作与优势资源的共享;通力合作,推动文化素质教育朝着深层次、实质性方向发展。

特色之二,协同管理,整合高效。通过管理体制创新和"五大共享机制""四大工作平台"与"三位一体"教育体系的构建,对强化校内教务、学工、团委等部门的强劲联合和教育教学资源的有效整合，推动校际之间的教学资源的共享和教师队伍的通力合作发挥了极其重要的作用，实现了 1 +1 +1 +1 >4 的整合效应。

特色之三，“多元”融合，深入渗透。四校的水科学、蓝天科学、人文科学、生命科学所绽放出来的水文化、蓝天文化、人文文化和医学文化等特色各一。这种特色各一的“多元”文化，为理工文医等学科实现渗透，人文教育与科学教育的共享融合奠定了坚实基础。四校的课程设置、教学安排、内容设计、社团活动、社会实践等，处处体现河海水之灵秀、南航天之高远、南师文之底蕴与南医医之仁术。让学生在人文素质教育实践中，在修身养性和培养健全的心理与人格的同时，更加关注水生态环境的治理、关心国防事业的需要和国家的建设与发展。

特色之四，长效管理，持续发展。在加强教育教学资源和人才智力资源的优化、整合和共享过程中，四校始终坚持领导小组轮值制和秘书长单位负责制，不断落实校际间资源共享的合作措施，修订完善教师跨校开课、承认教学工作量和学生跨校选课、互认学分等系列支持鼓励政策，从制度上保证了四校深度合作的实效性和大学生文化素质教育的常态化。四校共享互融教育模式，对当今多校区或大学城实行开放式、实质性的合作开展学生文化素质教育亦具有重要借鉴意义。

## 四、“四校基地”模式成效

四校协同创新大学文化素质教育模式的运行，充分体现了“立德树人”的理念，充分发挥了四校资源共享、协同创新的作用，充分调动了四校学生相互学习、相互交流、取长补短的热情，进一步形成了四校间“比、学、赶、帮、超”的文化素质教育氛围，真正实现了 1 +1 +1 +1 >4 的大学文化素质教育协同效应。

在文化素质教育课程体系方面。四校联通课程资源，进一步优化文化素质教育课程体系，共提供近 300 门人文素质课供学生跨校选择，如开设的水文化、航天航空概论、舞蹈鉴赏、中国音乐文学、书法艺术、集邮基础与邮票欣赏、食品安全与健康、人体的结构与功能等高质量课程，内容丰富多彩，形式开放多样，深受同学喜爱。据统计，教师跨校开课达 81 门次，选课学生近 15000 人次。在四校中聘请了 18 位优秀教师担任讲座教授，开展形式多样的巡回报告，累计举办讲座 176 场次，参与听讲座的有 53000 余人次，吸引社会名人、大师前来讲学，总共举办讲座 385 场，参加听讲座的超过 65900 人次。

在文化素质教育活动交流方面。①每年轮值交接仪式，四校领导、师生代表同台演出，展示出上百个高质量的精品文艺节目，有力促进了四校间的文化艺术交流。②四校间有100余个学生社团和骨干组织进行了互访和交流,有力地推动了四校学生的文化科技活动的全面活跃,进一步提升了学生的创新思维和竞争意识。③有200余名教师、管理人员和2500余名学生代表参加了各类文化素质教育交流活动;涌现出上百篇高质量文化素质教育论文。四校有近280名辅导员在南京师范大学参加了岗位培训;有近420名辅导员参加了南京医科大学举办的心理健康教育培训。四校都成立了教师发展中心,有近700人次教师或青年教师参加四校共同举办的文化素质教育研讨会。④在协同发展过程中,四校在公共艺术课程方面互相促进,均在江苏省普通高校公共艺术课程考核中以优秀成绩通过。

在四校学生综合素质提升方面。通过资源共享、文理交融,学生的综合素质得到显著提升。一是培养了惜水爱水情结。南师大一名学生在参加了河海牵头组织的"水韵和谐"暑期社会实践活动后,深有感触地说:"短短10多天的社会实践活动,通过对城市水文化、水资源的考察,强化了我们保护水环境的责任感"二是懂得了珍爱生命的责任。河海学生在参观南医大生命伦理教育中心之后,认识到不仅要珍爱生命,还要生活地更加阳光、灿烂,并主动要求帮助那些需要帮助的同学。三是增强了献身国防的意识。南医预防医学专业王跃同学就是受到航空航天教育的影响,本科毕业后考取了中国航天员科研训练中心航空航天与航海医学硕士。2010年王跃被俄罗斯航天局挑中成为"火星-500"国际大型联合实验乘组成员,一度为国人所骄傲。四是促进了文理交融。作为工科见长的学校,河海大学在近几届江苏省大学生文化艺术节中连获佳绩,南京航空航天大学在全国第二届大学生艺术展演活动中获得舞蹈表演一等奖,并获得优秀组织奖。南京师范大学也突破文科限制,近年来积极参与各类科技竞赛,并有成果获得了专利。而以医学为特色的南京医科大学近年来在艺术和科技方面发展迅速,南医学子在梵高国际音乐节和挑战杯中都成绩不俗。五是提升了创新实践能力。河海承办的水文化创意设计大赛,南航主办的水火箭比赛,吸纳了不同学科背景包括南师和南医大医科学生们的广泛参与,每项比赛都涌现出出1000余件作品,而且近一半成果申请了专利,200多项获得专利。有的文化科技创作项目成果在国家、省部级层面获得大奖。

在四校教师教育水平提高方面。通过四校紧密合作与交流,四校素质教育形成"比学赶帮"之势。自编教材及读本共58部;组织参与相关研究课题100余项,发表论文170余篇;700名教师参加过文化素质教育学术研讨会;600余名辅导员参加过岗位培训和心理健康教育培训,文化素养和教学水平明显提升。尤其是越来越多的专业教师主动关心大学生文化素质教育,积极参与大学生文化素质教育活动,在挖掘“物理文化”“数学文化”“水文文化”等专业文化内涵的深度和参与指导学生科技文化实践创新活动的自觉程度有明显提升。

在四校资源平台建设方面。通过共同努力,四校资源共享平台更加坚实,四校文化素质教育特色更加凸显。四校充分依托自己的学科和文化特色,协同搭建资源共享平台取得显著成效。河海大学以水科学和水文化为特色,以建设水文化教育中心为平台,打造水文化品牌,引领举办水科技、水文化等各类文化科教活动,培养“我饮河海一滴水、我献祖国一生情”的治水情怀。南京航空航天大学以航天科学和蓝天文化为特色,以建设航空航天教育展览中心为平台,传承“两弹一星”航天人精神和打造航天科技文化品牌,培养献身国防事业的接班人。南京师范大学以人文科学和人文文化为特色,以建设大学生艺术教育中心为平台,秉承“以人为本”的厚生传统,培养学生的厚生精神、“团结奋进”的意识和“追求卓越”的创新思想。南京医科大学以生命科学和医学文化为特色,以大学生生命伦理教育中心平台,通过医学文化和科教活动,培养学生高尚的思想情操、完美的文化品位和健全的人格修养。四校通过文化资源平台的建设和打造,使文化品牌更具特色,共享平台更为坚实,教育活动更为持久。

在文化素质教育成果彰显方面。四校协同创新大学文化素质教育所取得的成效,得到社会广泛赞誉。《中国教育报》《新华日报》《社会科学战线》《浙江工商大学学报》报道了四校如何建立并运行五大共享机制。台湾通识在线副主编林孝信先生专门到河海大学访问了解四校共建情况,并在台湾地区进行了宣传。南京大学、东南大学、中南大学、北京航空航天大学、华南理工大学等高校还通过多种形式调研四校共建做法。四校相关部门负责同志积极参加全国性大学生文化素质教育学术研讨会和经验交流会,扩大了四校文化素质教育的影响力。河海大学作为四校基地牵头院校成为中国高等教育学会大学素质教育分会理事单位。基地办公室编印了《文化素质教育简报》14 期,共发行近 7000 份,面向教育部、江苏省教育厅等相关部门及全国 93 个国家大学生文化素质教育基地所属院校的师生寄发,很多同行纷纷致电或来访了解具体情况,在业内产生了很好的社会影响。

四校协同创新大学文化素质教育基地,经过多年的建设、运行、探索、实践和总结,形成了独具特色的高校间共享互融的大学文化素质教育成果。成果不仅得到全国高等教育学校教学研究中心专家组充分肯定认为:“该成果在教育理念、管理体制、运行机制、课程建设、师资队伍以及理论研究等方面取得了显著的成效,在高等教育教学方面产生了重要影响,为多校共建国家大学生文化素质教育基地起到了引领作用,具有示范推广应用价值。"该成果亦得到江苏省教育主管部门的高度评价,并获得"江苏省人民政府高等教育教学成果特等奖"。

# 第九章

# 河海大学现代德育队伍建设

高校德育工作队伍是高校育人体系的重要组成部分。加强德育队伍建设,就是要建设一支政治强、业务精、纪律严、作风正的思想政治教育工作队伍,成为大学生健康成长的指导者和引路人。多年来,河海大学认真贯彻落实中央和教育部一系列文件精神,围绕立德树人这一根本任务,不断加强德育队伍建设,提高队伍专业化水平,提升德育工作质量,努力推动社会主义育人目标的实现。

## 第一节 理论课师资队伍建设

思想政治理论课教师是高等学校教师队伍的一支重要力量,是马克思主义理论和党的路线、方针、政策的宣讲者,是社会主义意识形态和精神文明建设的传播者。多年来,学校不断加强思想政治理论课教师队伍建设,提高马克思主义理论素养,提升科研能力和教学水平,发挥思想政治理论课教师影响学生、引导学生、引领学生的能力。

### 一、完善结构健全保障

高等学校思想政治理论课是"国家课程",承担着对大学生进行系统的马克思主义理论教育的任务,是对大学生进行思想政治教育的主渠道。长期以来,学校党政领导对思想政治理论课师资队伍建设保持高度重视,成立了思想政治理论课建设指导委员会,统筹协调各职能部门支持和参与思想政治理论课建设工作。学校党委行政定期和不定期的召开思想政治理论课建设研讨会,对于中央提出的关于思想理论课教师队伍建设的意见以及思想政治课教育教学的总体要求、队伍建设、经费支持等问题进行充分研讨,并将思想政治理论课建设的相关内容列入五年发展规划以及每年的具体工作计划中,同时将部分思想政治理论课列为重点(或精品)课程进行建设。

学校在配置思想政治理论课专任教师队伍的过程中,重视队伍的结构优化。2011年,为进一步加强思想政治理论课队伍建设和相关学科建设,学校根据中央要求,在原有学科结构基础上进一步将思想政治理论课有关力量和马克思主义学科独成设置,成立马克思主义学院,负责全校本科生和研究生的思想政治理论课教学、科研等工作。同时负责思想政治教育本科专业的教育教学,马克思主义理论等相关学科建设工作。经过多年的发展与调整,学校形成了一支年龄结构、学历学位结构、职称结构日益合理的师资队伍。目前,学校有专任思想政治教育理论课教师47人。其中,有博士学位的有18人,占总人数40%;正高职称14人、副高职称11人、中级职称22人。正高职称的思想政治理论课教师全都在教学第一线。

学校始终以保证思想政治理论课教育的质量和可持续发展为目标,在教师队伍的选拔、培养、考核以及奖励等方面均制定了完善的保障制度。实行思想政治理论课专任教师任职资格准入制,按照专任教师不低于师生1:400的比例进行配备;鼓励思想政治理论课专任教师攻读马克思主义理论相关学科博士、硕士学位,并给予符合条件专任教师培养费用以及提供学校资源性科技经费项目支持;保证思想政治理论课专业技术职务高级岗位的比例不低于学校重点学科高级岗位设置的平均水平,且不挪作他用;在思想政治理论课专任教师的专业技术职务评定过程中,更注重考核教学能力与教学实绩,并按照要求选送思想政治理论课专任教师和哲学社会科学课教学科研骨干参加全国和省(区、市)培训、研修,每学年至少安排1/4专任教师开展社会实践和学习考察活动。为鼓励思政课教师不断改进教学方法、提高教学质量,对思想政治理论课教师的表彰纳入学校各类教师表彰体系中,进行统一表彰,并在教学评奖时给予思想政治理论课专任教师一定倾斜。

## 二、激励引导重视培养

提高思想政治理论课教师素质是提高教育教学质量的关键所在。河海大学一直注重强化思想政治理论课教师的在职培训,大力引进马克思主义理论学科高层次人才,为思想政治理论课建设提供必要的人才支持。

为保障思想政治理论课教师队伍发展,学校将思想政治理论课师资队伍建设纳入学校师资队伍建设规划;支持思想政治理论课专任教师进行学历教育和博士后研究,鼓励参加国内外访问学者项目或出国进修。近 10 年来,100% 的思想政治理论课教师有外出进修、考察及参加各种学术性会议的经历。每年安排思政课教师开展社会实践和学习考察,并安排专家、学者到学校进行授课。同时,先后邀请中国社会科学院、北京大学、清华大学、中国人民大学、复旦大学、南京大学、武汉大学等单位知名专家来校讲学,首都师范大学、中央财经大学、中国青年政治学院、中国地质大学等高校思想政治理论课负责人和教师到学校开展课程建设和教学改革交流。

## 三、创新实践提升能力

为帮助思想政治理论课教师队伍发展,学校通过专题研讨、教改项目支持、讲课竞赛、实践项目设置等途径,鼓励和支持思想政治理论课教师在遵循教育教学规律前提下创新教学方法,开展教学改革;同时支持相关教师参与学生思想政治工作,通过实践参与提高教学水平和教书育人能力。

在学校的支持鼓励下,河海大学思想政治理论课教师不断改进教学方法,结合党和国家大政方针和学生特点,采用启发式、参与式、学生实践课题研究等研究式教学,教师教学效果好,90% 以上学生评价达到良好,教师的课堂教学质量测评平均分在学校平均分以上。同时,思想政治理论课教师结合教学工作,利用课内外时间主动深入学生,或者担任本科生导师和班主任,或者参与"青马工程"、学生社会实践等教育实践活动,教书育人,实践思想政治教育理论。

通过创新工作方式以及持续深入的实践探索,河海大学思想政治教育团队及个人多次获国家级、省部级奖项。2008 年,韩振燕副教授主持的"重能力、重实践、重创新——'马克思主义政治经济学原理'课程教学改革"获 2007 年度江苏省高等教育教学成果奖二等奖;2011 年,《思想政治理论课实践教学模式创新》获河海大学优秀教学成果特等奖,"基于'人文河海'平台的全景式人文素质教育体系建构"获河海大学优秀教学成果一等奖;2008 年,"马克思主义基本原理概论"教学案例被教育部评定为优秀教学案例,同年该课程获得江苏省精品课程称号;2009 年,马克思主义基本原理概论(第五章)课件入选教育部高校思想政治理论课"精彩多媒体课件";2007 年,黄明理成为江苏省"333 工程"培养对象(第三层次)和江苏省"青蓝工程"中青年学术带头人;刘爱莲教授、毕霞教授先后获江苏省思想政治教育工作先进个人称号。

通过多年积累建设,河海大学思想政治理论课教师队伍不仅教学能力得到提升,科研能力同样不断发展。学校思想政治理论专业每年至少有10项校级及以上科研课题立项,覆盖国家社科基金、教育部人文社科基金、江苏省社科基金、国家及省教改项目等各级各类科研项目。据不完全统计,仅2005—2009年五年中,思想政治理论课教师发表论文就达到472篇。其中,一流期刊17篇;人大复印资料全文转载22篇;CSSCI来源期刊163篇,CSSCI扩展版来源期刊22篇。2005—2009五年中专任教师出版专著(含合著)近20部,出版教材、教辅等共计6部。

**四、凝练特色形成风格**

为提高思想政治理论课的实效性,河海大学鼓励和支持思想政治理论课教师进行富有特色的实践探索,形成自身特色和工作风格。多年来,在思想政治理论课教师的不断探索下,河海大学在全国率先(2004年)设立思想政治理论课学生实践课题研究,形成了特色项目——"教—学—研"同构的实践教学模式。

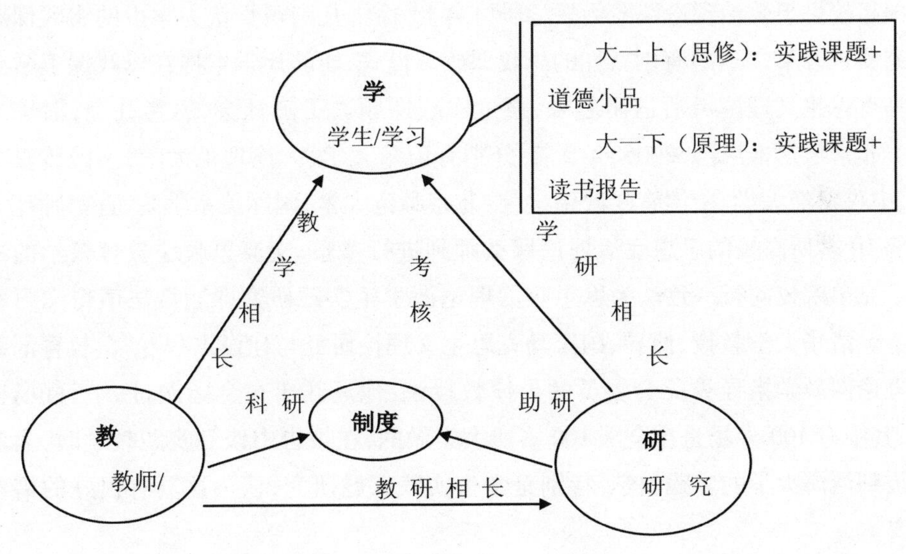


**图:"教—学—研"同构模式**

该模式的主要特点有:①将课堂教学与实践课题研究相结合。培养了学生的人文情怀、团队精神和研究能力,取得了良好的育人效果成果。②学生研究、研究生协作、教师指导相结合。即任课教师作为指导教师,在读研究生协助任课教师开展实践课题研究、指导课外实践活动,使师生间的联系更加通畅。既达到为本科生及时释疑解惑的目的,也锻炼提高了研究生的组织能力和科学研究能力。③整体性与层次性相结合。遵循思想政治理论课程群教学规律,把实践环节的整体设计和不同年级、不同课程结合起来,不同的课程侧重于不同的实践形式和实践内容,从而实现课程群实践教学的阶段性和连续性的统一。

经过多年实践探索和完善,该项目产生了良好的社会影响。2011 年 1 月 27 日,《光明日报》(第 A6 版)以"让理论课'活'起来——河海大学思想政治理论课实践教学模式探索之路"为题,对思想政治理论课实践教学模式创新进行了报道,认为"实践教学常态化的教学理念,以及学生课题研究等实践教学形式,值得推广和借鉴。"《中国教育报》(2004 年 11 月 22 日第 1 版)以"'两课'教学变得如此生动——河海大学加强和改进大学生思想政治教育纪实"为题,《光明日报》(2004 年 12 月 03 日第 A2 版)以"河海大学'两课'火起来"为题,也相继对此加以报道,在全国高校引起较大反响。2008 年 11 月 27 日,由教育部社会科学司主办的首届全国高校思想政治理论课案例教学研讨会上,徐维凡副司长认为学生的实践课题研究项目改革,"这是有创新性的思政课改革模式,能够让学生把在思政课上学到的马克思主义理论灵活运用起来,通过实践课题去了解社会,思考社会,锻炼才干。非常值得推广"。2006 年以来,分别有山东大学、大连理工大学、中国传媒大学、中央财经大学、中国青年政治学院、北京师范大学、国际关系学院、首都师范大学等 10 多所高校的思想政治理论课教师到进行考察,交流思政课教育教学的经验。兄弟院校同行一致认为思想政治理论课学生实践研究课题做法值得学习和借鉴。清华大学教授、博导、国家马克思主义理论研究与建设工程专家、教育部政治理论课教学指导委员会委员的吴倬教授说:他近几年在全国做过二三百场报告,其中有 100 多场是在全国 100 多所大学做的,在报告中谈到实践教学时,大多要提到河海大学的实践教学,特别是学生实践课题研究,认为这具有很好的借鉴意义。

## 第二节 学生辅导员队伍建设

辅导员是高校德育工作的骨干力量,是教师队伍的重要组成部分,是开展大学生思想政治教育的组织者和实践者。在长期的学校德育与思想政治教育工作中,河海大学始终坚持"科学化设计、专业化培养、多样化发展"的辅导员队伍建设总体思路,始终按照"一队多元""一进四出""一专多能""一体三化"的目标建设发展辅导员队伍。

## 一、建设"一队多元"的辅导员队伍

建设"一队多元"的辅导员队伍就是建设一支以专职为主,专兼结合的辅导员队伍,并且要求在性别搭配上合理科学、在年龄层次上以中青年为主、在学历层次上以研究生为主体、在学缘结构上逐步扩大外校比例。为了加强"一队多元"的辅导员队伍建设,学校每年根据实际需要,公开对外招聘教育学、管理学、心理学、社会学以及思想政治教育专业硕士以上学历的人员,充实专职辅导员队伍。兼职辅导员则从专业教师、党政管理人员或研究生中选聘。从专业教师中选聘对象主要考虑新聘用的具有博士学位人员,发挥"双肩挑"优势,明确聘用期限,在聘期内以辅导员工作为主。从党政管理人员中选聘对象主要考虑资深主任科员及科长以上人员,以相应待遇作为激励措施,发挥其熟悉校情、责任心强、工作经验丰富的综合优势。根据学生工作需要,不定期的选拔学有余力、热爱辅导员工作、政治素质过硬、工作富有热情的博、硕士研究生作为兼职辅导员,以专业对口原则分配到相应的专业年级担任辅导员工作。

辅导员的选聘工作由学校党委统一领导,人事处牵头,学生工作部门、学院党委(总支)等共同参与组织实施。范围上坚持面向全国,程序上公开招聘。选聘标准除热爱学生工作、具有奉献精神,业务素质高外,一般要求具有政治学、教育学、心理学、伦理学、管理学或学校相关学科专业知识背景。竞聘程序包含笔试、面试、公示、试用。根据《关于进一步加强辅导员队伍建设工作的意见》《河海大学专职辅导员管理办法》等相关文件精神,辅导员岗位设置和配备总体上按照1:200的比例配备,保证每个院(系)的每一个年级有专职辅导员;研究生专职辅导员根据实际情况按一定比例配备;同时保证海军国防生、基地强化班、社区管理等方面专职辅导员的数量。

## 二、建设"一进四出"的辅导员队伍

河海大学按照"高进、严管、精育、优出"的原则进行辅导员队伍管理,既鼓励有志于学生工作的辅导员走职业化、专业化、专家化道路,又把辅导员作为党政后备干部和教学科研后备力量加以培养,形成"一进四出"的辅导员队伍良性循环机制。"一进",就是完善辅导员选拔程序,严格把好入口关;"四出",就是通过提拔、留用、转岗和深造等途径,建立切实可行的辅导员流动制度,畅通辅导员的业务发展出口。①提拔,指对政治素质好、业务素质精、发展潜力大并愿意继续从事学生思想政治工作和党政管理工作的优秀辅导员,作为党政干部的后备力量加以重点培养,优先提拔到各级领导岗位。②留用,是对愿意继续从事辅导员职业的优秀辅导员,可以继续留用,并且根据其工作业绩逐步提高岗位职级。③转岗,对完成任期后选择从事教学科研或管理工作的优秀辅导员,优先创造条件予以安排,到学校相关部门或学院从事管理、教学或科研等工作。希望到校外工作的优秀辅导员,学校积极向外推荐和输送,为成长和发展提供更大的空间。④深造,本着缺什么、补什么的原则,鼓励辅导员攻读高一级学位或选送到国内外进修,以提高辅导员的学历层次和业务水平,增强其在新形势下开展工作的能力。

为了进一步落实辅导员相应职级、职数和待遇,学校制定《河海大学职员职级晋升暂行办法》,将辅导员岗位纳入学校职员职级晋升序列,打通五至九级职员晋升通道,对校级优秀辅导员评审中被评为优秀的辅导员,可以提前一年申请晋升高一级职级,并给予一定奖励,并设置学院团委书记岗位由专职辅导员兼任,对应管理岗位科级以下实职。

## 三、建设"一专多能"的辅导员队伍

建设"一专多能"的辅导员队伍是现代高校德育工作的需要。"一专多能"。即辅导员以一门专业为主,同时具备教育学、心理学、社会学、管理学等学生发展指导的相关专业知识,具备良好的思想教育工作能力、组织协调能力和语言、文字表达能力。

为了加强"一专多能"的辅导员队伍建设,学校采取了有力措施:①构建辅导员培训体系。拟定了《河海大学辅导员培训规划》,形成了校内岗前培训、日常培训、专题培训、职业化培训、学工交流等五种类型横向贯通,融教学、科研、实践交流三位一体的辅导员校内培训体系。新聘辅导员推行"先培训、后上岗"的准入制,培训形式主要有社会实践、素质拓展、学习交流、辅导报告和专题讲座,培训内容主要包括思想政治教育、心理健康教育、职业生涯规划、日常教育管理、学生事务管理与服务等。②完善学工交流制度。学校创造机会和条件,组织相关人员赴国内外知名高校开展学生工作经验交流,拓展视野、开阔思路,进一步提高工作水平和创新能力。定期组织各学院间开展学生工作交流,组织各学院辅导员开展学生工作交流会,结合 PPT、视频等手段,针对辅导员工作开展情况作系统、全面的总结与交流,并着重介绍特色工作和典型经验。加强辅导员之间的交流、沟通,营造辅导员之间互学互助,共同提高的良好氛围,学校建立了“辅导员之家”,每逢单月开展学生工作论坛,双月开展文体活动。③提升辅导员职业素质。学校 2013 年以学习和贯彻教育部《高等学校辅导员职业能力标准(暂行)》为契机,开展河海大学辅导员职业技能大赛和辅导员工作沙龙,通过“严格准入、加强培训、平台展示”提升职业素质,促进辅导员间的相互学习交流,提升学生思想政治工作的科学化水平。④鼓励开展科学研究。2008 年,成立了河海大学学生工作研究会,下设学生党建与思想政治教育、学生事务管理、学生心理健康教育、学生素质拓展、学生就业指导五个研究分会。依托学生工作研究会和全国高校辅导员工作研究会,开展了系列解决学生工作的实际问题的课题研究,落实了思想政治教育专项课题和辅导员论坛工作机制。此外,学校在辅导员专项经费中设立学生教育管理研究基金,鼓励辅导员参与相关课题的研究。近年来,有 40 名辅导员申报并参与了学校近 20 项课题研究,有 10 名辅导员申报教育部哲学社会科学研究重大课题,有 5 位辅导员的论文被省高等教育学会收入高校学生管理优秀论文集。

## 四、建设“一体三化”的辅导员队伍

建设“一体三化”的辅导员队伍是高校德育队伍建设发展的趋势。“一体三化”的辅导员队伍就是建设一支以专业化、专家化、职业化为目标,能够适应现代高校德育需要的、引领大学生健康成长的、推动高校德育现代化进程的、个体素质优良的思想政治工作专家群体。

中央 16 号文件分布后,河海大学加大了辅导员队伍建设力度。学校按照“一队多元”“一进四出”“一专多能”的辅导员队伍建设原则,基本上实现了“一体三化”的建设目标。为了积极推动辅导员队伍按照“三化”要求建设,学校根据专职辅导员的学科背景和兴趣爱好,将辅导员队伍分为学生日常生活管理组、校园活动指导组、成长规律研究组、心理健康教育组、就业指导教学组等若干学习研究组,并由与此组有研究特长的或专业知识背景的学院党委副书记领衔任组长,定期组织小组成员开展业务学习和工作研究。适时优先选派他(她)们外出对口学习提高,推动辅导员队伍朝着专业化、专家化、职业化方向发展,督促他(她)们去学习、研究、出成果。实践证明,这一措施对辅导员的确发挥了极大的引导性作用,使不少辅导员在这一岗位上强化了责任、增强了信心、培养了兴趣、形成了专长,晋升了高一级技术职务,成为某一领域的专家和职业发展方向。

这支辅导员队伍不仅是一个学习型的组织,战斗型的队伍,也是一支研究型的团队。据不完全统计,近三年,学生辅导员队伍共撰写发表高质量论文192篇,其中发表在核心期刊的论文90余篇。申报及在研的课题86项,其中承担省部级研究课题4项,包括2010年中国高等教育学会课题《创新创业教育嵌入专业教育操作的模式研究》;江苏团省委专项课题《社团社会化研究》;2011年江苏省高等教育学会“十二五”教育科学规划课题《基于素质能力培养的大学生创新创业教育模式研究》;江苏省教育厅教改课题《招生考试改革试点研究》。获得校级奖励128人次,省级奖励30人次。2014年,辅导员吴昊获得第六届辅导员年度人物评选入围奖。

## 第三节　学生班导师队伍建设

班导师是高校思想政治教育工作队伍中的重要成员,是大学生业务学习的引路人和指导者。班导师的思想作风、敬业精神、执教态度、学术风气、业务水平等对学生的示范作用极大,在学生思想政治教育、学业指导、学风建设、职业生涯规划等方面发挥着不可取代的作用。学校为了全面贯彻《中共中央、国务院关于进一步加强和改进大学生思想政治教育的意见》精神,认真落实《教育部关于加强高等学校辅导员班主任队伍建设的意见》要求,颁布了《河海大学班导师工作管理办法(修订)》,办法对班导师的任职条件、工作职责和考核管理办法作了明确要求。

### 一、班导师的职责

《河海大学班导师工作管理办法(修订)》规定:学校班导师主要职责是,做好学生的日常教育与管理工作,引导学生遵纪守法、加强道德修养,注重学生的个性健康发展;针对学生的个体差异,因材施教,为学生提供学习与就业方面的个别指导,帮助学生顺利完成学业,提高学生培养质量。班导师具体工作内容包括:①做好新生入学教育工作。重点做好专业认知教育工作,包括向新生介绍专业培养方案、专业特色、专业发展前景等,让新生全面了解所学专业,明确学习目标。②对责任的班级学生进行学习指导。定期召开班会,掌握学生的学习情况,介绍专业发展动态,开阔学生视野;定期听课并及时与任课老师沟通,了解学生学习中存在的问题和困难,督促学生全面完成学习任务。③协助辅导员做好责任班级学生干部的培养工作。要深入学生班级,定期走访学生宿舍,积极参与学生组织的活动,熟悉每一个学生,加强对班委会的指导,帮助班级形成团结进步、刻苦钻研、积极向上的优良学风。④与辅导员一起开展丰富多彩的“第二课堂”,培养学生的创新精神和创新能力。鼓励学生积极参加创新训练项目、科研课题和各种社会实践活动,提高学生的综合素质和专业素质。⑤对学生的学籍管理问题提出建议。负责对责任班级学生的课程选修、辅修、转专业、提前毕业、推荐免试研究生、留级、延长学习年限、休学、复学、退学等学籍管理问题提出建议或处理意见。⑥协助指导学生做好职业生涯规划。与辅导员一起教育学生树立正确的价值观和择业观,指导学生合理地设计自己的职业生涯,做好学生的就业指导工作。

班导师在大学生中具有特殊的育人功能。即在具体工作中发挥学术功效,工作重点为导学、助学、督学。班导师的专业背景,使他们在指导学生时更有针对性,学生在学业问题上更愿意与班导师沟通交流,对学生起着潜移默化的作用。在学风建设上言传身教,经常“进教室、进宿舍、进班级、进网络”,及时了解学生上课情况,配合任课教师及时对迟到、早退、旷课的学生进行教育处理;强化辅导员、班导师与教学秘书的联系制度,通过学生成绩查询系统进行监控,对在班级学习成绩排名后5%或与上学期相比下降15个名次以上的学生进行预警,并开展个体辅导;多了解学生除学习之外的思想、生活等方面情况,多提有针对性和实效性的意见和对策,多解决学生思想、学习和生活等方面的关键问题。此外,班导师在开展工作的同时,保持同辅导员、学生家长的适时沟通交流,有效发挥了学校、家庭和社会的教育管理协同作用。

**二、班导师的聘任**

《河海大学班导师工作管理办法(修订)》规定,班导师由各院(系)行政委派,每个本科班级设置1名班导师,在分管教学工作的院长领导下,对责任班级进行学习指导和管理。学校对班导师选拔聘任工作设定严格标准,规定班导师必须要由高质量、高水平、高素质的教师骨干担任,且必须符合以下条件:①具有良好的思想政治素质,热爱教育工作,热爱学生,工作责任心强,具有奉献精神,品行端正,为人师表。②专业知识丰富,教学效果好,工作能力强,熟悉学生成长成才规律，具备良好的文化素养，具有较强的科研能力和学习指导能力。③具有硕士学位或中级以上职称，身体健康，能胜任日常工作。

在保证学校班导师选拔聘任标准的基础上，各学院根据自身实际情况，制定更为细致的管理规定。如土木与交通学院根据学校文件精神，特别制定了《河海大学土木与交通学院本科班导师管理条例》，明确提出班导师工作归属学院教学副院长管理；普通班班导师由各系主任指派，报送教学副院长批准后任职，重点班班导师直接由教学副院长选定；原则上同一老师不兼任两个班的班导师，特殊情况下，大四年级班导师可兼任低年级班导师。《条例》中规定每位教师均有担任班导师的义务和权利，要求年轻教师必须担任一届班导师工作，作为晋升职称的基本条件，并细化了班导师在教育管理工作中的工作内容与具体职责。

## 三、班导师的考核

班导师的考核工作由教务处牵头，以《河海大学班导师工作评估考核表》为考核内容和考核标准，包括班导师自评—责任班级学生评定—学院评定等一系列环节。考核等级分为优秀、称职、基本称职、不称职四个等级，不同考核结果享受不同待遇。班导师工作的考核结果作为教师年度工作考核、专业技术职务晋升和岗位聘任的条件。考核为优秀的班导师在年度工作考核、专业技术职务晋升和岗位聘任时予以优先考虑，减免20%的工作量；考核为称职的班导师，减免15%的工作量；考核为基本称职的班导师，减免10%的工作量；考核为不称职的班导师，不减免工作量，当年度不能晋升职称，并予以撤换。对于申报教学为主型的教授/副教授岗位人员，担任班导师的教师考核优秀，在同等条件下优先考虑，考核不称职的，取消当年的晋升资格。由于进一步完善了班导师的考核机制与规范管理，大大增强了各班导师的荣誉感和责任意识。许多班主任纷纷采用“课堂教人、课后育人”的多元化、立体化工作模式，在完成课堂教学任务的同时，在课后针对学生学习成绩、思想动态、生涯规划等情况提出悉心指导，取得了明显的效果。

## 四、班导师的实效

班导师大多是年龄与学生相对接近的青年教师，有着良好的年龄和身份优势。许多班导师像关心自己的孩子和弟妹一样关心学生，用真心感动学生，与学生建立了深厚的情感和友谊。很多班导师经常深入学生宿舍与课堂，与学生谈理想、谈人生、谈学习、谈生活，做学生的良师益友，还帮助部分有专业情绪、学习迷茫的同学，解除了精神包袱，提高了学习热情。他们在深入宿舍与课堂的同时，还通过电话、QQ、Email 等方式加强与学生及其家长的联系和沟通，对学生因材施教、因类施教，根据学生的个性特点，不断创新方法。对于学业成绩一直较好和目前暂时落后的学生，制定差异化培养目标，要求前者“精益求精”，后者“学习先进，不断提升”，或者根据学生的控制力、兴趣点不一样，针对性地对学生进行引导。青年班导师的努力取得了良好的成效，不少“问题学生”通过班导师的引导，对自己重拾信心，学习、生活等方面也逐渐步入正轨。

自学校制定优秀班导师表彰制度以来，已经有数百名教师获得“优秀班导师”荣誉称号，为班导师群体树立了学习榜样。2009 级热能与动力工程二班左潞老师在担任班导师数年间，经常利用空余时间深入学生宿舍与同学集体谈心，在谈笑过程中向学生介绍本专业相关的内容以及在企业中的具体应用，培养学生专业兴趣；通过介绍大学授课特点和学习方法，帮助学生尽快适应大学学习和生活；通过介绍本专业往届优秀毕业生的一件件小故事生动诠释大学学业绩点与奖励制度、保研、学出国深造、就业等之间的关系。重视班级学生骨干队伍建设和在学生中提倡“赞美教育”，工作深受学生欢迎。该班荣获的集体荣誉，学习成绩、卫生成绩、获得奖学金人数均在年级名列前茅。2009 级风能与动力工程一班秦战生老师在担任班导师期间，深入课堂和课设、毕设教室，结合专业课和实践课实际，强调专业课程、实践课程对培养和锻炼实践能力以及专业技能的重要意义，取得了良好的效果；在日常生活中，积极参加班级各类活动，和同学打成一片；在就业指导方面，召开职业发展规划主题班会，提倡每个同结合自身实际，从学业上、综合素质上，目标定位上早做准备，做到“内强素质、外塑形象”，信息全面，目标明确。强化“心中有目标，行动有方向，尽早做准备，争取好成果”的深造、就业意识。在秦老师的悉心指导下，09 级风动一班荣获江苏省先进班集体称号，2013 年全班同学均实现顺利毕业、就业。

## 第四节　大学生骨干队伍建设

大学生骨干队伍是学生群体中的骨干力量，是学校与学生之间的桥梁和纽带。加强学生骨干队伍建设，是强化“育人”目标、推动校园文化建设、有效地开展工作的必然要求。多年来，河海大学贯彻“自我管理、自我教育、自我服务”的“三自”方针，积极加强学生骨干队伍建设，创建了1442工程、青马工程等精英学生培养模式，充分发挥了学生骨干的示范引领作用，锻炼了学生骨干自身的组织领导能力、管理协调能力，取得了良好的德育效果。

## 一、优选骨干滚动培养

学生骨干是学生效仿的对象，榜样本身应当非常优秀，才能对其他学生起到良好的示范引领作用。因此，学校领导高度重视学生骨干选拔工作，相关责任部门坚持标准，严格选拔程序，确保将优秀学生吸纳到学生骨干队伍中来。虽然具体选拔标准依据类别不同有所差别，但均涵盖对学生思想品德、学习成绩、社会工作、综合素质等要求。唯有符合选拔条件的学生，才有机会成为学生骨干。

对于符合条件的学生，学校要经过一套严格规范的选拔程序进行选拔，即公布选拔条件、学生申请报名、学院推荐、相关部门根据学校制定的选拔办法进行选拔、面试并确定初步名单、报上级主管部门审定、公示、确定最后名单等程序。考核的形式包括无领导小组讨论、结构化面试、笔试等。每年的1442工程选拔、青马工程选拔都是学校的一件大事，许多相关的中层干部、专家都直接参与其中，担任各个环节的专家。大学生朋辈辅导员的选拔还要先经过系统培训，并经心理测试，考核合格后方可获得朋辈辅导员资格。

为了保证学生骨干的纯洁性和示范性，学校定期对学生骨干实施滚动式考核和动态式管理。在每学年末，学校均组织对学生骨干进行考核，从思想品德、专业学习、学生工作、综合素质等方面对学生骨干在当学年的表现进行重点考核。学生骨干考核由专人负责，对考核不达标的学生骨干予以淘汰，同时根据需要对学生骨干队伍适时进行必要的调整和补充。通过滚动式的考核更替，保证了学生骨干群体的整体优秀，同时激励了学生骨干和普通学生不断以严格标准要求自身，不断追求进步，从而带动全体学生向更高目标迈进。

## 二、按类培养因材施教

加强学生骨干培养，对引领学校人才培养，开展大学生德育工作和思想政治教育活动具有重要的战略意义。河海大学在校本科生2万余人，研究生近1万人。为了加强学生骨干队伍建设，打造学生骨干示范群体，引领全校学生全面发展，学校根据不同类型学生骨干的培养目标、培养重点、培养要求因材施教，先后打造了四支学生骨干队伍。

"1442 工程"学生骨干队伍。河海大学"1442 工程"学生骨干队伍的培养，是以大学生综合素质培养和全面发展为目标，通过文理知识的互补互融方式，对从中优选业务学习好、身心素质好、思想品行好、外在形象好、发展前景好的学生骨干组织起来集中学习、教育和训练，按照"缺什么补什么"的要求进行在校持续施教培养，以适应现代水利建设人才素质之需要。旨在探索大众化教育背景下培养精英人才的教育模式。

"青马工程"学生骨干队伍。河海大学青年马克思主义者培养工程学生骨干队伍的培养，是以培养大学生坚定地走中国特色社会主义道路的信念为目标，以各级各类学生干部、学生社团干部、学生党员和入党积极分子、共青团干部和优秀青年知识分子为主体形成的学生骨干队伍，并按照不同的类别和对象，分别组织马克思主义基本原理学习、思想政治理论教育、社会公德教育、党性观念训练、创新实践能力和组织协调能力提升，为中国特色社会主义事业培养合格的建设者和可靠接班人。旨在探索社会多元化背景培养青年马克思主义者的育人模式。

"朋辈帮扶工程"学生骨干队伍。大学生朋辈辅导员学生骨干队伍。河海大学大学生朋辈辅导员学生骨干队伍的培养。是以互帮互助、共同进步为目标，在同学中精选学习成绩好、公益观念强、热心帮助"困难生"的优秀学生组成大学生朋辈辅导员队伍。对他(她)们在思想修养、公益服务、助人为乐、扶贫帮困等方面给予理论提升和技能指导，让他(她)们在身心健康、生涯规划、学业管理、素质拓展、日常生活等方面对同学进行朋辈辅导和帮助。旨在发挥朋辈学生骨干的帮扶作用，形成互帮互学共同进步的校园学习文化氛围。

国防生学生骨干队伍。河海大学国防生学生骨干队伍的培养，是以我国海军国防建设和人才培养素质的总体要求为目标，对招收的国防生进行集中居住，实行半军事化管理。通过"三完善""三结合""三注重""三递进""三互动"的培养过程，让国防生学员在校学习期间，按照军人的要求受到良好的教育和严格的管理。受到良好的专业知识学习和浓厚的校园文化熏陶，受到普通军人应具有的军政素质训练和思想政治素养的提升，使其尽快成为我国海军国防事业最需要的、最合格的最优秀的军人。旨在通过系统化、针对性地开展国防生的教育和培养，为校园普通大学生的教育培养发挥示范引领作用。

## 三、巩固提高优化完善

为了不断适应我国高等教育的发展和人才培养模式的创新,不断提高学生骨干人才培养效果,学校在探索、实践、总结的基础上,进一步优化培养方案,不断完善教育内容,使学生骨干队伍的培养模式百尺竿头,再上一步。这里仅以青年马克思主义者培养工程为例。

"青马工程"是学校学生骨干培养四大示范工程之一。为了进一步优化培养方案和完善教育内容,学校在原"青马工程"培养模式的基础上,开拓性地增加了"青马工程"暑期训练营板块,以训练营的方式对青马学员进行短期集中培训,包括党性修养、党的理论等课程和专题研讨。暑期训练营避免了在正常教学期间与其他学业内课程冲突,提高了学员政治理论的学习效率。训练营一般采取半封闭式训练,训练要求学员于暑假假期结束前一个星期返校接受培训;培训方案采用"5 + 5 + 1"模式,其内涵为:以讲座为主要形式的理论学习"5"场,以活动为依托的实践锻炼"5"项,以体验教学方法的素质拓展"1"天。在"5 + 5 + 1"的模式运行下,做到学习内容精细化、学习形式多样化;在同样主题情况下,以主题为线索,将不同的学习方法、活动形式贯穿其中,形成线索化的主题活动,以实践检验理论学习,以活动证明实践能力。与此前的"青马工程"培养方案相比,暑期训练营具有良好的创新性。①多样化的学习形式。训练营的活动时间一般为一周左右,学习形式主要采取自我学习、集中授课、小组讨论、分组研讨、头脑风暴等多种学习形式,不同类型的学习方法根据主题内容、活动形式分散在一周的各个时段,有利于学员由被动接受知识,转化为主动学习知识,通过小组讨论、分组研讨等非个人学习的形式有效地让学员与学员之间加深情感和学业上的交流,同时也能够锻炼每个学生的组织协调能力及团队学习和合作精神。②线索化的主题活动。线索化的主题活动是指就某一主题为主线,为达到知识与技能、过程与方法、情感态度价值观这三维目标而开展的系列活动,是对多样化学习的一种资源整合。在训练营培训期间,大部分的课程学习都是系列化的主题活动。以"中国梦"为例:将"百年中国梦——红色电影背后的故事"交流活动作为"中国梦"系列活动中的"忆梦"环节;开展《学习贯彻习近平总书记五四重要讲话精神》的理论学习座谈会为"寻梦"环节;最后以《激昂中国梦,奋进河海梦》主题演讲比赛和《梦想在前,路在脚下》为题的征文活动作为"中国梦"的"追梦"部分。一条主线贯穿始终,且整合了多种学习形式,循序渐进,让学生深刻了解培训学习的目的和意义。③全方位的学习内容。"5+5+1"的训练模式与全方位的学习内容是相互依托的关系。其中5场理论讲座着重覆盖坚定马克思主义信仰信念、爱国爱党爱校教育、社会热点问题、综合文化素养、文案策划应用技能5个方面。在坚定马克思主义信仰信念方面,分享马克思主义中国化最新理论成果,注重学生理论素养提升;在爱国爱党爱校教育方面,通过解析党史校史,提高学生思想政治素质;在社会热点问题方面,举行辩论会辨析社会思潮,提升社会观察能力;在综合文化素养方面,着重人际沟通与文明礼仪,文化艺术拓展;在应用技能方面,增强学生策划执行能力、实践创新能力。多样化的学习形式、线索化的主题活动以及全方位的学习内容都是围绕着"5+5+1"的模式开展的相应的培训,整个训练营从组织到实施,全部以学生为主体,自主管理、自我教育,校团委领导、老师全程参与指导,其目的在于让学生在渐进式学习中体验进步,充分发挥学生的主观能动性。

暑期训练营是"青马工程"学生骨干培养方式的一种有效探索,通过七天全面培训,共涉及不同类型的课程5—6次,学生自行组织的活动5场。以交流研讨会、辩论赛、红色教育、实地观察等形式为载体的活动,不仅让学生骨干受到了训练、锻炼了体魄、增长了知识,而且让学生骨干对马克思主义中国化最新理论成果有了更深刻的认识,对国情党史社会民情有了更深入的了解。有利于理想信念的坚定和视野眼界的提升,提高了思想觉悟和政治理论素养。同时在团队合作、协调交往、策划执行、实践创新等方面的能力也得到了锻炼和提高。通过合理安排"5+5+1"培养模式的学习内容,真正做到理论和学习"两条腿走路",用理论武装自己,在实践中检验实效。

## 四、探索创新成效彰显

河海大学在长期的办学实践中,始终坚持"以人为本、德育为先"的育人理念,积极探索不断创新人才培养的德育模式。始终坚持以学生骨干培养为抓手,以学生骨干示范群体为榜样,引导全校学生德智体美劳全面发展,取得了令人满意的成果,实现了加强和改进德育工作的发展目标。

一是探索了大众化教育背景下的精英教育。学校以学生骨干培养和学生骨干队伍建设为抓手,积极探索大众化教育背景下精英教育德育模式。"1442工程"启动伊始,学校制定了详细的分阶段、分层次人才培养规划并精心组织实施。把学习理论放在首位,着力提升学生的政治素养;以优秀校友为榜样,教育学员树立正确的“三观”;开展社会实践活动,增强社会责任感;开展各种形式的活动,把国家对人才培养的要求和学校办学特色紧密结合起来。通过系统化的学习与培训,“1442 工程”学员比一般学生锻炼更多、成长更快,能够更快适应未来工作岗位和社会发展的需要,真正成为学校着力培养的精英人才。

二是创新了人才培养德育模式。在对学生骨干的培养过程中,学校通过整合校内外教育资源,打破专业壁垒,融传授知识、培养能力、提高素质为一体,把学生骨干的学习、研究、实践结合起来,注重学生人格修养的塑造、注重知识的交融渗透、注重社会实践的运作,成为学校人才培养模式和学生工作的特色项目。早在1995 年教育部组织的本科教学评估中,“1442 工程”培养模式受到专家组的充分肯定。以“1442 工程”为依托的《素质拓展的平台,精神培育的源地》项目,获得了江苏省高等教育协会高等学校学生教育管理创新二等奖。“1442 工程”引起了光明日报、中国教育报等多家媒体的关注和报道,产生了良好的社会效果。而通过开展朋辈辅导工作,丰富了学生教育管理形式,为解决学生日常问题尤其是心理问题提供了有效的途径,更好地促进了学生健康发展,形成了助人、自助、互助的良好氛围。由于朋辈辅导工作切实、可行,操作性强,创新效果明显,具有很强的推广价值。2006 年,大学生朋辈辅导中心先后被评为江苏省“十佳学生社团”和全国“优秀学生社团”,2009 年大学生朋辈辅导工作荣获江苏省高校学生管理创新奖二等奖。

三是获得了良好的社会反响。经过精心培养的学生骨干,走出校园后,以自身优秀素质、超群的动手实践能力取得了良好的社会声誉。学校对应届毕业生2009 级“1442 工程”学员的调查数据显示,各学院“1442 工程”学员中党员比例均达 80% 以上,英语四级 100% 通过,六级通过率为 75%,毕业班免试推荐攻读硕士研究生比例为 45%,在校期间获得各类奖学金和其他奖励的学生比率明显高于普通学生群体。学校对 400 余名 1995—2001 级“1442 工程”毕业生问卷调查显示,1442 工程中毕业生学员在工作岗位中表现优异,其中 30% 已走上处级领导岗位,30% 成为技术骨干,得到了用人单位的一致好评。

在国防生骨干培养方面,通过坚持“三完善”“三结合”“三注重”“三递进”“三互动”的培养过程,使国防生的整体素质和能力得到大幅提升。目前,有 63% 的国防生获得校级以上奖励。国防生毕业后,一般分配到海军、总装备部、武警等单位工作。在港口建设、南水北调工程、卫星遥感、亚丁湾护航等诸多岗位上都有国防生的身影。国防生培养的系列做法先后被《解放军报》《人民海军》《中国教育报》《教育部思想政治教育工作简报》《水利部网站》等多家媒体报道。2013 年，国防教育办公室继续实践国防生教育“五个三”工作方法，面向部队培养信念坚定、政治过硬现代军事人才，高质量地完成了“国防教育示范校”创建工作，成为江苏省首批国防教育示范学校。

# 第十章

# 河海大学现代德育保障措施

德育工作要顺利开展和有效推进,德育保障机制的持续完善是重要前提和基础。长期以来,河海大学十分重视加强德育工作保障体系建设,坚持德育为先,从组织、制度、经费、设施等方面为德育工作提供必要条件,有效促进各项德育工作的顺利落实和有效开展,保障学校德育工作不断取得扎实成效。

## 第一节　现代德育思想保障

思想是行为的先导。高校德育工作要有效开展,首先思想上要重视,认识上要深刻,理念上要先进,不断增强做好德育工作的自觉性、主动性和创造性。河海大学在思想上高度重视德育工作,把"立德树人"作为根本任务,坚持以科学的思想理念引领德育工作,为德育工作有效开展提供了有力的思想保障。

### 一、坚持"德育为先"

学校党委和行政牢固树立"德育为先"的思想认识,始终把德育工作置于人才培养工作的基础,始终把德育放在育人体系中的首要位置,高度重视德育工作的实施和保障,推动德育工作不断迈上新台阶。

一是实施德育"一把手工程"。把德育工作作为"一把手工程"来抓,由学校党委统一领导、党政齐抓共管,并专门成立"河海大学加强和改进大学生思想政治教育工作领导小组""学生思想道德建设工作领导小组"等领导小组对德育相关工作牵头抓总,不断强化德育工作的领导和组织,不断健全学校德育工作管理体系,不断优化学校德育工作的顶层设计。同时着力加强制度建设,出台实施 11 个配套文件,在组织领导、队伍建设、经费保障等各方面拿出务实管用的办法举措,切实提升德育工作的规范化、制度化水平。

二是重视德育工作的部署和落实。学校每年召开教育教学工作会议,坚持把德育工作与教学工作同等重视,做到一起布置、一起落实、一起规划、一起检查。强化德育工作的责任落实,对德育内容、德育途径、德育考评、德育实施做出明确规定,并将考评对象和责任主体明确到单位、落实到个人,硬化德育指标,借助德育载体,将德育落到实处。

### 二、树立正确的德育理念

在长期的德育实践中,河海大学经过不断探索实践,逐步形成了一整套较为先进的德育理念,引领德育工作不断取得新成效。

以生为本理念。坚持以生为本的教育理念,就是确立学生在学校管理工作中的主体地位,教学、科研、管理、服务都服从和服务于育人的根本目标;从学生的具体实际出发,承认学生之间的能力差异和个性差异,尊重学生的人格、尊严以及个人权益,促进学生的全面发展;在教育过程中体现人文关怀,营造更富人性化的育人氛围。

大德育理念。所谓大德育理念,就是摒弃就德育而德育的思想观念,在德育实践将知识传授与道德培养相结合,将德育贯穿于教育教学的全过程,逐步构筑起大德育平台。

一是推动德育工作的全覆盖,将德育工作覆盖到教学、管理、服务等学校各项工作中。二是强化德育工作的全员性,在全体教职员工中加强师德师风建设,采取一系列制度、措施,充分发挥广大教职工在德育中的作用。三是实施全过程德育,将德育贯穿于学生入学、学习到毕业离校的全过程。四是重视德育方法的全面性,通过形式多样的教育教学活动提高学生的德行修养,促进学生人格完善。

## 第二节 现代德育组织保障

河海大学高度重视做好德育的组织保障工作,坚持“全员育人”理念,进一步完善校、院两级德育工作领导体制,下大力气选拔培养优秀人才充实德育队伍,保障德育工作扎实有效开展。

## 一、完善校、院两级领导体制

学校成立了由校长担任组长的德育工作领导小组,分管学生工作的党委副书记任副组长,相关职能部门为小组成员单位。各学院成立院级德育工作小组,负责具体研究、制订、落实本单位的思想政治工作。校、院两级领导体制的建构,使得河海大学形成了上下联动、齐抓共管的德育工作组织网络和保障体系,充分发挥相关部门在德育工作中的积极作用,把各方力量凝聚到大德育平台上来,形成了全校上下协力抓德育工作的强大合力。

## 二、加强思想政治理论课教师队伍建设

思想政治理论课是高校德育的主渠道、主阵地。用马克思主义理论武装大学生的头脑,引导学生树立正确的世界观、人生观、价值观是思想政治理论课的主要教学目标,而教师的教育教学质量和水平是实现这一目标、发挥思想政治理论课德育功效的关键所在。

河海大学多措并举,努力打造一支较高水平的思想政治理论课师资队伍。第一,加强对思想政治理论课教师队伍建设的领导。学校专门成立思想政治理论课建设指导委员会,由学校党委书记和校长担任主任,分管教学和学生工作的校领导担任副主任,相关部门领导担任委员。思想政治理论课建设指导委员会把思想政治理论课师资队伍的培养和建设作为重要任务,围绕队伍建设深入研讨、优化设计、强化保障、破解难题,为思想政治理论课建设做好师资保障。

第二,切实保障师资数量,推动结构不断优化。学校按照专任教师不低于师生 1:400 的比例配备思想政治理论课教师,同时坚持引育结合,提升增量、优化存量,不断调优年龄结构、学历学位结构、职称结构,大力推动队伍结构的合理化。目前,学校有专任思想政治教育理论课教师 47 人,其中有博士学位的 18 人,占总人数的 40%,正高职称 14 人、副高职称 11 人,并且具有正高职称的思想政治理论课教师全部都在教学第一线。

第三,重视思想政治理论课教师队伍培养。学校将思想政治理论课师资队伍建设纳入学校师资队伍建设总体规划,支持思想政治理论课专任教师进行学历教育和博士后研究,鼓励大家参加国内外访问学者项目或出国进修。按照相关要求选送思想政治理论课专任教师和哲学社会科学课教学科研骨干参加全国和省(区、市)培训、研修,同时每学年至少安排 1/4 专任教师开展社会实践和学习考察

活动。

### 三、发挥业务课教师的德育功效

河海大学秉承大德育理念，不仅注重专业德育教师队伍的建设，而且重视业务课教师树德育人功效的发挥。学校通过师德师风建设，着力提高业务课老师的德育意识和德育影响能力，提倡并且指导业务课老师用高尚的师德感染学生、用科学的理论武装学生、用渊博的学识教育学生、用卓然的人格魅力影响学生、用严明的组织纪律规范学生，在传授知识的同时做学生健康成长的指导者和引路人。为此，河海大学把师德建设作为提升学校人才培养、科学研究、社会服务、事业发展水平的重要指标和载体，形成了一整套师德建设的特色制度。

一是建立师德教育学习培训制度。定期开展以师德教育为主要内容的教师轮训，多渠道、分层次地开展各种形式的师德教育。完善新教师岗前培训制度，每年对新聘教师进行专门的岗前师德教育。召开师德建设专题研讨会，进行教书育人经验交流；开展青年教师讲课竞赛、教学基本功比赛、优秀主讲教师评选、教学科研成果展览等活动，培养教师的爱岗敬业精神。

二是完善师德考评体系。通过建立领导测评、教师自评、教师互评、学生评教相结合的考评机制，全面考察教师教书育人的实绩和职业道德状况、教学态度和育人效果等。完善教师资格认定和新教师聘用制度，把思想政治素质、思想道德品质作为必备条件和重要考察内容。每学年进行教师师德综合评定，评定结果归入教师档案，作为职务晋升、岗位聘任、派出进修和评优奖惩的重要依据，进一步提高师德状况在晋级晋职考核中的比重，坚决实行师德"一票否决制"。

三是坚持文化导向机制。坚持正确的舆论导向，引导教师树立正确的世界观、人生观、价值观；促进教师专注于高水平的教学科研，鼓励和支持教师在学术上大胆创新，有效地发挥他们的创造才能；杜绝打击和压制人才成长的现象，积极营造鼓励人才干事业、支持人才干成事业、帮助人才干好事业的良好环境；加强校园文化建设，大力培育并倡导体现河海发展厚重内涵、具有浓厚学术气氛、教职工广泛认同的校园文化，形成师生文化自觉、优秀人才不断涌现的人才成长发展环境。

四是强化青年教师师德培养机制。青年教师是高校教师队伍的重要组成部分，是推动高等教育事业科学发展的重要力量。当前，40 岁以下青年教师占我国高校专任教师 6 成以上，他们与学生年龄接近、沟通互动较多，对学生思想行为影响很大。学校在通过“青年教授”制度和“优秀创新人才支持计划”等平台提升青年教师学术能力的同时，强化青年教师职业理想和职业道德教育，引导青年教师自觉抵制急功近利、心浮气躁的倾向，志存高远，不慕虚名，鼓励青年教师静下心来倾心育人、专心治学，把学习师德规范纳入青年教师培训计划，定期开展三育人先进个人、青年岗位能手等评选活动，师德综合评定结果作为职务晋升、岗位聘任、派出进修和评优奖惩的重要依据，实行师德“一票否决制”，抓好青年教师这支德育工作的生力军。

## 四、强化日常思想政治工作队伍建设

日常思想政治工作老师是学生习惯养成、学业发展、生活信念的重要影响力量，担负着在学生日常生活中对学生直接开展思想工作、道德教育工作的职能。河海大学日常思想政治工作队伍主要包括班导师和辅导员两支队伍，学校高度重视班导师和辅导员队伍建设，并形成了一定的经验和特色。

依托教学岗位，利用专业优势，充分发挥班导师的育人作用。为适应新形势下大学生思想状况多样化和日益注重个人成才发展的需求，河海大学实行班导师制度，为每个本科班级选配一名专业课老师作为班导师。班导师的主要职责包括做好新生入学教育工作，让新生全面了解所学专业，明确学习目标；负责对责任班级学生进行学习指导、定期听课并及时与任课老师沟通，了解学生学习中存在的问题和困难，督促学生全面完成学习任务；协助辅导员做好责任班级学生干部的培养工作，加强对班委会的指导，帮助班级形成团结进步、刻苦钻研、积极向上的优良学风；协助指导学生做好职业生涯规划，与辅导员一起教育学生树立正确的价值观和择业观，指导学生合理地设计自己的职业生涯，做好学生的就业指导工作；与辅导员一起开展丰富多彩的“第二课堂”，培养学生的创新精神和创新能力等。班导师已经成为学校育人的重要环节和重要力量，有效弥补了专职思想政治教育工作者特别是辅导员在专业知识方面存在的不足，在全面指导和教育学生“学什么、怎么学”上发挥了不可替代的作用。为了更好地发挥班导师在学生成长和成才中的指导作用，实现“全员育人、全方位育人、全过程育人”目标，加强班导师工作的科学化、规范化和制度化，学校专门制定了《河海大学班导师工作管理办法》。为激励班导师更好发挥作用，学校将班导师工作的考核结果作为教师年度工作考核、专业技术职务晋升和岗位聘任的条件，考核为优秀的班导师在年度工作考核、专业技术职务晋升和岗位聘任时予以优先考虑。目前，河海大学已形成一支学历较高、职称较高、学术水平较高的班导师队伍。他们以专业为依托，引导学生科学地构建知识结构，通过言传身教达到潜移默化的教育效果，对学生成长发展具有很强的说服力、影响力，在学生专业学习深层次指导和职业生涯规划方面发挥着独特作用。

立足科学管理，注重人文关怀，构建高效能辅导员队伍。辅导员是开展大学生思想政治教育的主要力量，是班级学生教育管理工作的第一责任人，是促进大学生全面成才、健康成长的指导者、组织者和引路人。随着我国社会环境的发展变化和学生思想多元化特点的出现，辅导员的角色定位也从创设之初的“政治引路人”逐渐走向服务者、学习者、合作者、创新者等多元角色。河海大学深刻认识到辅导员在学生德育工作中的重要地位，高度重视辅导员队伍建设，着力打造一支“政治强、业务精、纪律严、作风正”的职业化、专业化、专家化的辅导员队伍。

一是合理设计，理顺辅导员队伍管理机制。在编制上，辅导员编制教育根据部相关规定，按照本科生辅导员与学生 1∶200 的比例单独核算。在培训上，推行“先培训、后上岗”的准入制，做到岗前培训、日常培训和骨干培训相结合，培训形式主要有社会实践、素质拓展、学习交流、辅导报告和专题讲座，内容主要包括思想政治教育、心理健康教育、职业生涯规划、日常教育管理、学生事务管理与服务等。在任职上，结合学校实际制定《河海大学专职辅导员岗位设置与聘用暂行办法》，明确辅导员双职双岗的身份，纳入教师岗位系列和管理岗位系列，辅导员根据本人所具备的条件聘任相应职位。在职业生涯发展上，河海大学坚持从实际需要出发科学设岗，优化配置专职辅导员队伍，鼓励有志于学生工作的辅导员走职业化、专业化、专家化的道路。同时把辅导员作为党政后备干部和教学科研后备力量来培养，根据辅导员自身条件和个人自愿，人性化的考虑其出路问题，通过提拔、留用、转岗和深造等途径，畅通辅导员的业务发展出口。

二是创建平台，不断提升辅导员教育管理能力和水平。为了丰富辅导员的业余文化生活，加强辅导员之间的交流、沟通，营造辅导员之间互学互助、共同提高的良好氛围，河海大学建立了“辅导员之家”，成立了河海大学学生工作研究会及学生党建与思想政治教育、学生事务管理、学生心理健康教育、学生素质拓展、学生就业指导五个研究分会，系统研究和交流学生教育管理工作，提升学生教育管理的水平，鼓励辅导员参与相关课题的研究。

三是制定制度，保障辅导员权益。近年来，学校相继出台了《河海大学关于进一步加强辅导员队伍建设工作的意见》《河海大学辅导员队伍建设十一五规划》

《河海大学辅导员岗位设置及聘用办法》,修订了《河海大学辅导员考核办法》,就辅导员的设置、配备、管理以及待遇落实提出可行性的办法,并狠抓落实,推动这些文件措施落到实处,目前全校上下已经形成了重视、关心和支持辅导员队伍建设的良好氛围。

通过多措并举,河海大学辅导员队伍素质有了整体提升,在重大活动或关键时刻都经受住了考验,充分体现了特别能吃苦、特别能战斗、特别能奉献的精神,在学生德育工作中发挥了不可替代的作用。学校通过班导师和辅导员既分工又合作的良性互动,使“全员育人”的理念进一步落到实处,德育工作效果进一步提升。

## 五、发挥学生骨干朋辈帮扶作用

“朋辈帮扶”是大学生之间在学习上的共同进步,是一群学生对另一群学生的学业辅导和情感支持,也是同龄人之间的心灵互助,是同辈人之间在生活中的相互照应,更是青年大学生承担责任、服务他人的重要途径。朋辈帮扶以其亲近性、同龄化、认同性和安全感成为当今高校学生事务管理和思想政治工作的有益补充和有效举措。

河海大学历来重视学生骨干的示范榜样作用。长期以来,学校以“1442”工程、“青马”工程和“领袖工程”为依托,重视学生骨干的选拔与培养。实施连续滚动、层层深入的培养方案,创新培养模式,整合校内外教育资源,打破专业壁垒,坚持优中选优,注重学生人格修养的塑造、注重知识的交融渗透、注重社会实践的运作,打造一批具备高素质、体现高质量、适应高要求的新时代大学生骨干。

2009 年以来,学校进一步梳理提升朋辈帮扶工作,出台《河海大学大学生朋辈辅导实施办法》,系统化开展大学生朋辈辅导工作。学校成立了大学生朋辈辅导工作站,在选拔学生骨干的基础上,通过系统培训考核选拔大学生朋辈辅导员,搭建朋辈互助热线、朋辈互助网络论坛、朋辈伴读、素质拓展训练营等平台,在身心健康、生涯规划、学业管理、素质拓展、日常生活等五个方面开展朋辈互助。经过几年的探索和发展,河海大学朋辈帮扶取得了良好的教育效果,已经成为学校、学院、班级三级教育网络的重要补充。在朋辈帮扶活动中,通过学生朋辈辅导员的选拔、培训及朋辈辅导工作,学生骨干的助人意识、助人能力和总体素质显著提升,不少学生骨干特别是学生党员担任着“领航员”的角色,充分发挥了学生骨干的示范榜样作用,影响和帮助更多的学生获得更加成功的大学生活,实现更加健康完善的个性发展。学校的朋辈辅导工作先后获得江苏省学生教育管理创新二等奖和河海大学教学成果二等奖。

## 第三节　现代德育物质保障

良好德育环境的塑造不仅需要一支高素质的德育工作者队伍,也需要以有效的经费投入和硬件设施建设为基础保障。河海大学大力支持德育工作,对德育工作经费投入和设施建设优先保障,只要是涉及德育教育工作的资金、物质条件需求,学校都给予大力支持、优先投入、优先办理,努力为进一步加强德育工作提供坚实有力的物质保障。

### 一、多渠道经费投入

学校高度重视德育工作的财力投入。学校党委和行政明确提出,经费再缺,也不能缺德育工作的经费。从1995年起,学校即设立了精神文明建设专项资金和奖励基金,并规定各学院事业发展基金的15%用于精神文明建设。多年来,学校又设立思想政治理论课相关专项、社会实践专项、大学生心理健康教育专项、党建工作专项等专项经费,多渠道、全方位设立德育专项经费,为德育工作的深入开展提供了充分的经费保证。

加大对思想政治理论课的经费投入。一是每年从校长基金中单列10万元用于教学改革、教师培训学习、参加会议、社会实践、进修考察、教学资料等项目。二是加大对思想政治理论精品课程建设投入。学校按照思想政治理论课"05方案"新方案实施情况,将四门思想政治理论课列入学校精品课程建设项目(每门课程建设经费0.8—1.2万元,共4万元)。三是设立专门的思想政治理论课实践经费。2006年以来,学校共投入数十万元,作为思想政治理论课学生实践课题专项经费,在教师指导下开展学生社会实践,支持形成思想政治理论课实践教学新方式。

保障德育相关学科及科学研究的经费投入。学校将马克思主义理论学科列入校级重点学科进行建设,2008—2010共投入学科建设经费72万元,极大地提升了学校马克思主义理论的学科地位与研究条件。同时,每年在学校人文社会科学基金项目中设立关于思想政治教育和思想政治理论课研究的项目,每个项目给予

1 万元资助。在辅导员专项经费中设立学生教育管理研究基金,鼓励辅导员参与相关课题的研究,不断提高从事德育工作的能力和水平。

强化暑期社会实践的经费投入。大学生暑期社会实践是新形势下加强大学生思想政治教育,提升其综合素质的有效途径,该项工作得到了学校的高度重视,不仅设立了 15 万元的专项资金用于大学社暑期"文化、科技、卫生"三下乡社会实践活动,同时多方筹措资金,广泛争取社会各界的支持与参与,年均投入暑期社会实践的活动经费达到 100 多万元,保证了社会实践活动的有效开展。

## 二、确保教育科研及办公条件

学校在图书资料、办公设施等方面持续加大投入,为德育工作提供了良好的教育、研究和办公条件。

为德育教育科研提供丰富的信息资料。学校图书馆拥有思想政治理论课专业纸质中文图书 21000 余册,外文图书 9000 余册,中文专业期刊 175 种,报纸 14 种。学院设有图书资料室,有专业图书 4300 册、人大复印资料 39 种、其他杂志 90 多种。

不断改善德育工作教职员工的办公条件。学校现有教学部门办公用房(不含图书资料室)人均 4 平方米以上(以教师人数计算)。配备有计算机、打印机、传真机、复印机等现代办公设备及网络教学设备。

## 三、优化德育设施保障

学校重视与德育教育相应的基础设施建设,使设施条件适应德育现代化的要求。近年来,学校先后建设或修缮了新研究生教学大楼,文体中心、游泳馆、博学楼等建筑,目前社科楼新建、图书馆扩建等项目正在施工建设。

随着互联网时代的到来,信息网络成为德育工作的重要阵地。学校高度重视网络设施建设,为开展网络思想政治教育工作提高基础条件。学校有良好的信息网络设施。2001 年,学校全面建成了覆盖校本部的光缆千兆核心和汇聚骨干网络,连接 CERNET、ChinaNET。2001 年至 2002 年,完成了校本部与江宁校区的网络互联以及江宁校区各建筑物的宽带网络。目前学校建成了以 Cisco7609 为核心的覆盖校本部、江宁校区和常州校区的多千兆计算机网络,在同类网络建设中达到了国内领先水平。同时,校本部与江宁校区建立了直连的光纤高速通道,与常州校区通过 CERNET 建立了高速互连。

强化网络阵地建设。学校建设了思想政治教育专题网站——思源网，并不断优化“思源网”的结构和功能，并对水上明珠 BBS 进行了系统改进。持续不断加强网络平台的内容建设和议题设置，组织大学生就当下的热点问题或兴趣话题进行讨论，并组织负责德育工作的教师参与讨论，对各种信息和论点进行辨析，引导学生树立正确的思维方式，培育践行社会主义核心价值观。根据各院系特点设立各具特色的思想政治教育网络平台，如公共管理学院大学生思想道德修养课教研组开发了“大学生思想道德修养 BBS”“空中课堂”，通过师生网上交流、网络学习课件等，取得了很好的教育、沟通、宣传作用，理论学习的时效性得到大大提高。面对新媒体发展趋势，学校建立了微博、微信、QQ 等各种信息沟通平台，通过充分的交流与互动，为德育工作创造良好的网络文化氛围。

# 参考文献

1. 刘晓群主编.《河海大学校史(上)》. 南京:河海大学出版社,2005 年 10 月第 2 版.

2. 姜弘道主编.《河海大学校史(下)》. 南京:河海大学出版社,2005 年 10 月第 1 版.

3. 郑大俊主编.《群星璀璨》. 南京:河海大学出版社,2002 年 10 月第 1 版.

4. 郑大俊主编.《河海大学校风教育教程》. 南京:河海大学出版社,2005 年 9 月第 1 版.

5. 郑大俊主编.《大学生社会实践教育教程》. 南京:河海大学出版社,2003 年 6 月.

6. 郑大俊、孙期昂主编.《大学生诚信教育读本》. 南京:河海大学出版社,2005 年 9 月第 1 版.

7. 关于进一步加强和改进校园文化建设的实施意见(河海委发[2006]9 号).

8. 关于印发《河海大学学生社会实践管理办法》的通知(河海委发[2006]12 号).

9. 关于进一步加强和改进大学生心理健康教育工作的实施意见(河海委发[2006]17 号).

10. 关于进一步加强辅导员队伍建设工作的意见(河海委发[2006]27 号).

11. 关于进一步做好贫困家庭学生资助工作的意见(河海委发[2006]43 号).

12. 河海大学党委宣传部编,学习贯彻落实《中共中央国务院关于进一步加强和改进大学生思想教育的意见》文件汇编. 2006. 10.

# 后　记

为深入学习贯彻党的十八大精神和习近平总书记系列重要讲话精神，展示思想政治教育学科30年，特别是中央“16号文件”颁发以来各地各高校加强和改进高校德育工作的新实践、新探索，教育部思想政治工作司组织出版《高校德育成果文库》，汇集各地高校的成果和经验，搭建交流研究成果、展示工作经验，促进成果转化的有效平台，相信会对进一步促进高校德育工作的创新发展起到重要的推动作用。

本书是《高校德育成果文库》入选书目之一，本书对河海大学近些年来的德育工作进行了认真梳理和系统总结。本书从筹划、汇编到成册历时近半年，虽几经修改，但由于时间紧、任务重，书中难免存在一些不足和遗漏，敬请谅解。

本书的成功出版，得到了学校领导的大力支持和各院系部门同志的鼎力协助，参与本书编写的同志有第一章：孙其昂、刘学坤，第二章：余达淮、陈光洁，第三章：潘静、张春平，第四章：陆国宾、薛丽娟、吴昊，第五章：万国彤、刘春田、张春平，第六章：魏有兴、陈璐，第七章：魏有兴、王璐，第八章：张海军、王如高，第九章：魏萍、戴媛媛、吴昊，第十章：浦玲、王楠、潘洪林、沈蓓绯、季斐斐；修改人：郑大俊、孙其昂、王如高、刘取芝、王璐；审稿：郑大俊、孙其昂、王如高；以及李丹、马一骞、周婷、刘文等对本书的帮助，在此一并表示感谢。教育部思想政治工作司对《高校德育成果文库》的编选给予了关心和指导。在编写和出版过程中，得到了中国书籍出版社、中联华文(北京)社科图书咨询中心的大力支持，在此一并表示感谢。

本书编写组

2014年12月